내 몫에 태인 십자가 지고

| 이재영 지음 |

쿰란출판사

내 몫에
태인
십자가
지고

 서 문

또 한 권의 책을 내면서

어느 시대에나 이러한 사람들이 있었습니다.
아주 오래전에도 있었으며, 지금도 있습니다.
그리고 세상 끝 날까지 이런 사람들은 존재할 것입니다.
밟으면 밟을수록, 누르면 누를수록 더 높아지는 사람
깎아내리면 깎아내릴수록 더 올라가는 사람
흙탕물을 튀기면 튀길수록 더욱 빛이 나는 사람
공격을 하면 할수록 더 강해지는 사람
빼앗으면 빼앗을수록 더 풍요로워지는 사람
방해하면 할수록 더 잘되고 형통하는 사람
마지막 순간에 승리자의 자리에 우뚝 선 사람
고난과 시련의 과정을 다 겪은 후 축복의 자리에 선 사람
모든 사람들이 우러러보는 영광스런 자리에 우뚝 선 최후의 승리자이자 보배로운 사람

그가 바로 요셉이었고 다니엘과 그의 세 친구였습니다. 그리고 다윗이었으며, 사도 바울이었습니다.

그들에게도 지난날의 아픔이 있었고 깊은 상처도 있었으며 실패도, 실수도, 과거도 있었습니다.
그들에게는 인생 풍파와 고난이 늘 그림자처럼 따랐습니다.
때로는 버림도 받았고, 때로는 모함을 당하기도 하였습니다.
그들은 주변 사람들로 인하여 억울한 일을 당하기도 하고 애통과 눈물로 인생의 가시밭길을 걸었던 사람들입니다.
그뿐만 아니라 죽음의 위기도 수없이 넘긴 사람들입니다.

그리할지라도.
그들은 하나님을 늘 의식하며 인생을 똑바로 살았습니다.
그들은 양보와 희생과 용서가 몸에 배인 사람들이었습니다.
그들의 삶 속에는 주님을 닮아 살려고 몸부림치는 모습들이 있었습니다. 바보스런 행동도 보이던 사람들이었습니다.
어떠한 상황 가운데서도 감사하며 살던 사람들이었습니다.

저에게도

그들처럼 그렇게 살고파 몸부림쳤던 시절들이 있었습니다. 그 흔적을 세상에 남기려고 다시금 붓을 들었습니다.

짧은 목회에 너무나도 많은 것들을 경험했던 이야기입니다. 파란만장한 세월 가운데서도 사랑으로 보살펴 주시며, 모든 필요를 공급해 주셨던 하나님을 소개하는 책이기도 합니다.

내용 중에는 주변 사람들로부터 바보라고 불릴지라도 예수님을 닮아 포기했을 때나 희생했을 때에 하나님의 보상으로 말미암아 경사스러운 사건들을 체험했던 아름다운 이야기들도 있습니다.

억울한 일을 당하고도 말 한마디 못하고 눈물과 기도로 그 서러움을 삭혀야만 했던 참담한 세월들도 있었습니다.

때로는 내쫓김을 당하다시피하여 오갈 데 없는 신세가 되어 거리에 움막을 쳐야 하는 치욕적인 상황에 처하기도 했습니다. 참으로 부끄럽고 수치스러운 일이었습니다. 인간의 성정으로는 견뎌내기 힘든 시간들이었습니다. 외형적으로 볼 때에 멀쩡한 사람이요 사업에 성공했던 사람으로서 똑똑한 사람으로 여겼는데 늘 당하면서 때로는 양보하고 빼앗기며 손해 보는 일만 하고 다니니 주변에서 바보 같은 사람이라며 비난을 일삼기도 했습니다.
　그러할지라도 제 마음에는 늘 기쁨이 충만했고 참된 평강이 넘쳤습니다. 거기에는 그럴만한 이유가 있습니다. 이는 제 심령 깊은 곳에 예수님을 닮아 양보와 포기의 삶을 살고픈 믿음이 있었기 때문입니다. 평신도 시절부터 간직해 왔던 청지기 정신도 양보와 포기의 삶을 사는 데 한몫을 한 것 같습니다.

　33년의 짧은 목회에 여섯 번이나 옮겨 다녔는데 부임하는 곳마다 공통점이 있었습니다. 그것은 성전을 비롯하여 교회에서 필요한 건물들을 건축하는 일이었습니다. 그 일이 내 몫인가 싶어 최선을 다하여 이루었습니다. 목회 여정에 좋은 협력자를 만나게 하심으로 부흥도 경험하고 희락도 누렸지만 배신과 불신과 냉대로 인한 눈물과 고통의 세월을 보내기도 했습니다. 그럴 때마다 십자가에 달려 고난 당하신 주님을 바라보며 참고 견뎌냈습니다.
　십자가의 죽음 후에 부활이 있듯, 고난 뒤에는 반드시 축복의 사건이 따랐습니다. 이는 공식과도 같았습니다. 그러기에 지금 처해 있는 상황이 고난의 가시밭길이요, 아무리 힘들고 고통스러울지라도 하늘의 영광스러운 상급을 바라보며 내 몫에 태인 십자가를 지고 끝까지 달려가려 합니다. 목회 정년인 칠순에 이르도록 생명과 건강을 보장해 주신 하나님의 은혜에 감사드릴 뿐입니다.

코로나 시대 이후 계속되는 경기 침체로 경제적인 어려움은 전반적인 현상이었습니다. 그러다 보니 집필이 완성된 작품이라도 출간하는 일은 생각조차 할 수 없는 형편이었습니다. 어쩔 수 없이 포기해 버린 제게 후원의 손길을 펴서 출간에 대한 소망을 이루게 하신 임실 송학농장 김송희 권사님께 축복의 마음으로 감사드립니다. 감사 간증에 이어서 또 한 권의 책을 발간할 수 있었음은 먼저는 하나님 은혜이며 다음은 권사님 덕분입니다. 하나님께서 가정과 자녀들과 농장과 행사에 때마다 일마다 은혜를 베푸시므로 경사스런 일들만 체험하는 행복한 인생이 되시기를 축복합니다. 또한, 독자들마다 권사님의 아름다운 믿음의 향기가 풍겨지기를 기도합니다.

출간할 때마다 내 작품으로 여기는 마음으로 미숙한 원고를 다듬어 주시는 일에 수고를 아끼지 아니하신 오완 부장님을 비롯한 여러 직원들에게 축복의 마음을 담아 감사드립니다. 여러 권의 책을 헌신의 마음으로 출판을 해주셨을 뿐 아니라 은퇴 전에 출간하도록 권고와 함께 기회를 주신 쿰란출판사 이형규 장로님께 고개 숙여 감사를 드립니다. 쿰란출판사가 업계에서 명성을 얻는 가운데 최고의 기업으로 인정받기를 축복합니다. 평안과 무궁한 발전을 기원합니다.

2024년 3월
이 재 영 목사

 변명의 글

《내 몫에 태인 십자가 지고》
출판에 대한 변명의 글

어느 날 밤, 자정이 훨씬 넘은 시간이었습니다. 목회자가 된 이후 나의 삶의 자취를 더듬어 보았습니다. 자신도 모르는 사이에 하나님을 향한 감사가 저절로 흘러나왔습니다.

지난 33년 동안 목회의 사명을 감당하도록 건강 주셨음을 감사드렸습니다. 또한 부임해 가는 교회마다 건축할 수 있는 기회를 주셨는데, 그 일이 내 몫이 아닌가 싶어 최선을 다하여 이루었습니다. 참으로 감사한 것은 맡겨 주신 일들을 잘 감당하도록 신실한 일꾼들을 붙여 주셨고, 사도 바울의 고백을 경험하도록 내게도 필요한 부분들을 모두 채워 주셨습니다. 사도 바울의 고백은 언제 들어도 은혜가 되고 힘이 되었습니다. 그리고 절망적인 상황에서는 용기를 갖게 했습니다.

"나의 하나님이 그리스도 예수 안에서 영광 가운데 그 풍성한 대로 너희 모든 쓸 것을 채우시리라"(빌 4:19).

하나님의 은혜로 신앙의 간증들과 목회를 하면서 겪었던 사건들을 제목별로 엮어 다섯 권의 책을 출간하였습니다. 이는 순전히 하나님의 은혜이기에 감사드릴 뿐입니다.

　그 후, 어느 날인가 적막만이 흐르는 밤이었습니다. 자신을 돌아보니 벌써 연령적으로 은퇴를 해야 할 때가 다가오고 있었습니다. 앞으로 5년 후에 은퇴를 해야 한다고 생각하면서 목회를 진단해 보니 남들처럼 큰 교회를 이루지도 못했고 후손들에게 남길 만한 특별한 업적이 없었습니다. 부임한 교회마다 성전이든 교육관이든 건축한 것 외에는 하나님 앞에 내놓을 것이라곤 아무것도 없었습니다. 심히도 부끄럽고 죄송스러울 뿐이었습니다.

　그러할지라도 목회여정에서 하나님의 살아 계심을 경험했던 일들이나 주변 사람들과의 관계 속에서 빚어진 사건들을 세상에 남겨야 될 것 같았습니다. 그래서 지나온 목회 여정을 살펴보았습니다. 그리고 정리를 해보았습니다. 이미 발간된 세 권의 책을 통해서 부분적으로 소개된 사건들도 있지만 아직 소개하지 않은 사연들도 많았습니다. 무엇 하나 떳떳하게 내어놓을 것이 없는 부끄러운 목회이지만 그래도 목회 여정에서 사명 감당을 위하여 몸부림쳤던 흔적들과 아름답고도 감동적인 일들, 은혜로운 사건들, 그리고 사명을 위해 당한 고난과 치욕적인 일들을 그냥 묻어 버릴 수가 없었습니다. 그래서 목회 현장에서 있었던 삶의 자취를 정리하여 《내 몫에 태인 십자가 지고》라는 책을 여섯 번째 작품으로 펴내려고 합니다.

이번 여섯 번째 작품은 지난 33여 년간 시작부터 마치기까지 목회의 삶을 정리한 '목회 일기', 순차적으로 엮은 '목회 간증집'이라고 할 수 있습니다. 목회의 삶을 통해서 나온 사건들이기에 지난번 작품들과 중복되는 내용들이 있는 것은 사실입니다. 그렇지만 이번 책은 은퇴를 앞둔 시점에 총체적이면서도 종합적인 목회보고서와도 같기 때문에 청년 시절에 목회를 서원한 때부터 시작하여 은퇴 직전인 지금 이 순간에 이르기까지 목회 현장에서 발생한 사연들을 모두 남김없이 적나라하게 소개하였습니다.

주변에서 무능하고, 부족하고, 볼품없는 실패한 목회라는 야유가 빗발칠지라도, 또한 이전의 작품과 중복된 내용이 많다는 비난을 받을지라도 목회 여정에서 경험한 일들을 모두 한 권의 책 속에 남기고 싶었습니다. 그뿐만 아니라 많은 시간이 흐른 후에 작품 속에서 후손들에게 창피하고 치욕적인 부분들이 드러난다 할지라도 내가 걸어왔던 고난의 자취와 아픔의 흔적을 모두 솔직하게 세상에 남기고 싶었습니다.

이는 최후에 실패자를 성공자로, 마지막 순간에 패배자를 승리자로 바꾸시는 하나님의 전능하신 손길을 믿기 때문입니다. 또한 주님을 위한 현재의 고난은 장차 나타날 영광과 족히 비교할 수 없는 하늘의 상급이 기다리고 있기 때문입니다(롬 8:18).

내 몫에 태인 십자가를 지는 자들에게는 단련의 과정을 통하여 후일, 반드시 정금처럼 나오게 하심으로, 주변 사람들로부터 칭송과 찬사를 받는 영광스러운 축복의 자리에 오르게 하실 것입니다.

차례

서문 · 4
변명의 글 · 10

**Chapter 01 / 이때를 위해 청지기 정신으로
살게 하신 하나님**

1. 역경과 시련을 딛고서 이룬 사업 · 20
2. 더 큰 기업을 이루려는 야망이 불타오르다 · 24
3. 원대한 꿈과 정치적인 야망을 포기한 사연 · 27
4. 목회자가 되겠다며 서원했던 청년의 때 · 32
5. 약속을 이행하라고 깨우침을 주신 하나님 · 36
6. 마음은 비우고, 손에 가진 것은 버리고 · 41
7. 목회에 대한 쐐기를 확실하게 박으신 하나님 · 47

**Chapter 02 / 청년 때의 서원을 이루도록
길을 여신 하나님**

1. 농촌교회에 부임할 수 있는 기회를 주신 하나님 · 54
2. 불신과 냉대 속에서 농촌교회에 부임하다 · 60
3. 목회에만 전념한 결과는 심히 아름다웠다 · 64
4. 사명자들에게 요구되는 조건들 · 70
5. 회사에 불길한 조짐이 보이기 시작하다 · 75

6. 회사는 도산되고 재산은 경매처분에 이르게 되다 · 80
7. 빚쟁이들이 교회로 찾아와 행패를 부리다 · 85

Chapter 03 / 후일을 위해서 욕심을 버리게 하신 하나님

1. 성직자의 반열에 서기 위한 준비과정 · 90
2. 환난과 시련의 과정을 거쳐 성직자의 자리에 오르다 · 96
3. 후일을 위하여 조금 남겨 놓으신 하나님 · 102
4. 목회에 대한 새로운 길이 열리다 · 107
5. 입산 5일째 되는 날 응답이 되다 · 112
6. 주의 은혜로 기성교회에 부임하다 · 116
7. 후일을 위하여 욕심을 버리게 하신 하나님 · 122
8. 또다시 주어진 건축의 사명 · 126

Chapter 04 / 포기의 대가를 부흥으로 보상하신 하나님

1. 선배 목사의 권면으로 농촌목회를 결심하다 · 132
2. 사명을 위해 또다시 두 아들을 희생시키다 · 139
3. 시련과 고난을 통해서 무릎을 꿇게 하신 하나님 · 145
4. 어떤 곤욕과 고통도 말씀을 재갈 삼아 견뎌내다 · 150

 차례

5. 교회 부흥을 경험하도록 전도의 문을 여신 하나님 · 156
6. 희생양이 된 두 아들을 외면치 않으신 하나님 · 161

Chapter 05 / 중단된 개척을 또다시 요구하신 하나님

1. 교회에 대한 잘못된 고정관념들 · 168
2. 자신의 위치를 지키기 위한 수단으로 목사를 내치다 · 173
3. 분열의 비극을 막기 위해 사임을 선택하다 · 178
4. 사임 막바지에 더 악랄한 방법으로 압력을 가하다 · 183
5. 이사 전에 개척의 동역자를 만나게 하시다 · 189
6. 중단했던 개척, 다시금 기회가 주어지다 · 193
7. 고난 가운데서도 감사의 조건을 찾다 · 198

Chapter 06 / 해를 선으로 바꾸시는 살아 계신 하나님

1. 해를 선으로 바꾸신 전능하신 하나님 · 204
2. 예배처소를 예비하시고 인도하신 하나님 · 209
3. 더욱 야비한 방법으로 개척을 훼방하는 사람들 · 212
4. 방해 가운데서도 교회는 든든히 서가다 · 216
5. 악을 선으로 갚도록 감동을 주신 하나님 · 220
6. 갑작스런 변화에 두려운 마음이 생기다 · 224

Chapter 07 / 농촌목회에 대한 약속을 지키라며
감동을 주신 하나님

1. 농촌목회 약속을 지키라고 또다시 감동을 주신 하나님 · 230
2. 욕심과 애착을 버리도록 강권하신 하나님 · 236
3. 모든 자들이 외면하는 교회에 자원하다 · 240
4. 잘못된 신앙관으로 뭉쳐진 사람들 · 243
5. 하나님께서 주신 지혜로 위기를 넘기다 · 247
6. 부임 3개월 만에 벌어진 목사 추방운동 · 251
7. 성전 건축을 방해하는 무리들 · 255

Chapter 08 / 네 몫에 태인 십자가를 지라시며
기회를 주신 하나님

1. 감당할 수 없는 부채를 남겨 두고 떠난 사람들 · 262
2. 여전히 복음을 외면하며 목사를 냉대하는 주민들 · 266
3. 더욱 서글프게 하는 예기치 못한 사연들 · 270
4. 마지막 것까지도 요구하시는 하나님 · 274
5. 악한 영들이 결박되고 추방되는 날이 반드시 오리라 · 280
6. 내 몫에 태인 십자가를 지고 달려가리라 · 284
7. 사건에 개입하사 문제는 해결해 주시고
   필요는 공급해 주신 좋으신 나의 하나님 · 293

CHAPTER 01

이때를 위해 청지기 정신으로 살게 하신 하나님

1.
역경과 시련을 딛고서
이룬 사업

하나님의 은혜로 서른한 살에 안수집사가 되었고 그 이듬해 장로로 피택되었다. 이후 미래에 대한 구상이나 계획이 달라져 갔다. 총각 때 입사했던 대한통운이 좋았던지 그때 생각으로는 평생직장으로 생각을 했었다. 그런데 안수집사가 되고 장로로 피택되면서부터 생각이 바뀌어 갔다. 교회에서 장로의 사명을 감당하려면 물질의 능력도 있어야 된다는 생각이 들었다. 목사관을 건축하는 데 목사님이나 집사들이 감동할 정도로 한몫을 감당하였다. 피택장로로서 그 정도는 해야 된다고 생각을 했기 때문이었다.

사택 건축에 앞장선 자가 희생하니 모든 일들이 은혜롭고 순조롭게 이루어져 갔다. 사택을 건축하는 과정에서 깨달은 바가 있었다. 교회에서 장로의 사명을 감당하려면 물질의 능력이 있어야 하고 그러기 위해서는 사업을 해야 된다고, 생각하였다. 그날 이후부터 미래에 대한 꿈과 생각이 바뀌어 갔다. 기도 제목도 자동적으로 바뀌었다. 이제는 장로에게 걸맞은 사업다운 사업, 큰 사업을 달라며 기도하였다.

4년의 세월이 흐른 후, 기도의 응답으로 도청소재지인 전주에서 조립식 건축 사업을 시작하였다. 당시 조립식 건축 사업은 잘 알려지지 않은 생소한 업종이었다. 그러니 처음부터 잘될 리가 없었다. 사무실에 찾아온 고향 교회 목사님이나 친척들은 "망하기 전에 다른 사업을 하라"며 권면하기도 하였다. 사람마다 보는 눈이나 생각하는 바가 거의 같았다. 사업장을 방문하는 사람들마다 '사업이 곧 망할 것 같은 생각', '사업이 잘되지 않아 곧 문을 닫는다는 생각'에 사로잡혀 있었다.

조립식 건축 사업이 생소한 업종이었기에 처음에는 고전하기도 하였다. 그 당시에는 워낙 대중성이 없었던 제품인지라 유력한 지방 거액의 광고비를 들여 신문에 대대적으로 알렸지만 별 효력이 없었다. 조립식 건물이 어떤 건물인가 알아보기 위해 호기심으로 문의하는 전화만 있을 뿐, 찾는 사람들이 없었다. 매월 지출되는 상당 금액의 빌딩 관리비, 직원들의 봉급, 광고료, 사무실 운영비, 영업 활동비 등 지출이 만만치 않았다. 수입은 없고 경비는 고정적으로 계속 지출되어야만 했다.

사람인지라 시간이 지날수록 별의별 생각이 다 들기도 하였다. 이러다가는 여러 사람들이 염려했던 대로 '결국에는 문을 닫아야 되지 않을까'라는 생각에 고심을 하기도 하였다.

아무런 성과나 진전이나 변화 없이 몇 개월의 세월이 훌쩍 흘러가 버렸다. 서너 달이 지나면서 계약이 성사가 되었는데 7평짜리 수위실, 13평짜리 주택, 20여 평의 상가와 창고 건물이었다. 그것도 한 달에 두어 건……. 그 공사에서 나오는 수익금으로는 사무실 관리비와 사무비와 통신비조차도 충당할 수가 없었다. 신문 광고비나 직원 인건비는 생각도 못하였다. 육체적인 고달픔도 있었지만 심적인 고통과 고민으로 밤잠을 설치기 일쑤였다. 때로는 감당키 힘든 일들이나 암담한 일들로 인하여 밤을 지새우기도 했다.

창업 몇 개월 전, 갑상선 악성종양으로 인하여 13시간의 수술과 함께 하루아침에 시한부 인생이 되고 말았다. 거기에다 성대 일부를 절단하여 말을 할 때마다 심히 고통스러웠다. 몸도 성치 못한 상태에서 영업 활동을 하다 보니 피곤함과 고달픔이 이루 말할 수 없었다. 그럴지라도 아침이면 출근하여 여전한 모습으로 사업을 계속하였다. 건강과 생명, 그리고 사업의 경영을 하나님께 맡기고 하루하루의 삶을 지속해 나갔다.

당시 조립식 건축이 생소한 업종이었음에도 7, 8군데의 선발업체들이 이미 사업을 하고 있었다. 나로서는 후발업체인데다가 타향이었기에 더욱 힘들고 어려울 수밖에 없었다. 이러한 주변 여건들과 상황이 수요자들과 계약을 하는 데 방해요소가 되기도 하였다. 또한 시공기술자들로 인하여 건축주들에게 신임을 잃기도 하였다. 공사를 하다가 자기 비위에 거슬리면 일을 내팽개치고 사라지기도 하였다. 술을 마시면 다음 날 오후에서야 공사현장에 나타나기도 하였다. 지방 사업자의 입장은 아랑곳하지 않고 자기들 기분에 따라 일을 하였다. 그래도 비위를 맞추어야만 했다.

　초창기인지라 애로사항이 참으로 많았다. 누군가가 조립식으로 건축을 한다고 하면 7, 8군데 경쟁업자들이 달려들었다. 거기에다가 대전과 서울에 조립식 생산 공장을 가진 업자들이 지방에까지 내려와 영업을 하니 조립식 건축업계는 그야말로 전쟁이었다. 당시 지방업자들은 사업의 규모가 영세하고 기술적인 면이나 자금력이 약하기 때문에 이러한 일들을 지켜보고만 있어야 했다. 참으로 가슴 아픈 일이었다. 당시에는 지방업자들에게 큰 공사를 맡겨 주어도 감당치 못하는 상황이었다. 약자의 서러움은 어디에서나 마찬가지였다.

　이후에 조립식 건축업체들이 우후죽순처럼 생겨났다. 도내에 조립식 건물 생산공장들도 여러 군데 세워졌다. 이는 조립식 건축 시장이 호황을 누리고 있을 뿐 아니라 비전이 있다는 증거였다. 그 틈바구니에 끼어 내가 경영하는 사업체도 자리매김을 하면서 기반을 굳혀갔다. 잘못된 공사로 인하여 풍전등화의 상황을 겪기도 했지만 시간이 흐르면서 많은 동종업자들 가운데서 석권을 차지하는 영광스런 축복을 체험하였다.

　당시 관공서 공사들을 거의 독점하다시피 하였다. 당시 철골 조립식 건물을 시공하는 업체가 도내에 50군데 이상 있었지만 도내 관공서(도청, 경찰청, 시청, 동사무소, 의료원, 국립 대학교 등)의 조립식 건축은 거의 시공하였다. 쌍방울 공장을 비롯한 도내 여러 기업체들의 신뢰와 배려로 말미암아 선발업체들을 물리치고 업계의 선두주자의 위치에 오르는 업체가 되었다.

2.
더 큰 기업을 이루려는 야망이 불타오르다

사업이 한창 상승세를 타고 있을 무렵이었다. 직장생활을 하면서 내게 은혜를 베푸신 장로님이 퇴직하신다는 소식이 들렸다. 장로님을 회장으로 추대하고 싶은 마음이 생겼다. 이는 직장생활을 할 때 보살펴 주신 보은의 의미도 있었지만 기업다운 사업으로 육성하고 싶은 마음에서였다. 즉시 사무실을 확장한 후에 회장실을 만들었다. 또한 집무에 불편함이 없도록 최선을 다하였다.

몇 개월이 지난 후였다. 회장으로 영입된 장로님이 도의원으로 공천되었다. 정치적인 색깔로 보아 당선이 유력하였다. 예상대로였다. 이는 하나님께서 주신 축복이었다. 정치적인 힘과 배경은 대단하였다. 당선 이후에 장로님의 활동은 사업에 지대한 영향을 미쳤다. 사업은 더 탄력을 받아 급속히 발전하여 주변에서 주목받는 업체가 되었다. 이제는 회사의 이미지나 사업의 규모가 달라졌다.

처음 두 명의 직원으로 시작한 사업은 창업 4, 5년 만에 50인 사업체로 발전하였다. 당시 관공서나 기업체로부터 인정을 받을 만한 상당한 규모의 사업을 이루었다. 자산도 날로 증가하였다. 회사가 급부상하는 가운데 가까운 사람들은 물론 고향의 친구나 지인들에게 재벌이 되었다는 소문이 돌기도 하였다.

지방신문에 인터뷰와 함께 회사가 소개되면서 나의 얼굴도 사회에 알려지기 시작하였다. 언론계에서는 장차 유망 중소기업으로 평가를 하기도 하였다. 또한 금융계에서도 내실이 있는 좋은 기업체로 인정하고 VIP 고객으로 대우를 해주기도 하였다 대기업에서도 기업으로 인정하였고, 도내에서 명성이 있는 사장이나 유지들도 동생처럼 여기면서 친절하게 대해 주었다. 그들과 함께 어울려 식사를 한다든지 교제를 나눌 때에는 나도 그들처럼 살고 싶은 유혹을 받기도 했다.

계속해서 사세가 확장되니 주변 사람들의 찬사와 함께 자연적으로 명성도 얻게 되었다. 신분이나 위치가 달라지고 있었다. 사람인지라 어깨를 으쓱거릴 때도 있었고, 신분적으로 하찮은 사람들이나 가난하고 없는 사람들 앞에서 거만을 떠는 모습이 나타나기도 하였다. 사무실을 방문한 목사님들 역시 나를 대단한 사람으로 여기며 높이 평가하기도 하였다.

전주 시내에 초교파적으로 '십대선교회'를 조직했는데 거의 대형교회 목사님과 장로님들로 이사회가 구성되었다. 그중에는 4대 교단

2. 더 큰 기업을 이루려는 야망이 불타오르다

의 현역 총회장과 고등학교 교장, 그리고 교감도 있었다. 그날 이사회에서 나를 집행부 총무와 재정이사로 선임해 주었다. 이는 선교회를 위해서 헌신하며 여러 회원들을 섬기라는 의미였다.

주변 사람들의 칭송과 찬사가 나로 하여금 사회적인 명성에 관심을 갖게 하였다. 도의원으로 활동하는 장로님을 보면서 나도 모르게 정치계 입문에 대한 꿈을 갖게 되었다. 성장된 사세를 유지하며 후일에 더 큰 기업을 이루려면 정치계에 입문해야 한다고 생각했다.

시간이 흐르면서 정치계 입문에 대한 생각은 확고해져 갔다. 그날부터 하청업자들이나 직원들과 고객들을 대하는 태도가 달라지고 있었다. 이는 후일 시의원에 출마했을 때를 대비하여 미리 놓는 포석과도 같았다. 그동안 생각하지도 않았던 육성회, 반상회, 동문모임에 얼굴을 내밀기도 하였다. 아내에게도 교회 기관 활동이나 봉사활동에 참여하게 하였다. 사무실을 방문하는 목사님들이나 함께 연합회 활동을 하는 장로님, 집사들에게 기도를 부탁하기도 하였다.

정치적인 배경의 힘이 얼마나 대단한 것인가를 옆에서 직접 보았기에 사업의 야망을 이루기 위해서는 반드시 정치계에 입문을 해야 한다는 마음이 불타오르고 있었다. 이를 신앙적인 입장에서 비추어 본다면 하나님의 사업을 무너뜨리고 하나님의 역사를 훼방하는 육신의 생각들이었다.

3.
원대한 꿈과 정치적인 야망을
포기한 사연

사업을 시작한 후 밤낮을 가리지 않고 열심히 뛰었다. 회장으로 영입된 장로님이 도의원으로 당선된 것은 사업적으로 엄청난 축복이었다. 장로님은 도의회에서 건설분과 부위원장으로 선출되었다. 회사로서는 새롭게 도약할 수 있는 기회였고 큰 행운이었다. 이는 분명 하나님께서 내게 주신 선물이었다.

장로님으로 인하여 내 신분도 달라져 갔다. 이후 사업의 규모나 밖으로 풍기는 회사의 이미지도 달라졌다. 정치의 힘을 맛보면서부터 기업을 발전시키기 위해서는 나도 정치계에 입문해야겠다는 생각이 점점 커가고 있었다. 시간이 흐르면서 그 결심은 확고해져 갔다.

사무실을 방문하는 자마다 "잘되는 사업, 비전 있는 기업, 성공한 사람"으로 평가했고, 피부로 느껴질 정도로 사업은 날마다 성장세를 보이는 상황이었다. 어제와 오늘이 다르게 회사의 자산은 늘어가고 사업은 확장되어 갔다. 광주, 순천까지 호남 전역에 영업소를 개설하였다. 해마다 공장 부지든 사무실 부지든 하치장 부지든 부동산을 매입하였다. 그것도 순수한 자본금으로만 매입하였으니 얼마나 큰 축복인가.

당시 도내 각 면사무소에 어린묘 육묘장 자재까지 납품하다 보니 사업은 나날이 일취월장할 수밖에 없었다. 회사는 지역과 업계에서 주목받을 정도로 급부상하기 시작하였다. 이에 부응하여 나 역시 지역과 업계에서 명성을 얻게 되었다.

그러던 어느 날이었다. 30대 중반의 젊은이가 사무실에 찾아왔다. 회사에 대한 정보를 알고서 찾아온 것이었다. 젊은이는 숨을 돌린 후 고운 말과 신사적인 태도로 내게 돈을 요구해 왔다. 마치 맡겨 놓은 것처럼 당당하게 내게 손을 내밀었다. 나는 하나님께서 주신 담력과 지혜로 젊은이에게 대응하였다.

내가 자기의 요구에 순순히 응하지 않자 젊은이는 긴 회칼을 내게 보였다. 그리고 곧 찌를 것 같은 위세로 압력을 가하였다. 칼날 앞에서도 나는 소신을 굽히지 않고 당당히 맞섰다. 그러자 젊은이는 날카로운 칼을 들이대면서 협박하였다. 그렇지만 나는 조금도 놀라거나 두려워하지 않았다. 이처럼 회칼을 든 젊은이와 맞설 수 있었던 것은 항상 나와 함께하신 하나님께서 내게 담대함을 주셨기 때문이었다. 하나님께서 지켜 주시니 젊은이는 나를 해하지 못하였다.

얼마 후, 조직의 책임자가 모습을 드러냈다. 그는 젊은이를 질타하면서 다가섰다.

"○○이, 너 뭐 하고 있냐? 다들 기다리고 있고만……."

책임자는 나와 시선이 마주치는 순간 눈빛이 변하였다. 평소에 잘 아는 고향 선배였다. 나를 협박하던 젊은이는 기세가 꺾인 모습으로 밖으로 나갔다. 선배와 소파에 마주 앉았다. 피차 그동안의 안부를 물으며 자연스러운 모습으로 잠시 대화를 나누었다. 선배는 일어서면서 내게 손을 내밀며 입을 열었다.

"자네, 소문대로 정말 성공했구먼. 좋은 일이지······."

젊은이의 행패와 협박을 이해하라는 의미로 받아들였다. 선배는 나에게 언제 한번 만나자는 말을 남기고서 유유히 사라졌다.

유리창 넘어 그들의 움직이는 모습들이 시야에 들어왔다. 검정 고급승용차 두 대가 움직이더니 질주하듯 자취를 감추었다.

하나님께서는 그날 머리털 하나 상치 않도록 나를 안보해 주셨다. 하나님께서 만일 은혜를 베풀지 않으셨더라면 변을 당할 수도 있었다는 생각에 소름이 끼치기도 하였다.

그들이 돌아간 후, 마음을 가다듬고 소파에 몸을 기대고 앉았다. 순간 젊은이의 모습이 눈에 아른거리며 언행들 하나하나가 생생하게 떠올랐다. 젊은이의 돌변적인 행동, 위협적인 모습, 매섭게 쏘아보는 눈빛, 공갈 협박이 섞인 거친 말투······. 이러한 난폭한 말들과 저돌적인 행동이 뇌리에 스칠 때마다 심적 고통과 함께 두려움이 심화되었다. 젊은이의 입에서 내뱉어진 모욕적인 말 한마디가 내 마음을 더욱더 참담케 하였고, 나를 공포로 몰아갔다.

"내가 지금 별이 몇 갠데, 당신 회칼로 죽이고 별 하나 더 달면 돼, 오늘 내가 당신 죽여 버릴 거야······."

젊은이가 협박하면서 보여준 회칼이 눈앞에 아른거릴 때마다 두려움이 엄습하였다. 인간인지라 어쩔 수 없는 노릇이 아니겠는

3. 원대한 꿈과 정치적인 야망을 포기한 사연

가……. 어떻게 맨손으로 회칼을 가진 젊은이와 맞섰는지를 생각하니 아찔했다. 이는 그 순간 하나님께서 내게 담력을 주셨기 때문이 아니었을까?

지난날 군대에서 소대장의 술잔을 거절했을 때 담력을 주셨던 하나님께서 이번에도 담력을 주셨다. 만일 하나님께서 안보해 주지 아니하셨더라면 신변에 불상사가 생겼을 것을 생각하니 하나님께 감사가 절로 나왔다.

하나님은 정말로 살아계신 분이셨다. 약속대로 자기 백성들을 눈동자 같이 지키시며 보호하시는 신실하신 분이셨다.

많은 시간이 흐른 후에도 젊은이의 협박이 생각날 때면 전율과 함께 심적인 고통이 느껴졌다. 시일이 지나면서 마음이 안정되기는 했지만 내 머리에는 쓸데없는 온갖 잡다한 생각들로 가득 차 있었다. 물건으로 말하면 쓰레기 같은 것들이었다.

당시 신문지상이나 뉴스 시간을 통해서 가슴 아픈 소식들이 여럿 전해졌다. 어느 유망 중소기업 사장이 피살되어 산속에 유기되기도 하고, 원인 모를 이유로 투신자살하는 사장들도 있었다. 도내 조립식 건물 생산업체 사장이 교통사고로 사망하기도 하였다. 어느 중소기업 사장은 불량업자들에게 거금의 사기를 당하기도 하였다. 어떤 건설사 사장이 40억 원 부도 낸 후 가족들은 나 몰라라 하고 자기만 해외로 도피한 일도 있었다. 어떤 사장은 불량배들의 공갈 협박에 시달리다가 스스로 목숨을 끊어 버리기도 하던 때였다. 자수성가하여 상당한 규모의 사업을 이룬 어떤 건설업자가 악한 사람들에게 시달림을 받는 중에 심장마비로 세상을 떠나기도 하였다.

이러한 사건들이 가세하여 마음을 번뇌케 하니 정신적으로 심히 고통스러웠다. 두려움과 착잡한 마음으로 두 손을 모으고 하나님께 신변의 안위를 맡기었다.

그 순간이었다. 문득 지난날 청년 시절에 드린 하나님과의 약속이 생각났다. 순간, 마음 한구석에서 '네 생명이 끝나기 전에 하나님과의 약속을 지켜야 되지 않겠느냐'는 생각이 솟구쳤다. 어찌나 바쁘게 살아왔던지 내가 시한부 인생이라는 사실도 잊어버리고 달려왔다. 또한 하나님과의 약속도 망각해 버린 채 오직 인생의 목표 달성과 사업 확장만을 향하여 쉼 없이 줄기차게 달리고 있었다.

하나님께서는 사업적으로 더 높은 곳을 향하여 질주하는 나의 발걸음에 제동을 거셨다. 더 이상 달려가지 못하도록 내 발길을 붙드셨다. 끝없이 달려가다가는 하나님과의 약속을 이행치도 못하고 불행한 인생이 될 수도 있기에 젊은이를 통해서 하나님과의 약속을 기억하게 하셨다. 하나님과 약속을 이행할 때가 이르렀으니, 목회를 준비하라는 신호로 마음에 와 닿았다. 지금까지 마음에 품고 있었던 사업의 꿈이나 정치적인 야망을 포기하라고, 이제 때가 되었으니 목회의 길로 들어서라는 하나님의 첫 통보였다.

4.
목회자가 되겠다며 서원했던 청년의 때

　　　　　청년 시절에 어디를 가든지 항상 붙어 다닐 정도로 아주 친하게 지내던 믿음의 형제가 있었다. 이웃 동네에 살았기에 예배가 끝나면 거의 함께 돌아오곤 하였다. 초저녁에 만나서 둘이 이야기를 하다 보면 자정을 넘기기도 하고, 이야기가 길어지면 밤샘을 하기도 하였다. 거의 매일같이 만나는데도 만나면 그래도 할 이야기가 또 있었다.

　어느 날인가 친구와 대화 중에 친구도 나도 목회자가 되기로 약속을 하였다. 친구와 손을 맞잡고 피차 기도도 하였다. 친구와의 약속은 기도제목이었고 소원이었다. 이는 세월이 지나면서 목회에 대한 서원이 되었다. 후일 목회에 대한 구체적인 이야기까지 오갔다. 당시 생활고에 시달리는 목사님들을 보면서 나는 친구에게 이런 고백을 하였다.

"나는 돈을 번 후에 45세부터 목회를 하겠네. 교회에서 사례비가 없어도 생활을 하는 데 지장은 없어야겠지. 그러려면 사업을 해서 돈을 벌어야……."

친구 역시 목회에 대한 자신의 의사를 밝혔다.

"나는 젊음을 통해 주님의 일을 해야 옳다고 생각하네. 내가 목사가 되는 것이 우리 어머니 기도제목이니 나는 내년에라도 바로 신학교에 입학을 해야 될 것 같아."

친구와의 목회에 대한 이야기는 계속되었다. 나는 친구에게 두 번째 목회의 뜻을 밝혔다.

"나는 농촌교회에 시무하면서 글을 쓰고 싶어. 세상에 왔다간 흔적으로 글을 남기고 싶은데……."

친구는 내 말에 호감을 갖고 맞장구를 쳤다.

"그러면 책도 냈으면 좋겠네."

"내 꿈이 글을 쓰는 건데, 책을 낸다는 것은 정말 꿈같은 이야기지……."

그 후에 친구는 먼저 신학공부를 시작하였다. 그리고 일찍 목회자가 되었다. 친구는 실력도 있고 집안 배경도 좋아서 신학공부를 하면서 종합병원 원목실 전도사로 사역을 하였다. 친구는 늘 내게 관심을 갖고 호의를 베풀려 하였다. 제대한 후에도 간간이 연락이 오곤 하였다. 의식주 문제나 학비는 자기가 전적으로 책임을 지겠으니 지금이라도 당장 자기에게로 오라는 것이었다. 그러나 내 마음에는 친구와 약속하며 하나님께 기도했던 내용들이 굳게 자리 잡고 있어 목회에 대한 내 생각은 요지부동이었다.

"목회는 45세부터, 자비량으로. 그리고 농촌목회."

오랫동안 이런 마음으로 기도를 해왔기 때문에 친구가 목회를 권면할 때마다 계속 미루었다. 그러나 나름대로 기도하며 준비를 해왔었다.

기회가 주어지는 대로 목회를 준비하는 일에 노력하였다.

후일을 위해 때로는 목회자 세미나에 참석하여 배우는 일에 최선을 다하였다. 목회에 대한 꿈이 있기에 수술 후에 병가를 내어 시간적인 여유가 있을 때 침례신학대학 목회대학원에 등록하여 신학에 관한 강의를 듣기도 하였다. 6주 동안 기숙사에서 머물러 있으면서 현역 목회자들과 함께 수업을 받기도 하였다. 때가 이르러 하나님께서 기회를 주시면 언제라도 목회자로서 사역을 감당해야겠다는 마음으로 나름대로 준비를 해왔었다. 이는 하나님과의 서원을 이루기 위한 과정이기도 하였다.

친구 역시 교수들에게서 추천받은 책을 구입할 경우에 나에게도 그 책을 사서 보낼 정도로 관심을 갖고서 호의를 베풀기도 하였다. 그뿐만 아니라 목회자 세미나에 참석할 경우에도 책자며 자료며 테이프까지도 챙겨서 보내 주는 참으로 좋은 친구였다. 이처럼 내게 관심을 갖는 이유는 하나님 앞에 목회자가 되겠다며 함께 서원했던 자로서 빨리 목회의 길을 가라는 의미였다. 그뿐만 아니라 장차 목회자가 될 사람임을 잊지 말고 빨리 목회의 길로 들어서라는 독촉의 의미도 포함되어 있었다.

그 친구의 관심과 노력은 헛되지 않았다. 이러한 친구의 모습은 나로 하여금 늘 목회자의 사상을 갖게 하였고, 결국에는 나를 목회자의 반열에 세우는 데 일조하였다.

청년 시절에 순수한 마음으로 목회자가 되겠다고 서원했던 그때의 모습을 잊지 않으시고 목회자로 불러 주시고 사용해 주신 하나님께 감사드릴 뿐이다.

5.
약속을 이행하라고
깨우침을 주신 하나님

사업을 시작한 후부터는 오직 사업 확장과 더 큰 기업을 이루기 위해서 이른 아침부터 늦은 밤중까지 피곤한 줄 모르고 뛰어다녔다. 대기업체 중에는 호남 지역 농공단지에 입주하는 업체들이 있었다. 나는 그 업체들의 공사수주를 위해서 서울이든 부산이든 달려갔다.

이 같은 사업에 대한 열정은 결코 헛되지 않았다. 상대로부터 호평과 함께 계약을 성사시키는 데 디딤돌 역할을 하였다. 지방업체로서의 회사 규모와 기술력과 시공실적은 대기업들로부터 인정받는 데 큰 도움이 되었다. 이후 동종업체들 가운데 선두 주자로 우뚝 세움을 입을 정도로 회사는 눈에 보이게 일취월장하였다.

이처럼 지역과 업계에서 성공자로 인정받을 수 있었던 것은, 먼저는 하나님의 은혜였다. 그리고 사업에 대한 열정이 있었기 때문이었다.

해를 거듭할수록 든든히 서가는 기업을 생각할 때면 더 확장해 가고 싶은 욕망이 꿈틀거리기도 하였다. 이 일을 위해서는 정계에 진출을 해야 한다고 생각하였다. 하나님과의 목회에 대한 약속은 까마득하게 잊어버린 것이다. 때가 이르면 성직자로 돌아가야 할 신분임을 망각한 채 사업가로서 최정상을 향하여 달리고 있었다.

사업이 순탄하고 형통할 때에 까마득히 잊어버렸던 하나님과의 약속이 건달들의 협박 사건으로 인하여 생각났다. 이는 하나님께서 개입하신 일로서, 때가 이르렀으니 약속을 이행하라는 경고와도 같았다.

그날 이후, 젊은이가 협박하면서 보여준 회칼이 이따금 눈앞에 아른거렸다. 생각만 해도 끔찍했다. 그럴 때면 전율과 함께 번뇌가 일기도 하였다. 그들의 야심과 근성이 그냥 물러나지 않으리라는 생각이 들었다.

그로 인한 염려는 내 마음을 사로잡아 시름 가운데 시달리게도 하였다. 언제 어디서 어떠한 방법으로 화를 입을지 모른다는 생각에 두려움은 더욱 심화되어 가고, 내일에 대한 염려가 마음을 사로잡으니 심히 불안하였다.

암담한 모습으로 망연자실해 있는 나를 하나님은 방치하지 않으셨다. 즉시 성령으로 찾아오셔서 애처로운 마음을 어루만져 주셨다. 그리고 시름에 싸인 착잡한 나의 마음을 주의 말씀으로 감싸 주셨다.

"두려워 말라 내가 너와 함께함이니라 놀라지 말라 나는 네 하나님이 됨이니라 내가 너를 굳세게 하리라 참으로 너를 도와주리라 참으로 나의 의로운 오른손으로 너를 붙들리라"(사 41:10).

"너희 염려를 다 주께 맡겨 버리라 이는 저가 너희를 권고하심이니라" (벧전 5:7).

하나님의 말씀을 묵상하며 하늘을 향하여 두 손을 모았다. 기도의 응답으로 마음에 평안을 주셨다. 마치 어둠 속에 갇혀 있다가 해방이 된 것처럼 마음이 자유로웠다. 내 심령에 하늘로부터 은혜가 임하니 위로와 평안이 넘쳤다. 하나님은 언제나 변함이 없는 참으로 좋으신 분이셨다.

많은 시간이 흘렀건만 젊은이의 협박 사건은 때때로 내 마음을 불안케 하였다. 내 마음속에 그 젊은이들이 언제 또다시 찾아올지 모른다는 생각이 늘 도사리고 있었다. 그러기에 나는 순간순간 하나님께 신변의 안보를 부탁드리며 남은 생애를 맡기며 살았다. 그때마다 하나님께서는 나에게 이러한 응답을 주셨다.

"신변에 불행한 일이 생기기 전에 하나님과의 약속을 지켜야 하리라."

이어서 성령께서 마음에 주신 생각도 있었다.

'이 생명 끝난다면 든든히 잘 다져 놓은 사업, 쌓아 놓은 재산, 사업적으로 확보해 둔 많은 부동산들, 누리는 명예와 부요함이 다 헛것이 아닌가.'

이어서 또다시 뇌리에 스쳐가는 생각도 있었다.

'하나님과의 약속도 이행치 못하고 젊은 나이에 불행한 모습으로 이 생명 끝난다면 하나님 앞에 죄송스럽고 부끄러워서 어떻게 설 것

인가……?'

이러한 생각들은 더 큰 사업을 이루려는 꿈을 버리라는 하나님의 경고와도 같았다. 또한 장차 정치계에 입문하려는 야망을 접으라는 하나님의 뜻으로 깨달아졌다.

이러한 잡다한 생각들로 인하여 심경의 변화가 일기 시작하였다. 성령님은 나를 떠나지 않고 마음을 두드리시며 계속해서 감동을 주셨다. 성령님은 나로 하여금 "지금 당장은 목회의 길이 손해가 되고 고생스러울지라도 하나님과의 약속을 지켜야 된다"는 마음을 갖게 하셨다. 이러한 심경 변화에 처음에는 고민스러웠으나 결국에는 하나님께서 기회를 주시면 목회를 하겠다는 결심을 하기에 이르렀다.

업계의 선두 주자로 잘 다져진 사업체, 주변에서 부러워할 정도로 쌓여진 재산들, 지역과 교계에서 누리는 명성, 이 모든 것들은 쉽게 포기할 수 없는 것들이었다. 나도 육신을 가진 사람인지라 더 소유하고 더 누리고 싶은 욕망이 있는 것은 사실이었다. 그러나 내게는 세상 것들을 쉽게 포기하도록 작용하는 요인들이 있었다. 그중에 하나가 바로 사업도, 재산도 모두 하나님의 것이라는 물질관이었다. 하나님은 이때를 위해서 청지기의 정신으로 늘 무장시키셨던 것이 아닌가 싶다. 젊은이의 협박 사건은 나로 하여금 사업도 재산도 미래의 정치적인 야망까지도 모두 포기하고 하나님과의 약속을 빨리 이행하도록 촉매 역할을 하였다.

이후 내 마음에는 하나님과의 목회에 대한 약속이 떠나지 않고 많은 생각을 하게 되었다. 그리고 결국 하나님의 부르심 앞에 손을

5. 약속을 이행하라고 깨우침을 주신 하나님

들어야 한다는 결론을 내리게 되었다.

"하나님과의 약속을 지키는 길이 살 길이다. 목회의 기회를 주신다면 언제라도 순종해야 하리라."

6.
마음은 비우고,
손에 가진 것은 버리고

　　　　　　　　　나에게는 약점이라면 약점이고 강점이라면 강점이라고 할 수 있는 것이 있었는데, 그것은 한번 마음에 결단하면 무엇이든지 그 즉시 실행해야 하는 성격이었다. 하나님을 향한 헌신이나 신앙생활이나 사업적으로 어떤 일을 결단했을 때 그 즉시 실천하는 삶을 살아왔다.

　사업의 형통함으로 재산이 쌓여갈 때 목회에 대한 결단은 매우 심각하고도 중대한 사안이었다. 내게 속한 모든 것을 포기하고 손에 가진 모든 것들을 내려놓아야 하기 때문이었다. 사람인지라 사업에 대하여 고민할 수밖에 없었다. 밤잠을 이루지 못하고 몸부림치는 순간에도 젊은이가 보여준 회칼이 이따금 눈에 아른거렸다. 뒤따라 젊은이의 섬뜩하고도 난폭한 행동이 스크린처럼 뇌리에 스쳤다. 그리고 그가 내게 퍼부어댄 협박과 악담들이 귀에 쟁쟁거렸다.

그때였다. 누군가가 옆에서 "오늘 밤에라도 네 생명 끝난다면 그 많은 재산은 뉘 것이 되겠느냐? 그들의 손에 네 생명이 끝난다면 힘써 쌓아 올린 사업의 금자탑은 뉘 것이 되겠느냐?"라고 속삭이는 것 같았다. 사업을 포기하고 목회의 길로 들어서라는 메시지가 순간순간 또릿또릿하게 들리는 것 같았다. 이는 내 안에 성전을 이루고 계시는 성령님께서 하시는 말씀이 분명했다.

이후, 밤을 지새우며 번뇌하고 있는 마음에 계속해서 "네 생명 끝나기 전, 목회를 한다는 약속을 지켜라, 빨리 지켜라, 네 생명 끝나기 전에……"라는 감동을 주셨다. 이는 나에게 불행한 일이 닥치기 전에 마음을 비우고 손에 가진 것들은 내려놓고 목회의 약속을 지키라는 주님의 경고와도 같았다.

그러나 이 일은 결코 쉬운 일이 아니었다. 내 안에 자리 잡고 있는 욕심이 순순히 허락하지 않았다. 더 많은 것을 소유하고, 더 아름답고 좋은 것을 누리고 싶은 육신적인 욕망이 마음에 버티고 있는 한 목회의 길을 선택한다는 것은 참으로 어려운 일이었다.

당시의 나의 결단은 육신적인 면에서 보았을 때 마치 아름다운 황금길을 버리고 고난의 가시밭길을 선택하는 것과도 같았다. 목회의 길을 선택하는 것은 든든히 세워진 50인 사업장을 버려야 하는 일이었다. 또한 주변 동종업자들이 부러워하는 사업적인 배경을 내던져 버리는 일이었다. 어디 그뿐인가? 해마다 늘어나는 사업장과 쌓여가는 재산과 잘 다듬어진 견고한 사업을 포기해야 하는 일이었다.

목회의 길은 부귀영화 다 버리고 시련과 고난의 가시밭길을 가야 하는 일이었다. 목회자가 되는 길은 세상 사람들이 판단했을 때에 멍

청하고 바보스런 일임이 분명하였다. 육신의 옷을 입고 사는 동안에 금은보화를 포기하고 버리는 일이란 쉽게 결단할 수 없는 일이었다.

그러나 주님은 나에게 "그 길을 선택하라"며 감동을 주셨다. 그래야만 불행을 면하고 생명을 보존하는 길임을 깨닫게 하셨다. 성령으로 내 안에 오신 주님은 마음을 어루만지시며 말씀을 기억하게 하셨다. 나 자신도 모르는 사이에 마음에서는 변화의 물결이 일고 있었다. 지금까지 내 안에 견고한 여리고 성처럼 버티고 있던 인간적인 욕망들이 서서히 붕괴되어 갔다. 이는 하나님만이 하실 수 있는 특유의 권한이셨다. 하나님은 이러한 과정을 거쳐 내 마음을 비우시고 목회의 결단을 감행케 하셨다. 주님께서 부자에게 하신 말씀도 내게 영향을 미쳤다.

> "하나님은 이르시되 어리석은 자여 오늘 밤에 네 영혼을 도로 찾으리니 그러면 네 예비한 것이 뉘 것이 되겠느냐 하셨으니"(눅 12:20).

젊은이의 회칼도 무서웠으나 하나님과의 약속을 이행치 못하고 세상을 떠난다면 하나님 앞에 어떻게 설 것인가가 더 무섭고 두려웠다. 시한부 인생으로 살았던 나로서는 더더욱 다급한 마음이 들었다. 이러한 조건들이 나로 하여금 목회자가 되는 일에 빨리 결단하게 하였고, 비로소 사업을 비롯한 세상의 모든 조건들까지도 쉽게 포기하게 하였다.

이처럼 마음을 비우는 일에 쉽고도 빨리 결정할 수 있었던 것은 내게 청지기 정신이 있었기에 가능한 일이었다. 청지기 정신이야말로 인간적인 조건이나 모든 소유를 모두 내던져 버리고 목회자의 길

6. 마음은 비우고, 손에 가진 것은 버리고

로 들어서는 일에 디딤돌 역할을 한 셈이었다.

성령님의 감동에 따라 모든 일들을 직원들에게 위임하고 기도원으로 향하였다. 다른 때 같으면 어림도 없는 일이었다. 더 높은 곳에 오르며 더 많은 것을 얻으려고 달리는 말에 채찍질을 가하는 경영을 해왔었다. 그러기 위해서는 사무실을 단 한 시간도 비울 수가 없었다. 목표달성과 더 큰 사업을 이루기 위해서는 직원들보다 먼저 출근하였고 퇴근도 맨 나중에 했었다. 또한 대학원 동문회에서 가는 해외여행도 두 번씩이나 경비만 내고서 가지 않을 정도로 사업에 대한 열정과 집념이 대단했었다.

그러던 내가 한 주간 동안이나 시간을 내어 기도원에 간다는 것은 경천동지할 사건이었다. 이 같은 나의 결단은 일생일대에 중대한 일을 결정해야 하는 문제가 있었기 때문이었다.

기도원에 도착한 후, 모든 일들을 잊고서 온종일 한가로이 산책을 하며 시간을 보냈다. 생각을 바꾸고 마음을 비우니 참으로 평화스러웠고 안식을 누리는 기분이었다. 교회도 물론이려니와 기도원 역시 주님의 품과 같은 곳으로 영혼의 평화와 마음에 평안을 누리게 하는 곳임을 피부로 느낄 수가 있었다. 마음도 육체도 참으로 평온한 시간이었다.

밤이 깊어지면서 모든 만물도 잠든 듯 아주 고요하였다. 자정이 가까운 시간에 성전에 홀로 가 하나님과 독대하는 심정으로 십자가를 바라보며 무릎을 꿇었다. 얼마 동안 기도가 아닌 근래에 일어난 일들을 생각하며 깊은 묵상에 빠져 있었다. 인간인지라 사업을 통하여 세상의 부귀영화와 부요함을 더 누리고 싶은 욕망이 순간순간

발동하였다. 지금까지 쌓아 올린 사업! 재산! 명성! 그 무엇 하나 아직 포기할 수 없는 것들이었다. 순간, 욕심을 부리다가 비극적인 인생이 되어 버린 불행한 사람들이 뇌리에 스쳤다. 때가 이르렀으니 이제 그만 목회의 길로 들어서라는 의미와도 같았다. 그 길만이 신변을 지키며 생명과 생애가 보장되는 길임을 깨닫게 하셨다.

하나님은 계속해서 젊은이의 사건을 상기시키셨다. 그의 저돌적이면서도 섬뜩한 모습이 나를 더욱더 전율케 하였다. 이는 후일을 위하여 사업과 재산, 명성과 출세 등 세상에 대한 모든 미련을 과감히 버리라는 신호였다. 예수님 공생애 당시 베드로가 제자로 부르심을 받았을 때에 배와 그물을 버려두고 주님을 따른 것처럼……. 이는 나에게도 마찬가지가 아닌가 싶다.

밤을 지새우며 목회의 선택이라는 갈림길에서 고민하는 나에게 성령님은 "마음을 비우고, 손에 가진 것들은 모두 버리라"고 감동하셨다. 성령님은 이어서 탐욕 때문에 불행하게 되어 버린 자들을 기억하게 하셨다. 하나님은 계속해서 욕심을 버리는 길만이 살 길임을 깨닫게 하셨다. 나는 십자가를 바라보며 인간적인 모든 조건을 포기하는 일에 내 결심이 약해지지 않도록 아뢰었다. 그리고 두 손을 모은 후, 목회에 대한 내 각오가 무너지지 않도록 간구하였다. 십자가 밑에 나아가 생애와 신변과 모든 일들을 주님께 맡기며 인도하심을 구하였다. 순간 심령 깊은 곳에서 찬송이 흘러나왔다.

내 힘과 결심 약하여 늘 깨어지기 쉬우니
주 이름으로 구원해 날 받아주소서
(후렴) 내 모습 이대로 주 받아주소서

날 위해 돌아가신 주 날 받아주소서

내 주님 서신 발 앞에 나 꿇어 엎드렸으니
그 크신 역사 이루게 날 받아주소서
(새 214장, 통합 349장, 3-4절)

7.
목회에 대한 쐐기를
확실하게 박으신 하나님

 다음 날, 목회를 하는 친구가 찾아왔다. 친구를 만날 때마다 늘 그림자처럼 붙어 다니는 젊은 목사도 동행하였다. 신학교 시절부터 자주 만나 사귐을 갖다 보니 지금은 친구처럼 지내는 사이가 되었다. 삶의 여정에 문제가 있을 때나 기도하고 싶을 때 광주 무등산 기도원을 찾았었다. 가까운 기도원도 많이 있는데 구태여 무등산만 꼭 찾는 이유가 있었다면 거기에는 영적인 도움과 내게 조언을 해줄 친구들이 있었기 때문이었다.
 이번에도 역시 당면 문제와 속사정을 모두 털어놓았다. 친구들은 목회자 입장에서 냉철하게 판단한 후에 자신들의 생각들을 허심탄회하게 전해 주었다. 진지한 모습으로 내게 들려주는 친구들의 권면과 충고는 목회에 대한 마음을 더욱 확고하게 해주었다. 장시간 교제와 대화를 나누면서 함께 기도하는 시간을 갖기도 하였다. 인생여정에 힘들고 어려운 일이 생길 때마다 터놓고 이야기하며 손을 맞잡고 함께 기도할 수 있는 친구가 있어서 참으로 좋았고, 감사할 뿐이었다.

몇 개월 전에도 이곳을 찾았었다. 그때에는 교회에서 장로 선거를 했는데 당선이 되지 않았었다. 담임목사님이 나를 장로로 세우기 위해서 심혈을 기울였음에도 근소한 차로 낙선하고 말았다. 나중에 알고 보니 장로들 몇몇이 내가 장로가 되는 것을 막기 위하여 교인들에게 선물공세까지 하였다는 말이 들려왔다. 내가 장로가 되면 담임목사에게 힘이 실린다는 것이 나를 장로 선거에서 낙선시킨 이유였다. 이 일로 인하여 담임목사님은 입 안이 다 헐어 음식을 제대로 드시지 못할 정도로 충격을 받으셨다. 나중에 알고 보니 그들은 이번 선거뿐 아니라 목사님 하시는 일에 사사건건 제동을 걸며 목회에 걸림돌 노릇을 하고 있었다.

당시 내 개인적인 상황으로 볼 때에 장로의 직분이 필요했다. 사업적으로도 그러했고, 신분적으로나 대외적으로 이제는 장로를 해야겠다는 생각을 갖게 되었다. 초교파적으로 연합회 활동을 하는데, 도내 거물급 목사님들 틈에 끼어 총무의 일을 보다 보니 이제는 장로의 직분이 필요하다고 느껴졌었다. 15명의 이사 가운데 안수집사는 나 혼자뿐이었다. 사업적으로도 기반이 잡혔으니 이제는 장로를 해야겠다는 생각을 하였다. 또한 장로에 대한 기도도 저절로 나왔다. 뿐만 아니라 당시의 인간적인 조건으로 보아 장로 투표를 하면 1등으로 당선될 줄 알았었다.

목사님이 감동하시고 성도들이 깜짝 놀랄 만한 헌금생활, 매 주일 드리는 집사들의 한 달 봉급에 해당하는 십일조. 절기헌금이나 특별헌금을 드리는 경우에 한몫을 담당하는 것이 목사님에게는 감동이 되고 목회에 힘이 되기도 하였다.

그러나 이러한 나의 헌신을 싫어하는 장로들이 있었다. 그들이 규합하여 교인들을 선동했다는 말에 목사님은 더 큰 충격을 받으셨다. 그들의 행위는 나에게도 충격적인 사건이 아닐 수 없었다. 내가 장로가 되는 일에 결사반대를 했던 자들의 얼굴이 눈에 비칠 때마다 속에서 분통이 치밀어 올랐다. 사람인지라 괘씸한 생각과 함께 미워하는 마음이 생기기도 하였다. 시간이 지나면서 분통은 더 심화되어 속에서 부글부글 끓어올랐다. 속물인지라 인내하는 데도 한계가 있었다. 도저히 견딜 수도, 참을 수도 없었다.

그 후에 장로들은 아무 일이 없었다는 듯이 웃는 얼굴로 대해 주었다. 그들의 위선적인 모습을 볼 때마다 역겨울 뿐 아니라 심적으로 고통스러웠다. 사람인지라 번민과 함께 신앙적으로 갈등할 수밖에 없었다. 자연적으로 예배에 대한 열정이 식었다. 교회에서 맡은 일에 대한 책임감도 약해지고 있었다. 나 자신도 모르는 사이에 교회가 멀어지니 주님과도 멀어지고, 헌신의 기회까지도 외면해 버리는 믿음으로 전락되고 말았다. 참으로 애석한 일이었다. 시간이 지날수록 신앙이 점점 침체되어 가고 있었다.

장로 선거 이후, 신앙적인 방황이 시작될 무렵이었다. 이래서는 안 되겠다는 생각이 들었다. 이는 성령님께서 주신 생각으로서 계속해서 기도해야 된다는 마음을 갖게 하셨다. 그래서 또다시 광주에 있는 무등산 기도원을 찾았던 것이다.

7. 목회에 대한 쐐기를 확실하게 박으신 하나님

기도원에 올 때마다 친구는 열 일을 제쳐두고서 쏜살같이 달려왔다. 나는 친구에게 교회에서 벌어진 일들과 내 심경을 사실대로 모두 밝혔다. 친구는 내 입에서 토하는 말을 진지한 모습으로 들어주었다. 내 말이 다 끝났음에도 친구는 눈을 지그시 감고서 한참 동안을 명상에 잠긴 모습을 취하고 있었다.

얼마 후, 친구는 입을 열어 자신이 깨닫고 생각했던 바를 기탄없이 전해 주었다. 나를 향한 친구의 열변은 마치 하나님의 뜻을 전하는 선지자적인 모습이었다. 그때 친구가 나에게 전해 준 메시지는 이러하였다.

"친구! 당신은 10명이 모이는 교회에 갈지라도 하나님께서 절대로 장로를 시키시지 않아. 왜? 10여 년 전, 하나님께서 시골교회에 당신이 필요해서 장로로 피택을 했었는데 장로를 하지 않겠다고 도시로 도망쳐 버린 사람이기 때문에……. 내가 하나님이라도 당신 같은 사람은 장로 안 시킨다. 하나님도 자존심이 있는 분이야……."

친구는 숨을 돌린 후, 두 번째 입을 열어 열변을 토했다. 이는 욥을 향한 그 친구들의 변론과도 같았다.

"아무리 많은 것으로 봉사하고 태산 같은 물질로 교회에서 한몫을 감당하는 많은 헌신을 했을지라도 장로는 하나님께서 선택하셔야 되는 것이지. 교인들이 투표로 뽑지만 결과는 하나님께 달려 있는 것이 성경의 가르침이 아닌가. 이번에 당신을 장로가 못 되게 한 것은 사람들이 아니고 하나님이라는 사실을 알아야 하네."

친구가 또 세 번째 입을 열었다. 이번에는 비교적 진지하면서도 심각한 표정이었다.

"자네에게 목회 이야기를 하면 45세부터 한다고 고집을 피웠지?

지금 40대 초반이니까 이번이 마지막 기회일세. 만일 목회한다는 약속을 지키지 못하고, 자네 인생 끝난다면 하나님 앞에 섰을 때 어떻게 할 것인가? 이번이 절호의 기회일세. 장로 낙선은 목회의 약속을 이행하라는 하나님께서 주신 기회일세……."

친구 목사는 내 손을 잡고서 훗날에 땅을 치며 후회하는 일이 없기를 바란다는 말과 위해서 기도하겠다는 말을 남기고 돌아갔었다.

이번에도 나를 향한 친구의 권면은 지난번과 똑같았다.

친구는 이번 젊은이의 사건을 다 들은 후에 이러한 메시지를 전하고 돌아갔다.

"자네가 사명자이기에 하나님이 지키신 것일세. 세상이 험악하여 언제 어디서 무슨 일을 당할지 알 수 없으니 빨리 결단하기를 바라겠네. 하나님의 심정도 마찬가지일 걸세."

친구가 돌아간 후, 그들의 말을 되새기며 다시 한 번 생각을 굳혔다. 하나님께서 부르시면 언제라도 사명자의 길을 가야 하리라는 결심을 하였다. 또한 내가 필요한 곳이라면 어디라도 환경과 여건을 초월하여 가야 한다는 원칙도 세웠다. 이는 하나님 앞에 농촌목회를 약속했기 때문이었다. 그날부터 두메산골에 다 쓰러져 가는 교회일지라도 기쁨과 감사함으로 가리라는 결심을 하면서 하루하루를 지냈다.

젊은이의 협박 사건을 통하여 새까맣게 잊어버렸던 하나님과의 약속을 상기시켜 주시고, 목회의 길을 결심하도록 감동 주신 하나님께 감사를 드릴 뿐이다. 또한 만날 때마다 목회의 사명을 깨우쳐 주기도 하고, 목회자가 되도록 권면하며 이끌어 준 친구에게도 감사할 뿐이었다.

  환난 날에 머리털 하나도 상치 아니하도록 지키시고 보호하신 하나님께 감사드린다. 또한 삶의 위기가 목회의 길로 들어설 수 있는 기회가 되었으니 어찌 감사하지 않으랴.

CHAPTER 02

청년 때의 서원을 이루도록 길을 여신 하나님

1.
농촌교회에 부임할 수 있는 기회를 주신 하나님

기도원에 다녀온 후부터 피부로 느낄 정도로 마음이나 생각이 많이 달라져 있었다. 미래에 대한 찬란한 꿈과 정치적인 야망이 이제는 목회의 소망으로 바뀌어 갔다. 그러다보니 기도의 제목도 자연히 바뀌었다. 내 입에서는 나도 모르는 사이에 "아골 골짝 빈 들에도 복음 들고 가오리라"는 찬양이 흘러나왔다. 그리고 이런 찬양을 부를 때면 군대에서 있었던 일들이 뇌리에 스치기도 하였다.

군종활동을 하기 위하여 서무계까지도 포기했던 일이 있었다. 이번에도 마찬가지로 목회를 위해서는 사업을 포기해야만 했다. 이제는 사무실에서도 시간이 나면 기독교 서적이나 신학서적을 대하는 시간이 많아졌다. 당시 십대선교회 전주지구 총무사역을 담당하는 데 목회를 하는 심정으로 토요집회를 성실하게 준비하였다. 그러면서 나는 하나님께서 목회할 수 있는 기회를 주시면 '언제든지, 어디라도 여건을 초월하여 달려가리라'는 마음으로 하루하루를 보내고 있었다. 뿐만 아니라 목회를 향한 내 마음 변치 말게 해달라고 하나님께 아뢰기도 하였다. 사명 감당하는 길이 힘이 들고 어려워도 끝까지 달려갈 수 있도록 붙들어 달라는 기도도 덧붙였다.

하나님은 나의 기도를 외면치 않으시고 응답해 주셨는데, 해가 바뀐 1월 중순 무렵, 청년 때부터 잘 알고 있던 목사님이 찾아오셨다. 목사님의 연세가 일흔이 훨씬 넘어 은퇴하실 연령이 지났는데도 후임자가 없다면서 푸념을 늘어놓으셨다.

"이제 그만 은퇴를 하고 싶은데 후임자가 없어서…… 교회의 교세가 연약하다 보니 오려고 하는 자들이 없어. 신학생들도 다녀가면 함흥차사여……."

목사님이 시무하시는 교회야말로 신학생들에게까지도 외면을 당할 만한 곳이었다. 그 교회가 위치한 곳은 40호 정도가 모여 사는 단일 부락인데다가 사방이 산으로 둘러싸인 두메산골이었다. 교세는 경제력이 거의 없는 노년층으로 구성된 10여 명 성도들, 헌금은 연간 250만 원에서 300만 원으로 환경도 열악하고 경제적으로도 너무나 어려운 교회였다. 육안으로 볼 때 그 농촌교회의 주변환경은 교회가 될 만한 가능성이라곤 1퍼센트도 없는 지역이었다. 그러기에 오갈 곳 없는 전도사들은 물론 신학생들까지도 외면해 버린 것이 아니겠는가? 목사님은 교회의 곤란한 형편과 어려운 상황을 낱낱이 토하시면서 자신의 뜻을 거듭 밝히셨다.

1. 농촌교회에 부임할 수 있는 기회를 주신 하나님

"집사님! 나, 고향에다 집 하나만 지어 줘. 내 나이 일흔넷인데, 이젠 그만 쉬고 싶어. 지금 당장이라도 후임자만 있으면 쉬고 싶은데, 농촌 교회에 온다는 사람이 없어……."

목사님의 말씀이 채 끝나기도 전에 나는 입을 열었다.

"목사님! 후임자가 없으면 저라도 가야지요."

하나님은 이러한 과정을 거쳐서 나로 하여금 목회자의 반열에 설 수 있는 기회를 주셨다.

이후 목사님은 소속된 지방회장에게 은퇴 의사를 밝히셨다. 후임으로는 나를 추천하였다. 당시 지방회장은 내가 농촌교회에 부임하는 일에 대하여 긍정적으로 생각하였다. 나는 하나님과의 서원을 지킨다는 명분으로 당시 신학생도 외면하는 두메산골에 위치한 농촌교회에 부임하기로 약속을 하였다. 교회 재정상태가 너무 열악하다 보니 목사님의 사례비는 월 10만 원이었다. 누군가의 도움이 없이는 생계조차도 해결할 수 없는 열악한 교회였다.

아내와 함께 처음으로 교회를 방문하였다. 예배당 건물은 창고보다도 더 초라하고 허술하였다. 사택 역시 허드레 물건을 들여놓는 낡은 창고와도 같았다. 뿐만 아니라 주변환경도 심히 어설프고 심란하였다. 화장실과 부엌을 보는 순간 아찔했다. 연탄보일러에 지저분한 재래식 부엌, 나뭇가지를 걸쳐 대충 만들어 놓은 재래식 화장실은 우리 부부의 마음을 더욱 심란케 하였다. 교회당과 사택을 둘러보니 신학생들까지도 왜 외면했는지 직감할 수 있었다. 인간적인 생각이나 육안으로 교회의 외형적인 면만을 바라보았을 때 오고 싶은 마음이 전혀 들지 않는 낙후된 교회였다.

목사님의 강청으로 사택에 들어갔다. 목사님과 마주 앉아 차를 마시는데 청년 때의 서원이 생각났다. 이어서 젊은이의 협박 사건과 목회를 하겠다는 결심했던 모습들이 파노라마처럼 뇌리에 스쳤다. 주님께서는 이따금 젊은이의 협박 사건을 무기 삼아 농촌교회에 부임해 오는 일이나 목회에 대한 결단을 번복하지 못하도록 쐐기를 박으셨다. 그럴 때마다 나는 하나님께 내 마음 변치 않도록 나를 붙들어 달라며 속마음으로 아뢰었다. 목사님과 헤어진 후 집으로 향하였다.

사람인지라 마음이 심란하고 착잡하였다. 어설프고도 암담한 상황은 나로 하여금 더욱 마음의 갈등을 느끼며 번뇌케 하였다. 순간, 누군가가 옆에서 "누추하고 심란하고 어설픈 곳인데 그곳에서 살 수 있겠니? 목회가 고생길인데 할 수 있겠니?"라며 속삭이는 것 같았다. 나는 하나님께 즉시 "주님께서 원하신다면 이보다 더 열악한 환경일지라도 가겠습니다"라며 소신을 밝혔다.

그날 밤 잠자리에 누웠다. 사업문제, 장차 감당해야 할 목회, 자녀들 문제 등 여러 가지 생각으로 잠을 이룰 수가 없었다. 목회를 해야 한다는 원칙이 세워졌기 때문에 농촌교회로 부임해 가는 것만은 사실이었다. 그러나 그 뒷면에는 너무나 많은 문제들이 따랐다. 이후에 있을 후속조치는 하나님께 맡길 수밖에 없었다. 목회 후에 있을 이런저런 문제들로 인하여 깊은 시름에 빠진 나를 성령님께서는 외면치 않으시고 착잡한 마음을 어루만지시며 위로해 주셨다. 순간, 나 자신도 모르게 이러한 고백이 흘러나왔다.

"아무리 열악할지라도 가야 하리라."

하나님과의 서원을 지키는 일만이 생명을 보전하는 길이라는 것

1. 농촌교회에 부임할 수 있는 기회를 주신 하나님

을 알았기에 농촌교회에 부임하는 일에 있어서 나의 의지는 변함이 없었다. 또한 성령님의 감동에 따라 목회에 대한 결심을 다시 한 번 확고히 하였다.

"아무리 환경이 열악하고 심란할지라도 가리라."

하나님은 전지하시며 세밀하신 분이셨다. 하나님은 이때를 위해 시간적으로 여유가 있을 때 침례신학대학교 계절대학원을 한 학기 수료케 하셨다. 지내 놓고 보니 모든 일들이 우연이 아니었다. 또한 군종활동이나 십대선교회에서 토요집회를 주관케 하신 것도 목회를 위한 하나의 준비과정이었다.

목회대학원을 계속하는 조건으로 6개월간의 수습기간을 걸쳐 농촌교회 담임전도사로 부임키로 하였다. 목회도 성공했을 뿐 아니라 지역과 교단에서 존경받는 목사님이 시무하는 교회에서 실습전도사로 사역하면서 목회의 실전에 대한 교육을 받았다. 짧은 기간이었지만 많은 것을 배웠고, 목회에 필요한 부분들을 터득하였다. 목회자로서 훈련하는 과정이었고, 참으로 유익한 시간이었다.

내가 농촌교회에 부임한다는 것이 알려지자 긍정적으로 평가하며 환영하는 자들이 많았다. 그러나 불신하며 악평하는 자들도 있었다. 부임하기 전부터 온갖 비난과 조소의 소리가 빗발치듯 들려왔다. 내가 경영하는 사업체에 대하여 잘 아는 목사들이 나를 더 못마땅히 여겼다. 그들은 내가 농촌교회에 부임하는 것을 문제 삼기도 하였다. 나에 대하여 문제를 삼으며 주장하는 핵심 내용은 이러하였다.

"잘나가는 사업체를 포기하고 하루아침에 농촌 오지 교회에 목회하러 들어가는 것을 믿을 수 없다······."

그들이 주장하는 것들은 일반적인 상식으로 볼 때 모두 맞는 말이었다. 부임하기 전부터 들려오는 잡다한 소리로 인하여 잠시 동안이라도 고심하였다. 나도 유약한 인간인지라 어쩔 수 없는 일이었다.

이러한 잡다한 소리가 들릴 때마다 성령님은 목회에 대한 결심이 흔들리지 않도록 쐐기를 박으셨다. 젊은이의 협박 사건은 나로 하여금 하나님과의 약속을 지키는 데 있어서 강력한 무기가 되기도 하였다. 당시 누군가로부터 불신을 받을 때도 목회를 향한 나의 결심이 변치 아니하도록 성령님은 늘 곁에서 마음을 굳게 하셨다.

모든 목회자들이 외면하며 신학생까지도 거절하는 시골교회에 즐거운 마음으로 쾌히 자원할 수 있었던 또 하나의 이유는 청년 때 시골목회를 서원했기 때문이었다. 사업을 경영하는 나는 자비량목회가 가능했기에 환경이 열악한 시골교회일지라도 큰 문제가 없었다. 경제적으로 어렵고 힘든 시골교회에 부임함으로써 하나님과의 약속을 지키는 셈이 되었다.

1. 농촌교회에 부임할 수 있는 기회를 주신 하나님

2.
불신과 냉대 속에서
농촌교회에 부임하다

농촌교회 목회자로 부임하는 날이 이르렀다. 참으로 감개무량한 일이었다. 청년 시절에 서원했던 하나님과의 약속을 지키게 되었으니 참으로 감사하고 감격스러웠다. 부족하기 그지없는 미말의 종을 사명자의 반열에 오를 수 있도록 불러 주신 하나님의 은혜에 감사할 따름이었다.

어디 그뿐인가. 죄 많고 허물 많은 죄인을 부르셔서 그리스도의 복음을 전하는 자로 세우셨으니 이보다 더 큰 축복의 사건이 어디 있을까?

교회 사택 규모에 맞추어서 살림을 준비하였다. 부임할 당시 초등학교에 다니는 6학년과 5학년짜리 자녀들이 있었다. 아이들까지 시골로 데리고 갈 수가 없어 여동생에게 맡기고 우리 부부만 농촌교회에 부임하였다. 아이들에게 있어서는 사춘기인지라 참으로 중요한 시기였다. 그렇지만 하나님과의 약속을 지키기 위해서는 어쩔 수 없는 일이었다. 자녀들이 목회에 걸림돌이 되지 않기를 매일 기도할 뿐이었다.

당시 한국 십대선교회(Y.F.C) 이사장이셨던 김장환 목사님은 전도사 취임을 축하하면서 기념패까지 보내주셨다. 또한 측근의 몇몇 목사님들은 소망적인 메시지와 함께 힘과 용기를 북돋아 주기도 하였다. 그러나 나의 목회에 대하여 비난하며 불신하는 자들도 있었다. 사람인지라 고민과 갈등이 생기기도 하였다. 이러한 과정 속에서 모든 시련을 이겨내고 농촌목회를 감행할 수 있었던 것은 성령님의 강권하심과 도우심이 있었기 때문이었다.

농촌교회에 부임하면서 신분에 걸맞게 살려는 의지로 승합차를 구입하였다. 고급승용차에 익숙해 있던 터라 처음에는 운전하기가 매우 힘이 들기도 하였다. 또한 현대식으로 갖추어진 양옥집에 살았던 터라 재래식 부엌과 재래식 화장실을 사용하자니 불편하기 그지없었다. 연탄아궁이는 더더욱 상상도 할 수 없는 일이었다. 환경과 시설이 이러했기에 목사들이 나의 부임을 놓고 쑥덕공론을 벌인 것 같았다.

환경이 열악했지만 머리 둘 곳도 없이 사셨던 예수님의 생애를 생각하면서 이사하였다. 죄 많고 무가치한 죄인을 성직자로 부르신 하나님께 감사할 뿐이었다. 또한 목회의 약속을 지킬 수 있도록 기회를 주심도 감사하며 목양할 교회가 있음도 감사하였다.

2. 불신과 냉대 속에서 농촌교회에 부임하다

교회에 부임하자마자 성전을 건축하자고 제의하였다. 성전 건축은 축복의 비결로써 당대뿐 아니라 후손들까지도 복을 받는 길임을 전하였다. 모든 교인들이 쌍수를 들고 환영하였다. 꿈에서도 바라던 일인지라 성전 건축에 대하여 기뻐하며 감사하기도 하였다.

교인들은 자기들의 형편에 따라 자유롭게 참여하였다. 하나님의 은혜로 피아노, 강대상, 앰프 등 모든 시설까지 새롭게 마련하여 부임 4개월 만에 새 성전을 건축하여 입당하게 되었다. 넓고도 아름다운 성전! 꿈에도 그리던 성전 건축! 그곳 성도들의 평생 소원이었던 성전 건축이었다. 지금까지 성전을 건축하는 일은 자기들의 생전에는 불가능하다고 여겼기에 더 기쁘고 감격적이었다.

새 성전에 입당하는 날이었다. 온 교인들은 꿈을 꾸는 것 같다면서 춤을 추듯 기뻐하였다. 그야말로 축제의 분위기였다. 교인들은 자기들의 기도의 응답으로 건설회사 사장 전도사를 보내주셔서 소원을 이루어 주신 하나님께 감사드렸다. 교세가 너무 약하고 환경이 너무나 열악하여 꿈조차 꿀 수 없었던 성전 건축을 이루게 되었으니 어찌 감개무량하지 않겠는가? 입당하는 그날, 온 성도들은 혼연일체의 모습으로 기뻐 뛰며 하늘에 계신 하나님께 영광을 돌렸다. 기쁨이 충만한 밝고 환한 얼굴, 감사와 찬양으로 가득 찬 입가, 환희가 넘치는 교인들의 행복한 모습에 우리 부부의 마음까지도 희열이 넘쳤다.

하나님께서는 나를 성전 건축의 사명자로 지명하여 부르시고 그 일을 능히 감당할수록 은사와 능력을 주셨다. 때가 이르니 농촌교회로 보내시고 성전 건축을 이루게 하셨다. 천하고 무능한 종을 필요한 곳에 보내셔서 성전을 건축하는 일에 도구로 사용해 주신 하나님께 감사를 드릴 뿐이다.

이어서 사택을 새롭게 개조하였다. 거실을 만들어 소파도 갖다 놓았다. 샤워할 수 있는 공간과 수세식 화장실도 만들었다. 또한 재래식 부엌을 현대식 주방으로 바꾸었다. 싱크대도 설치하고 수도시설도 하였다. 작고 초라했지만 이전에 비하면 너무 좋았다. 이전에 살았던 2층 주택이나 궁궐 같은 호화로운 주택이 부럽지 않았다. 주님 모신 곳이 천국이라는 고백이 저절로 나올 정도로 행복하였다. 우리 부부는 다시금 신혼 시절로 돌아간 것 같아 더더욱 행복스러웠다. 인생사에 너무나도 아름다울 뿐 아니라 새로운 경험을 하도록 기회를 주신 하나님께 감사드릴 뿐이었다.

하나님과의 약속대로 시무하는 동안 목회에 관한 모든 비용은 개인적으로 부담하였다. 애경사가 있을 때에 축조의금이나 차량 관리비까지도 모두 자비로 담당하였다. 목회자 가족들의 헌금과 나의 자비량 목회는 교회재정에 많은 도움이 되었다. 매주일 재정이 쌓여 가니 집사들의 얼굴에 기쁨이 넘쳤다. 사명자로 부르시고 사용해 주신 하나님의 은혜에 참으로 감읍할 따름이었다.

3.
목회에만 전념한 결과는 심히 아름다웠다

　　　　　　농촌교회에 부임할 당시 별의별 소리가 다 들렸었다. 중간에 목회를 그만둘 것이라며 불신했던 목사들이 있었다. 석 달을 넘기지 못하고 손을 들 것이라는 소리도 들렸었다. 어떤 목사는 농촌교회에 부임은 하더라도 도시에 살면서 주일날과 수요일 예배시간에만 교회에 들어가 사역을 할 것이라며 비난을 일삼기도 하였다.

　이처럼 불신하는 자들로 인하여 부아가 나기도 하고, 악평하는 자들로 인하여 분통이 터지기도 하였다. 주변 사람들로부터 불신과 냉대를 받을 때마다 우리 부부의 마음은 한없이 서글프기만 하였다. 외부로부터 치욕적인 말들이 들려올 때면 성령님께서 마음을 어루만지시며 위로하셨다. 또한 목회에 대한 결심이 흔들리지 않도록 내 의지를 더욱 굳게 하셨다.

부임 이후, 우리 부부는 교회를 떠나지 아니하고 성실한 모습으로 목회에 임하였다. 먼저는 주민들과의 생활수준이 어느 정도 맞아야 한다는 생각이 들었다. 그래서 내가 생각한 바를 즉각적으로 실천하였다. 교회에 있을 때나 심방할 때나 전도를 할 때에는 주민들처럼 작업복에 검정고무신을 신고 다녔다. 이 모습에 누군가가 위선이라고 비난하기도 하였다. 그들은 하나에서부터 열까지 내가 하는 일에 대하여 트집만 잡으려고 하였다. 예수님 당시 예수님 하시는 일에 대하여 비난하며 꼬투리만 잡아 시비하려던 바리새인들이나 서기관들과 성격이 비슷한 자들이었다.

나는 그들의 예상을 뒤엎었다. 나에 대한 중상모략을 일삼는 자들의 악평이 무색할 정도로 교회를 떠나지 않고 성실한 모습으로 목회에만 전념하였다. 부귀영화를 누리는 사장 자리보다 고생스러운 목회자의 길을 선택하였다.

회사일은 회장이신 장로님 체제로 운영하도록 하고, 중요한 일들만 교회로 와서 결재를 받도록 하였다. 이는 장차 사업에서 완전히 손을 떼겠다는 결심의 첫 단계였다.

농촌으로 들어간 후에 모든 것들을 포기하고 목회에만 전심전력하였다. 아직 부모의 관심과 돌봄이 필요한 어린아이들까지도 잊을 때가 많았다. 탈선하지 않도록 위해서 기도만 할 뿐이었다.

농사철에는 물병과 음료수를 들고서 논밭으로 다녔다. 농한기에는 집이나 회관이나 경로당으로 다니면서 교제를 나누다 보니 점차

3. 목회에만 전념한 결과는 심히 아름다웠다

주민들과 친숙해졌다. 누군가가 병원에 간다면 지역을 초월하여 그 어디든지 모시기도 하였다. 입원했을 경우에는 거리와 관계없이 하루에 한 번씩 심방을 하였다. 그러다가 퇴원하는 날이 되면 주민을 교회차량으로 편히 모시기도 하였다. 학교에 다니는 자녀들이 문제가 있으면 선도하기도 하고, 학교에 찾아가서 문제를 해결해 주기도 하였다. 헌신의 모습으로 주민들을 위해서 섬기다 보니 주민들의 마음이 열리기 시작하였다. 어떤 주민은 퇴원하여 인사차 교회 출석했다가 등록하기도 하였다.

시간이 지나면서 새신자가 하나 둘 늘어갔다. 믿다가 쉬고 있던 교인들이 다시 출석하기도 하였다. 심방을 하면서 동네 주민들의 집에 들어가서 자녀들의 행복과 사업을 위하여 복을 빌어주니 좋아할 뿐 아니라 고맙게 여기기도 하였다. 때로는 불신자들과 함께 음식을 나누기도 하였다. 이러한 과정이 주민들과 빨리 친숙해지도록 만들어 주었다. 이제는 주민의 마음의 문이 열릴 뿐 아니라 전도의 문도 서서히 열리고 있다는 증거였다.

부임한 지 6개월이 지나면서 교회 분위기도 좋아졌고 재정상태도 좋아졌다. 시간이 흐르면서 서서히 부흥의 기미가 보이기 시작하였다. 그 무렵 여동생에게 맡기고 온 아이들에게 문제가 생겼다. 학원에 빠지는 날도 많을 뿐 아니라 귀가 시간이 늦어진다는 것이었다. 동생은 아이들에 대하여 심각하게 표현을 하면서 탈선하기 전에 대책을 세워야 한다고 했다.

아내가 담임선생을 만났는데 성적은 상위권 그대로였다. 그런데 교내에서의 태도가 달라졌다는 것이다. 운동을 하는 불량한 아이들이랑 함께 어울릴 때가 많다고 했다. 때로는 못된 짓에 동참하여 교무실에 불려올 때도 있다며 학교에서의 생활을 일러주었다.

　동생은 아이들이 잘못되었을 경우 후일에 뒷감당을 어떻게 하겠느냐며, 아내에게 이사한다는 통보를 하고서 즉시 떠나 버렸다. 아이들만 둘 수도 없거니와 관리차원에서 아내가 집으로 돌아가야만 했다. 아내는 아이들을 등교시킨 후에 교회로 왔다가 석양 무렵에 귀가하는 일을 매일같이 반복하였다.

　밤에는 혼자 있다 보니 성전에 나아가 기도하는 시간이 많아졌다. 목회나 교회 부흥은 기도가 절대적으로 필요하기 때문에 하나님은 이러한 방법을 통해서 나로 하여금 기도하는 시간을 더 많이 갖게 하셨다.

　쉬 없는 기도와 끊임없는 전도의 결과로 새신자들이 하나 둘 늘기 시작하였다. 부흥의 때가 이르니 하나님께서 젊은 집사들과 교인들을 붙여 주셨다. 고등학교를 졸업하고 서울로 떠난 청년이 돈을 벌어 전주로 내려와 꽃가게(화원)를 차렸는데, 주일이면 고향교회로 와서 예배를 드렸다. 전주로 이사를 갔던 젊은 집사들도 주일이면 고향교회를 찾았다. 그중에는 찬양에 은사가 있는 젊은 부부 집사와 피아노 반주자가 있어 예배의 분위기가 훨씬 더 은혜로웠다. 하나님께서 교회를 계속 부흥케 하시니 이웃 동네에서까지 교인들이 출석하기도 하였다.

　어느 날엔가 산 넘어 이웃 마을에 상당히 큰 농장이 세워지고 있었다. 얼마 되지 않아 학사 출신인 젊은 부부가 이사를 왔다는 소문이 들렸다. 처음에는 집사들을 대동하고 찾아가서 우리 교회로 출석할 것을 권하였다. 때로는 우리 부부만 찾아가 설득하기도 하였

3. 목회에만 전념한 결과는 심히 아름다웠다

다. 그들은 이곳으로 이사 오기 전에 이미 담임목사님으로부터 가까운 면소재지 교회를 소개받았다며 솔직히 털어놓았다. 그래도 포기치 않고 사업가의 기질로 끝까지 도전하였으나 이미 결정하고 왔으니 단념할 수밖에 없었다. 나는 젊은 부부에게 마지막으로 주일날 낮 예배에 한 번만 우리 교회에 출석을 하고, 그 뒤에는 알아서 하시면 감사하겠다는 말을 남기고 돌아왔다. 그리고 그날 밤에 젊은 부부를 동역자로 붙여 달라며 하나님께 간구하였다.

주일날 낮 예배 시간이었다. 강단에서 청중을 바라보는 순간 젊은 부부의 모습이 눈에 띄었다. 순간적으로 심령 깊은 곳에서 하나님께 향한 감사가 터져나왔다. 말씀에 은혜를 받고 있는 듯 진지했고 이따금 입을 벌리는 모습을 보였다. 설교 시간에 "아멘"을 한다는 것은 좋은 믿음으로서 말씀에 은혜를 받고 있다는 증거였다. 결국에는 밤 예배 시간에 참석하여 등록을 하였다.

젊은 부부가 늘어가니 교회가 젊어진 기분이었다. 그리고 분위기도 한층 더 좋아졌다. 교인들은 목회자의 가르침에 순종하여 십일조 생활을 시작하였다. 이후에 복을 받는 모습들이 역력하였다. 교인들의 믿음이 성장하고 있다는 증거였다. 이제는 주변에서 소문이 자자할 정도로 은혜로운 교회로 성장하였다.

부임할 당시 별의별 소리로 비난하고 불신했던 자들의 태도가 많이 달라져 보였다. "시골 교회에 부임하는 것이 하나의 쇼"라며 악평했던 자들과 부임 당시 심적으로 고통스럽게 했던 자들이 변명과 함께 먼저 손을 내밀었다. 목회에 대한 결단을 의심하며 많은 청중 앞에서 모욕적인 행동으로 염장을 지르며 무시했던 자들도 목회의 결단이 진실이었음을 인정하였다. 뿐만 아니라 미안하다는 말과 함께 사과하기도 하였다. 역시 예수님을 닮아 가는 성직자들이었다.

젊은이의 위협 사건을 통해서 하나님과의 서원을 기억하게 하시고 속히 이행할 수 있도록 기회를 주신 하나님께 감사하면서 목회에 최선을 다하였다. 또한 온갖 비난과 불신과 방해적인 공격이 있었을지라도 흔들리지 아니하였다. 곤욕스러운 상황 가운데서도 끝까지 견디면서 목회의 사명을 잘 감당케 하신 하나님께 감사를 드릴 뿐이다. 신학생도 외면했던 시골 오지교회에 은혜를 베푸셔서 자립케 하신 하나님, 그리고 선교까지 할 수 있도록 아름다운 결과를 보게 하신 살아 계신 하나님께 감사드리며, 내 몫에 태인 목회의 사명을 위해서 최선을 다할 뿐이었다.

4.
사명자들에게
요구되는 조건들

　　　　　　농촌교회에 부임하여 목회를 하면서도 내 적으로는 회사의 일들에 관여했었다. 중요한 일들은 직원들이 와서 결재를 받아 일을 처리하였다. 목회를 하면서도 중간보고와 월말보고를 통하여 회사 일에 관여하면서 회사의 중요사항에 대한 최종 결정권이나 경영권만큼은 쥐고 있었다. 사업자의 명의도, 은행의 당좌거래도, 본사와의 대리점 계약도 모두 내 명의 그대로 되어 있었다. 그러다보니 공사계약까지도 내 명의로 해야만 했다.

　이제는 사업에서 손을 떼야겠다는 마음이 들면서도 쉽게 포기가 되지 않았다. 그럴 수밖에 없는 것이 돈이 필요할 때마다 마음대로 갖다 써야 하기 때문이었다. 이러한 인간의 얄팍한 생각에 붙들려 경영권에 대한 포기를 결단치 못하였다. 아직 사업에 대한 미련이나 재물에 대한 욕심을 버리지 못했다는 증거였다. 하나님께서는 나의 탐욕으로 가득 찬 못된 인간성을 아시고 장로님을 통해서 경영권에 대한 문제를 거론케 하셨다.

그 이듬해 시무식을 마친 후였다. 장로님은 조용한 자리를 마련하여 나에게 이러한 제의를 하셨다.

"사장의 신분으로 목회를 하고 있는 것이 성경적으로 볼 때에도 맞지 않고 사람들이 보기에도 좋지 않으니, 사장 자리를 다른 사람에게 넘기고 경영에서 물러나는 것이……. 사장 자리는 공장을 운영하는 동생에게 물려주고 목회에만 전념하였으면 좋겠어요. 장로로서 기도할 때마다 마음에 걸리고……, 회사가 잘되도록 내가 책임지고 경영을 지도할 테니 전도사님은 목회만 충실했으면……."

장로님의 말이 채 끝나기도 전에 나의 본심을 밝혔다.

"그렇지 않아도 그 일에 대하여 저도 기도하면서 많은 생각을 했습니다. 누구에게 사장 자리를 넘겨야 할지 고민 중이었는데 잘됐네요."

장로님은 안도의 숨을 내쉬면서 입을 열었다.

"그렇게 해야 회사도 발전적이고 나중에 전도사님에게도 좋을 것 같기에 말씀드린 것이니……. 매월 생활비하고 전도사님의 대학원 공부하는 것이나 애들 학비는 대학까지 회사에서 책임질 것이니……."

장로님의 제안은 목회자를 위한 노파심에서 나온 충언이었다. 혹시라도 직원들의 실수나 일이 잘못되면 대표이사인 나에게 1차적인 책임이 있기 때문이었다. 사장의 명의를 갖고 있다가 회사에 불미스런 일이 생길 경우에 신변상 문제는 물론 목회에까지 지장이 있기 때문에 장로 입장에서 제의를 하셨던 것이 아니었을까? 나는 장로님의 뜻을 받아들였다.

이는 장로로서 목회자의 신변을 보호해 주려는 사려 깊은 배려였다. 또한 인생을 오래 살면서 쌓아온 경륜을 통해 얻은 지혜로운 처사이기도 하였다. 장로님의 이러한 결단은 혼자의 생각에서 온 것이 아니었다. 하나님이 주신 지혜로서 내린 결단이 분명했다. 이는 장로로서 목회자를 위한 미래지향적인 판단이었다. 목회자의 입장을 고려하여 회사 일을 맡아서 운영하겠다는 장로님의 결단에 감개무량하였다.

장로님의 권면에 따라 회사와 모든 재산을 동생들에게 물려주었다. 회사를 새롭게 하는 의미로 먼저는 대표이사에 공장장인 동생을 선임하였다. 이어서 내 명의로 된 당좌계설을 모두 해지하고 세무서와 법원에 대표이사 명의를 변경하였다. 회사의 모든 권리와 자산을 대표이사로 취임하는 둘째 동생에게 넘겨주었다. 그리고 4천 평의 공장 부지를 비롯한 모든 부동산은 이사로 영입된 첫째 동생에게 넘겨주었다.

재산을 이원화는 시켰지만 부동산은 언제라도 회사에서 필요할 시에 사용하도록 조건을 붙였다. 처음에 가졌던 포기에 대한 결심을 행동에 옮긴 것이었다. 아이들의 학업을 위해서 주택만큼은 아내 명의로 남겨 두었다. 또한 후일에 개척을 해야 한다는 생각에 아중지구의 부동산만 남겨 놓고서 동생들에게 명의이전까지 모두 해주었다. 1993년도 당시 9천만 원이 웃도는 세금을 납부한 후에 사업가로서의 종지부를 찍었다.

나에게도 물질에 대한 애착심이 있었다. 인간인지라 순간순간 욕심이 생기기도 하였다. 사업을 통하여 세상 영화와 부요함을 더 누리고 싶은 욕망이 자신도 모르게 발동되기도 하였다. 지금까지 쌓아 올린 금자탑과 같은 사업을 포기한다는 것이 참으로 힘들고 어려운 일이었다. 그러기에 순간적으로 사업도, 재산도, 명성도 아직 포기할 수 없는 일이라는 감정이 솟구치기도 하였다. 이는 사탄이 주는 생각들이었다. 그러나 성령님은 욕심을 부리다가 자신을 파멸로 몰고 갔던 사람들을 기억하게 하셨다. 욕심을 버리지 못한 자의 결국은 성경의 가르침대로 불행이나 비극적인 일들이 따른다는 사실도 깨닫게 하셨다.

이후 성령님은 사업에 대한 미련을 버리도록 감동을 주셨는데, 제자들이 부르심을 받았을 때의 일들이 생각나게 하셨다. 베드로와 안드레, 야고보와 요한 역시 예수님의 부르심 앞에 배와 그물을 버려두고 즉시 따라나섰다. 예수님의 제자가 되기 위하여 세상의 모든 조건들을 포기하였다. 사도 바울은 많은 사람들이 부러워하는 로마 시민권까지도 분토처럼 여겼다. 세상에서 아무리 귀하고 소중한 것들일지라도 모두 버렸던 것이다. 엘리사 역시 마찬가지였다. 하나님의 부르심 앞에 열두 겨리의 소를 버리고 갈던 밭도 버리고 엘리야를 쫓아갔다. 이스라엘 백성들을 바로의 손에서 해방시켜 가나안 복지로 이끌어야 할 모세와 같은 경우에는 어떠했는가? 하나님으로부터 부름 받은 모세는 사명을 감당키 위하여 공주의 아들이라는 칭함도 거절했다.

사명자로서 버리고 포기하는 것은 어느 시대에나 변함이 없었다. 많은 시간이 흐르고 시대가 바뀌었지만 하나님의 법칙과 진리는 바뀌지 않았다. 나 역시 하나님께서 정하신 법 테두리에서 벗어날 수가 없었다. 이는 사명자로 부름을 입은 자라면 누구든 마찬가지이다.

 하나님으로부터 부름을 받은 사명자들에게 있어서 포기와 버리는 것은 필수적인 것으로서 사명자들에게 요구되는 조건들이기도 했다. 그렇기에 목회자로 부름받은 나 역시 그리해야만 했다.

5.
회사에 불길한 조짐이 보이기 시작하다

　　　　　　　　회사를 책임지고 잘 운영하겠다는 회장의 다짐과 함께 생활비와 아이들의 학비를 책임져 주는 조건으로 대표이사 사장 자리에서 물러났다. 시원섭섭하였다. 사업에서 완전히 손을 떼고 물러서는 순간에도 하나님은 젊은이의 협박 사건을 상기시키셨다. 이는 사업에 대한 미련을 완전히 버리라는 의미였다.

　이후부터 사업에 관한 일들은 일체 잊고서 목회에만 전념하였다. 그 결과 교회는 부흥과 함께 십일조 교인들이 점차로 늘어났다. 이제는 자립을 할 뿐 아니라 네 곳을 선교하는 교회로 성장하였다. 어디 그뿐인가. 남전도회까지 조직을 하고 여전도회는 노년층과 젊은층으로 나누어 조직하였다. 오지마을 농촌교회에 두 개의 여전도회가 생긴 것이다. 누가 와서 보더라도 좋은 교회라고 평가할 정도로 성도들의 봉사와 헌신의 흔적들이 엿보였다.

상반기를 지나 하반기에 들어섰다. 자금담당 부장인 매제가 찾아왔다. 큰 공사들을 여러 군데 진행시키다 보니 자금사정이 좋지 않다면서 보증과 함께 담보설정을 요구해 왔다. 공장부지가 설정되어 있지만 담보액 부족으로 은행에서 추가설정을 원한다는 것이었다. 창업주로서 회사가 잘되어야 한다는 마음으로 보증과 함께 설정을 해주었다. 회사 측의 요청에 따라 보증을 해준 또 하나의 이유는 회사가 이대로 건재해야 목사 안수를 받은 후에 성전을 건축할 수 있기 때문이었다. 이러한 인간적인 계산과 육신적인 생각이 깔려 있었다. 그러기에 보증하는 일에 대하여 당연한 것으로 여겼던 것이었다.

한 해가 저물고 새해가 되었다. 내가 공부하는 동안에 모든 학비는 회사에서 책임지기로 약속을 했기에 경리과장에게 신학기 등록금을 청구하였다. 며칠이 지난 후였다. 직원으로부터 회사에 돈이 없다며 매월 지급하던 생활비도 어떻게 될지 모르겠다는 이야기를 들었다. 매월 생활비와 학비만 지원하는 조건으로 재무구조가 튼튼한 회사와 함께 모든 재산을 물려주었는데, 벌써부터 변고가 생긴 것 같았다. 내가 경영에서 손을 뗀 지 1년 만이었다. 회장인 장로님에게 전화를 걸어 경영이나 재정 상태를 확인해 보라며 회사를 부탁하였다. 회장인 장로님은 태연한 모습으로 회사에 이상이 없다면서 나를 안심시켰다.

"사장이나 직원들이 열심히 해서 지금 큰 공사들을 많이 하고 있어요. 공사는 많이 하는데 자금회수가 늦어서 그런 것이니 염려하지 말고, 회사 일은 안심하고 전도사님은 목회나 열심히 하세요."

나는 직원들에게 들은 이야기를 회장에게 전해 주었다.

"직원들의 이야기를 들으니 자금 사정이 심각한 것처럼 느껴집니다."

그러나 회장의 입에서는 똑같은 말만 되풀이되었다. 사장인 동생 역시 회장과 입을 맞춘 듯이 같은 내용의 말로 나를 안심시켰다. 모든 말들을 믿을 수밖에 없었다. '경영을 하다 보면 그럴 수도 있겠지?'라는 생각과 함께 불안한 마음을 안정시켰다. 회장인 장로님에게 처음 약속대로 책임성 있는 경영을 부탁하였다.

"장로님 말씀대로 저는 목회에만 전념하겠습니다. 목회에 지장이 없도록 회사 경영을 잘 부탁합니다. 동생도 좀 잘 지도해 주시고요."

그날 이후 불길한 예감과 함께 회사에 대한 우수사려가 떠나지 않았다. 낮이나 밤이나 무슨 일을 하더라도 회사가 걱정이 되었다. 마음의 착잡함은 날이 갈수록 더해갔다. 일선에서 물러선 입장인지라 이제는 회사가 위태로울지라도 어찌할 수 없는 노릇이었다. 모든 일들을 전능자 하나님께 맡길 수밖에 없었다. 이후 밤마다 주의 전에 나아가 꿇어 엎드리었다. 그리고 지난날처럼 은혜를 베푸셔서 위기를 면케 해달라고 아뢰었다.

며칠의 시간이 흘렀다. 영업소장들이 일제히 찾아왔다. 동생하고 일을 못하겠다는 이유로 모두 사직의 뜻을 밝혔다. 그들은 이구동성으로 입을 열어 그동안 쌓였던 불만들을 털어놓았다.

"사장님에게는 죄송합니다. 동생분을 사장으로 따를 수 없습니다. 1년 동안 많이 참았습니다. 굉장히 힘들었습니다. 직원들 봉급도 못 받았습니다. 동생분은 사장 자질이 없습니다."

영업소장들은 그동안 동생에게 당한 수모와 겪은 고통을 낱낱이

5. 회사에 불길한 조짐이 보이기 시작하다

토하였다. 나는 회사를 떠나려는 그들의 마음을 어루만지며 사정을 할 수밖에 없었다.

"거의 4, 5년간 고생들 많았는데 조금만 더 참다 보면 좋은 일이 생길 것이니……, 그리고 내가 동생을 설득해서 잘하라고 할 것이니 나를 봐서라도……."

영업소장들의 마음은 이미 굳어져 있어 어떠한 설득도 먹혀들지 않았다. 호소하는 마음으로 사정을 해보았지만 아무 소용이 없었다. 영업소장들은 이미 하나로 결속되어 사임하는 일에 행동을 같이 하였다. 그들은 결국 나에게 경악을 금치 못할 충격적인 말을 남기고 떠나갔다.

"사장님, 감사했습니다. 배운 도둑질을 어떻게 하겠습니까? 저희들도 조립식 건축사업을 하려고 준비하고 있습니다."

그동안 쌓아올린 사업이 무너져 내리는 순간이었다. 영업소장들이 각처에서 성실한 모습으로 열심히 뛰어주었기에 업계의 선두 주자로서 자리매김을 할 수 있었다. 영업소장들과의 관계가 이렇게 끝난다고 생각하니 마음이 심히 아프고 괴로웠다. 그들을 통해서 사업의 종말을 예고하는 듯했다.

설상가상으로 회사가 어렵게 되면서 각 지역의 영업소장들까지도 사임해 버렸다. 날이 갈수록 회사는 구제불능의 극한 상황으로 치닫고 있었다. 마음이 심히 착잡하고도 암담하였다. 사업에 대한 두려움은 나로 하여금 견딜 수 없는 심적인 고통을 느끼게 하였다. 깊어 가는 야밤에 두려움으로 인한 고통의 짐을 짊어지고 성전으로 향하였다. 회사를 생각하며 묵묵히 십자가를 바라보았다. 문득 빌립보서 4장 6절의 말씀이 뇌리에 스쳤다.

"아무것도 염려하지 말고 오직 모든 일에 기도와 간구로, 너희 구할 것을 감사함으로 하나님께 아뢰라"(빌 4:6).

하나님은 말씀을 통하여 잠시라도 불안에 떨고 있던 마음에 위로와 평안을 주셨다. 나는 이 같은 말씀을 뇌리에 새기면서 회사에 대한 모든 염려를 주님께 맡기었다.

다음 날, 친구인 상무이사가 찾아와 자금난의 심각성을 고하였다. 며칠 후에 돌아올 어음을 결제할 방법이 없다면서 그동안의 정황을 설명하였다. 공사대금이 입금되면 사장이 개인적인 일로 모두 가져갔다면서 부도를 예고하였다. 하청업자들의 인건비나 직원급료는 생각지도 않았다면서 사장인 동생에 대한 불만을 토하기도 하였다.

불안한 마음 달랠 길이 없어 동생을 불렀다. 그는 차질 없이 어음을 결제할 수 있으니 걱정하지 말라면서 회사를 살릴 것을 호언장담하고서 돌아갔다. 동생을 믿고 지켜보는 길밖에 없었다. 경영에서 손을 떼어 버린 나로서는 하나님 앞에 기도할 뿐이었다.

약속어음 교환 3일 전에 자금관리 부장이 사표를 내고 떠났다. 가까운 인척으로서 마지막까지 최선을 다해야 할 책임자가 도망치듯 회사를 떠나 버렸다. 그동안 예측만 하였던 불길한 생각들이 현실로 드러나는 첫 과정이었다. 믿을 만한 자에게 배신을 당하니 무섭고도 피가 거꾸로 솟구치는 것 같은 감정이 복받쳐 오기도 하였다. 순간적으로 뇌리에 스치는 "도울 힘이 없는 인생을 의지하지 말라"는 말씀을 되새기며 마음을 추스르는 길 밖에 없었다.

5. 회사에 불길한 조짐이 보이기 시작하다

6.
회사는 도산되고 재산은 경매처분에 이르게 되다

회사에 대한 염려와 함께 마음 한구석에 도사리고 있던 불길한 일들이 현실로 드러나기 시작하였다. 약속어음 교환일이 되었는데 회사는 무방비 상태였다. 회사 측에서는 결제할 수 있는 능력도 없었고 대책도 전혀 마련되어 있지 않았다. 일주일 후에 돌아올 어음까지 합한 금액은 회사에서 감당할 수 없는 너무나도 큰 액수였다.

부도가 나니 사업자금을 대출해 준 은행에서 일제히 재산에 압류조치를 취해 버렸다. 사태는 산 넘어 산이었다. 참으로 애석하고도 참담한 일이 아닐 수 없었다. 은행 부채까지 합산하니 해결할 수 없는 상황이 되어 버렸다.

회장 장로님은 며칠 전에 도의원들과 해외 연수차 출국을 한 상태였다. 회장으로서 사장과 직원들을 잘 지도하며 흑자경영을 약속했었다. 그런데 결제일에 맞추어 해외여행을 하고 있었다. 이는 고의적이었다고 오해할 수밖에 없는 상황이었다. 결과적으로 보았을 때 사업체를 해체시키려는 계획적인 부도였다. 더 기가 막히고 가슴 아픈 일은 사장이 회사 공금을 개인적으로 유용하여 돌침대 공장을 인수하였다는 것이다. 부도가 나는 날에도 사장은 회사에 나타나지도 않았다. 회장을 비롯한 이사로 등록된 간부들의 재산 또한 부도 직전에 모두 타인에게 양도했다는 것을 알게 되었다. 참으로 애석한 일이 아닐 수 없었다.

이 모든 일들이 계획적이었음이 확연히 드러났다. 모든 정황을 객관적인 입장에서 냉철하게 분석을 해보았을 때, 내가 경영에서 손을 뗀 후부터 회사에 주인이 없었던 것이다. 경영 책임자들이 회사를 사랑하고 소중히 여기는 마음이 있었던들 어찌 이러한 비극적인 일이 일어날 수가 있었겠는가?

법인 이사진들이 형제들과 가족들로 구성되어 있었기에 부도에 대한 책임은 결국 무방비 상태였던 나와 함께 이사로 영입된 큰 동생이 감당해야만 했다.

부도로 인한 아픔과 진통은 이것으로 끝나지 아니했다. 그동안의 일들은 전주곡에 불과하였다. 그 후에 겪은 일들은 드라마에서나 볼 수 있는 파란만장한 사건들로써, 인생 최악의 상황이었다.

이로 인하여 가족들은 애처로운 인생들이 되어 버렸고, 참담한 모습으로 살아야 하는 가련한 존재들이 되고 말았다. 회사가 몰락의 위기로 치닫고 있었지만 성직자의 신분으로 돌아가 버린 나로서는 부도를 막아낼 대안이 없었다.

6. 회사는 도산되고 재산은 경매처분에 이르게 되다

사태가 어렵게 되자 제일 가까운 형제부터 시작하여 사무실 직원들이 하나 둘 떠나갔다. 은행부도 외에도 하청업자들에게 결제해야 할 부분들도 많았다.

동생은 적반하장으로 가족들에게 오히려 나를 모함하고 다녔다. 원래 부도 직전에 있는 회사를 넘겨주었다며 가족들에게 선수를 치기도 하였다. 증인들이 버젓이 있고 확실한 증거가 있는데도 동생의 언어도단적인 어불성설의 말들이 먹혀들었다. 나는 하루아침에 가족들에게 죽일 사람으로 내몰렸다. 설상가상의 시련의 사건들로 인한 심적인 아픔과 정신적 고통은 이루 말할 수 없었다. 계속 들려오는 원성은 칼로 가슴을 도려내는 아픔을 느끼게 하였다.

하지만 어떠한 애통에도 하나님 말씀에 위로를 받으며 견뎌냈다. 누가 뭐라 해도 주의 말씀으로 재갈을 삼고 변명이나 대꾸도 하지 않았다. 벙어리가 되어 침묵하며 꾹 참았다. 진실을 행동으로 보여주는 길밖에 다른 방도가 없었다. 부모님만이 나의 진실을 믿어 주셨다.

부도 이후, 회사 경영을 책임지겠다던 자들이 하나같이 강 건너 불구경하듯 하였다. 누구 하나 관심을 갖지 않았다. 회사에서 물러난 후부터는 사업만큼은 손대고 싶지 않았다. 그렇지만 빠른 수습과 손해를 줄이기 위해서는 내가 개입하는 길밖에 없었다. 사람들을 믿고 의지한 것을 후회하면서 부도 사건을 수습하는 일에 뛰어들었다. 회장이나 사장을 비롯한 모든 임원들이 바로 이것을 바랐던 것이었다. 내가 회사 일에 개입하면 부도 사건이 해결되리라고 믿었던 것이다.

부도 사건을 남의 일처럼 방관하고 있는 사이에 학교 입구에 있는 50평의 상가 부지가 경매로 넘어갔다. 은행 측과 절충하여 매매가 용이한 것부터 처분하여 부채를 줄여갔다. 사무실을 지으려고 준비해 둔 230평의 부지와 당시 가족이 살고 있던 주택까지도 팔아 넘겼다. 살림에 필요한 물건들만 챙겨서 사무실로 옮겼다. 사장실을 치우고 방을 만들었다.

아내와 아이들은 차디찬 시멘트 바닥에 스티로폼을 깔고서 생활해야만 했다. 꿈에서도 생각지 못한 일이었다. 하루아침에 고급주택을 비워 주고 차디찬 바닥에서 지내는 가족들의 모습은 참담하고도 처량하기 그지없었다. 이런 비극적인 상황을 처음 겪는 일이기에 더욱 가슴이 아팠다. 그해가 20년 만에 가장 추운 겨울이었다. 갑자기 바뀌어 버린 환경에서 고생하는 아이들을 생각하면 가슴이 저리는 듯했다.

아내는 사명자로서 겪어야 할 과정으로 여기며 길거리에 나앉지 않은 것만으로도 감사하였다. 사무실에 딸린 창고를 주방 삼아 밥을 차리고 설거지는 직원용 화장실을 이용하였다. 아내는 비참한 환경에 처하여 고생하면서도 이렇게 만든 자들을 미워하거나 원망치 아니하였다. 아이들 역시 방황치 아니하고 학업과 신앙생활에 성실하였다. 열악한 환경 가운데서도 잘 참고 견디어 내는 아이들이 대견스럽고 고마웠다.

창업 후 밤낮을 가리지 않고 뛰어다니며 이룬 기업이었다. 당시 사업적으로 기반이 잡힌 기업으로서 동종 업체 가운데서나 금융계에서 인정할 만큼 재무구조가 튼튼한 업체였다. 주변에서 인정할 정도로 든든했던 기업이 하루아침에 무너져 버렸다. 사람들의 욕심의

6. 회사는 도산되고 재산은 경매처분에 이르게 되다

힘은 정말로 대단하였다. 상승세를 타고 날마다 발전해 가는 사업을 1년 사이에 붕괴시켜 버린 것이다. 이로 인하여 관련된 부동산까지도 경매처분이 되는 비극적인 상황에 이르게 되었다.

경영을 책임지겠다던 장로님, 사장인 친동생, 상무이사인 친구, 자금부장인 매제, 모두 다 믿었었다. 그런데 그들의 손에 의해서 회사가 도산되고 재산들이 경매 처분되는 상황에 이르게 되었다. 관련된 사람들의 얼굴이 떠오를 때면 가슴이 터질 것만 같은 고통이 내 마음을 더욱 짓눌렀다. 견딜 수 없는 심적인 고통을 안고서 십자가 밑에 나아가 현실 그대로 하나님께 아뢰었다. 문제 해결이나 남은 생애를 전능하신 하나님께 맡기는 길 밖에 없기에 밤마다 하늘 보좌를 향하여 나아갔다.

7.
빚쟁이들이 교회로 찾아와 행패를 부리다

부도 사건은 수습되었지만 사업만큼은 다시 손대고 싶지 않았다. 주변 사람들이 사업을 다시 시작하라고 권유했지만 성직의 길을 사수하고 싶었다. 하나님과의 약속을 지키는 것만이 생명을 보장받는 길이기에 사업에 다시 손댈 생각이 전혀 없었다. 설령 모든 것을 다 잃을지라도 목회의 길을 사수해야 된다는 사상이 중심에 깔려 있었다. 그러기에 목회를 향한 마음은 변함이 없었다. 설령 목회의 길이 환난과 시련과 고난의 가시밭길이라 하더라도 끝까지 인내해야 된다는 마음이 굳게 자리를 잡고 있었다. 그러기에 어떠한 유혹도 이겨내며 어떠한 시련도 견뎌낼 수가 있었다.

하나님은 이러한 치욕스러운 순간에도 젊은이의 회칼이 떠오르게 하심으로 사업에 대한 미련을 버리도록 쐐기를 박으셨다. 이는 내 생명을 보존하시려는 하나님의 작전이자, 나를 보호하시려는 수단이셨다. 이는 후일에 하나님의 교회를 위해서 해야 할 사명이 있기 때문이었다.

은행부채 문제가 해결되니 이제는 물건을 공급해 오던 업자들과 하청업자들이 교회로 찾아왔다. 하나님께는 죄송스럽고 교인들에게는 미안한 일이었다. 또한 개인적으로는 창피하고 수치스러운 일이었다. 업자들은 나에게 책임을 지라며 대금결재를 요구해 왔다.

"사장은 만날 길도 없고 직원들은 책임을 회피하니 당신이 책임을 져주시오. 진짜 사장은 당신이니."

교회까지 찾아와 막무가내로 우겨대는 업자들에게 현실을 밝히면서 나는 죄인이 된 모습으로 사정을 하기도 하였다. 그러나 어떠한 설득과 해명도 통하지 않았다. 이는 동생이 저질러 놓은 부도 사건과 은행부채를 내가 개입하여 해결했다는 소문을 들었기 때문이었다. 그러기에 그들은 나에게 대금결제를 요구하고 나섰던 것이다.

이 일로 인하여 심적인 괴로움이나 정신적인 고통은 이루 말할 수가 없었다. 뿐만 아니라 막무가내로 찾아오는 업자들을 상대하기가 참으로 고달팠다. 그들의 거칠고 난폭한 언행은 예리한 칼로 가슴을 찌르는 아픔과 고통을 느끼게도 하였다. 지난날 사업을 할 때에는 내 앞에서 말 한마디도 제대로 못할 뿐 아니라 굽실굽실하던 자들이 큰소리치며 덤벼드는 모습에 피가 거꾸로 솟는 듯하였다.

그들의 모욕적인 언사와 조롱이 섞인 말투로 염장을 지르는 모습에 밤마다 십자가 밑에 나아가 오열을 토하기도 하였다. 참으로 견뎌내기 어려운 나날들이었다. 하루아침에 참담해진 나 자신의 모습을 바라보면서 하나님 앞에 상황을 아뢰며 도움을 구할 수밖에 없었다.

당시 인간의 성정으로 참아내기가 어려운 일이 있었는데, 업자들이 교회로 몰려들어 목회와 예배를 방해하는 일이었다. 어떤 자는 수요일이나 토요일에 찾아와 예배를 준비하는 일을 방해하였다. 어떤 자는 주일예배에 참석하여 위협적인 자세와 눈에 거슬리는 모습으로 앉아 있기도 하였다. 그들의 무례한 행동은 교인들에게 불쾌감을 주기도 하고, 예배의 방해요소가 되기도 하였다. 하나님 앞에 죄송스럽고 교인들에게 미안하기 그지없었다.

이후, 인간의 성정으로는 견뎌내기 힘든 일들이 빚어졌다. 참담하고도 경천동지할 사건들이었다. 전도사로 부임하는 날, 영업소장들이 보은의 의미로 컴퓨터와 전자제품들을 선사했는데 부도 사건 이후 판매한 업소에서 대금이 미불되었다며서 그 제품들을 회수해버린 것이다. 황당하고도 언어도단적인 처사에 가슴이 미어지는 듯하였다. 선물인지라 줄 수 없다고 고집할 수도 있었다. 그렇지만 싸움을 피하기 위하여 순순히 다 돌려주었다. 은혜를 원수로 갚는, 정말로 상대도 못할 무서운 사람들이었다. 내가 자기들에게 베푼 일들을 조금이라도 생각한다면 그럴 수는 없는 일이었다. 선물까지도 회수해 가는 비열한 행동에 가슴 저리는 듯한 아픔을 느꼈다.

부도로 인하여 사업은 어렵게 되었지만 내가 손을 댄다면 다시금 회복할 수 있다는 생각이 유혹하고 있었다. 교회까지 찾아와 난동을 부리는 몰인정한 업자들이나 회사를 하루아침에 몰락시킨 관계자들을 생각하면 다시금 사업에 뛰어들어 보란 듯이 사세를 회복하고 싶은 육신적인 욕망이 화산처럼 일기도 하였다.

그러나 성령님은 사업에 대한 미련을 모두 버리도록 감동을 주셨다. 아무리 힘들고 어렵더라도 목회를 시작하면서 가졌던 초심을 유지할 것을 강권하셨다. 설령 모든 것을 다 잃을지라도 하나님과의 약속을 저버리지 말 것을 순간순간 강권하셨다. 하나님은 젊은이의 협박 사건을 또다시 기억하게 하시면서 사업은 아예 꿈도 꾸지 못하게 하셨다. 목회의 길이 고난의 길이며 고통으로 얼룩진 길일지라도 인내하면서 내 몫에 태인 십자가를 지고 끝까지 달려갈 것을 감동하셨다.

업자들로 인하여 견뎌내기 어려운 상황 가운데서 고달파하고 있을 무렵이었다. 도내에서 성공자로 알려진 모 기업체 회장이 스스로 목숨을 끊었다. 그는 나의 사업에도 지대한 영향을 미친 도내 최고 경영자였다. 그는 대학원에서 경영학을 함께 수학한 동기로서 정계에 진출하여 명성을 얻기도 하였다. 또한 업계에서는 존경과 찬사를 받은 거목이었다. 성령님은 지인의 자살 사건을 통해서 사업도, 돈도, 명예도 결국에는 헛된 것임을 깨닫게 하셨고 사업에 대한 미련을 아예 버리게 하셨다.

사업에 대한 유혹을 받을 때마다 지난날의 사건들을 기억하게 하심으로 유혹을 물리치고 사명자의 길을 걷도록 순간순간 굳게 붙들어주신 하나님께 감사드릴 뿐이다.

CHAPTER 03

후일을 위해서 욕심을 버리게 하신 하나님

1.
성직자의 반열에
서기 위한 준비과정

예배시간마다 찾아오는 빚쟁이들로 인한 심적인 고충이나 육신의 괴로움은 이루 말할 수 없었다. 엄동설한에 사무실 바닥에서 자며 고생하는 아내와 아이들을 생각하면 가슴이 미어졌고 나도 방에서 잠을 잘 수가 없었다.

하나님은 이런 방법으로 주변의 사건들을 통해서 기도하지 않으면 안 될 상황으로 몰고 가셨다. 당시 견딜 수 없는 아픔과 고통은 나로 하여금 밤마다 하늘보좌를 향하여 무릎을 꿇게 하였다. 업자들의 거칠고도 무지막지한 행동이 뇌리에 스칠 때면 기도는 더욱 간절해졌다. 그 순간만큼은 얍복강 나루터에서 생사를 걸고 기도한 야곱의 심정으로 간구하였다. 매일 밤마다 철야하기가 피곤하고 고생스러웠다. 그렇지만 밤마다 성전에 올라가 십자가 밑에 꿇어 엎드려야만 하였다. 그 길만이 업자들로 인한 고충과 당면 문제를 해결할 수 있는 길이었기 때문이다.

시간이 흘러 계절이 바뀌고 해도 넘겼다. 나는 밤을 새워 기도하며 때로는 금식도 하고 목메어 부르짖었다. 그렇지만 업자들에게 당하는 고통은 그대로였다. 그동안 나의 작은 신음에도 응답하시고 기도할 때마다 크고 작은 문제들을 모두 해결해 주셨던 하나님이셨다. 그러나 이번만큼은 침묵하고 계신 것 같았다. 엄동설한의 추위를 견뎌 가며 찬 마룻바닥에서 밤을 새우며 하늘 문을 두드렸는데도 욥의 고백대로 하나님을 만날 수가 없었다.

"그런데 내가 앞으로 가도 그가 아니 계시고 뒤로 가도 보이지 아니하며 그가 왼편에서 일하시나 내가 만날 수 없고 그가 오른편으로 돌이키시나 뵈올 수 없구나"(욥 23:8-9).

사방을 둘러보아도 내게 도움을 줄 만한 자는 아무도 없었다. 지난날 체험했던 사건들을 추억해 보았을 때에 문제를 해결할 분은 오직 하나님뿐이셨다. 하나님께서 개입하실 때만이 고통의 문제가 해결될 수 있기에 매일처럼 하늘보좌를 향하여, 때론 금식과 철야를 하면서 더욱더 간절한 모습으로 매달렸다. 그럼에도 욥의 고백처럼 하나님은 만날 길이 없었다.

그러할지라도 실망하거나 낙심치 않았다. 약속의 말씀을 가슴에 안고 밤마다 십자가 밑에 나아갔다. 기도만이 사는 길이기에 아무리 고달플지라도 무시로 성전에 올라가 형편과 사정을 아뢰었다. 성령의 감동하심에 따라 지난날의 나의 행위를 살피며 꿇어 엎드려 통

1. 성직자의 반열에 서기 위한 준비과정

회하며 자복하기도 하였다. 제일 큰 죄악이 하나님을 향한 도전적인 행위였음을 깨우쳐 주셨다.

정치적인 배경으로 사업이 날로 발전을 거듭하고 있을 때였다. 당시 학교 정문 입구이자 교회 부근에 땅이 있었다. 위치적으로나 환경적으로 보았을 때 영업소 사무실과 기술자들의 숙소로서 안성맞춤이었다. 그래서 그곳에 건물을 세우려는 계획을 갖고 있었다. 그런데 몇 년 전부터 교회에서 그 땅 반 이상을 사용하고 있었다. 그곳에다 건축을 하려면 교회에서 사용하는 땅을 찾아야만 했다. 그렇게 되면 교회 운영에 어려움이 생길 수 있었다. 이 일을 영적인 면에서 평가를 한다면 하나님의 일을 방해하는 격이 되었다. 교회에서 사용하는 땅을 찾아 그곳에 건물을 세우는 일이 바로 하나님께 대한 도전이었다는 것을 깨달았다.

지난날을 돌아보며 참회하는 내 마음에 성령님은 그 일이 바로 하나님을 향한 도전이었음을 깨우쳐 주셨다. 아무리 내 소유의 땅일지라도 하나님은 거기에다가 건물을 세우는 것을 원치 않으셨다. 사업이 그대로 건재했다면 그 땅에 사무실 건물을 세울 확률이 높았다. 당시에는 마음만 먹으면 얼마든지 건축할 수 있는 상황이었다. 그러기에 하나님의 강재집행으로 회사가 그렇게 된 것이 아니었을까?

지난날의 잘못된 일들을 생각하면서 하나님께 모든 일들이 죄와 허물뿐임을 고백하면서 용서를 빌었다. 다윗의 참회기도를 묵상하면서 회개하였다.

"하나님이여 주의 인자를 좇아 나를 긍휼히 여기시며 주의 많은 자비를 좇아 내 죄과를 도말하소서 나의 죄악을 말갛게 씻기시며 나의 죄를 깨끗이 제하소서"(시 51:1-2).

지난날의 허물과 죄악을 뉘우치며 회개하였다. 나도 모르는 사이에 두 줄기의 눈물이 흘러내리고 있었다. 이는 교회 일을 방해하려 했던 잘못에 대한 통회의 눈물이었다. 얼마 동안 눈물 콧물을 흘리며 울었을까? 시간이 지나면서 답답했던 가슴이 트이고 시원해지더니 이제는 마음까지 평안해져 갔다. 하나님께서 나의 회개의 눈물을 받으시고 마음에 평안을 주셨음이 분명하였다. 이는 죄를 용서해 주셨다는 의미와도 같았다. 예수님께서도 병을 고치신 후에 용서의 선언과 함께 평안히 가라고 하시지 않았던가.

하나님은 나로 하여금 회개케 하신 후에 죄 사함과 함께 내 영혼과 마음을 정화시키셨다. 그다음에는 사명에 필요한 은사와 능력을 선물로 주셨다. 병든 자를 위하여 기도하면 질병이 떠나가기도 하였다. 성도들에게 손을 얹어 기도할 때에 건강이 회복되는 신유의 역사가 나타나기도 하였다. 나로 하여금 밤마다 십자가 밑에 나아가 무릎을 꿇게 하신 이유가 바로 여기에 있지 않았을까? 시간이 지나면서 이러한 깨달음을 얻었다.

하나님의 종으로 부르심을 입고서 목회를 하고 있지만 아직도 내 마음에는 육에 속한 사람이 버젓이 자리 잡고 있었다. 나의 마음을 말씀에 조명하여 진단해 보니 나는 여전히 세속적인 사람이었다. 너무나 인간적인 모습들이 아직 살아 있음이 확연하였다. 또한 영적으로 정화되지 않은 부분들이 너무 많았다. 성직자로서 아직도 변화되어야 할 부분들이 수도 없이 발견되었다. 목회자가 된 후에도 지난날의 성공의식과 사업의 대한 자신감이 마음 깊숙한 곳에 도사리고 있었다. 아직 성직자라고 하기에는 부끄러운 면이 참으로 많았다. 이러한 모습으로는 성직자의 반열에 세울 수가 없기에 하나님께서 나를 새롭게 변화시키는 차원에서 부도 사건을 통해 나를 깨뜨리신 것 같았다.

하나님께서는 이러한 방법으로 시련과 환난을 통하여 나를 성직자의 모습으로 다듬어 가셨다. 주변 사람들로 인하여 밤마다 무릎을 꿇게 하신 것도 나를 하나님의 사람으로 만들어 가기 위한 연단의 과정이었다. 내 안에 아직 잔재되어 있는 세속적인 것들을 청산시키시려는 방법으로 나를 환난의 불구덩이에 몰아넣으셨다. 그리고 말씀과 성령을 도구 삼아 내 안에 버젓이 자리 잡고 있는 육신적인 것들 사정없이 깨뜨리셨다. 뿐만 아니라 내 안에 견고하게 버티고 있는 세상적인 조건들을 무너뜨리셨다. 또한 인간적인 수단과 사업가의 정신을 모두 버리게 하셨다. 목회는 영적인 일로서 하나님의 방법으로 감당할 때만이 하늘의 힘과 능력을 공급받을 수 있기 때문이었다.

이는 어느 시대, 그 누구에게나 마찬가지였다. 모세, 선지자들, 베드로를 비롯한 제자들, 사도 바울 등 모두가 하나님의 부르심 앞에 인간적인 조건들이나 육신에 속한 것들을 내던져 버리는 과정들을 겪지 않았던가?

하나님께서는 이러한 변화의 과정을 통하여 마음을 깨끗케 하신 후에 심령을 새롭게 하셨다. 이어서 성령의 임재를 체험케 하신 후, 목회에 필요한 영적인 것들로 채워가셨다. 이제는 목회자로서 세상의 어떠한 조건들보다는 하늘로부터 공급되는 신령한 것들만이 성직의 사명을 감당하는 데 필요하기 때문이었다.

2.
환난과 시련의 과정을 거쳐 성직자의 자리에 오르다

당면한 문제들을 가슴에 안고서 기도할 때면 깨달아지는 교훈이 있었다. 많은 사람들이 그토록 부러워하던 사업을 무너뜨리고 회사를 도산시킨 것은 사람들이 저지른 일들이 아니었음을 깨달았다. 형제들이나 직원들은 하나의 도구로 사용되었을 뿐이었다. 잘나가던 기업이 하루아침에 문을 닫아 버린 것은 하나님께서 집행하신 일로써 사업의 배경을 버리고 하나님만을 의존하라는 신호로 깨달아졌다. 그래야만 하늘로부터 공급되는 성령의 능력으로 맡겨진 목양의 사명을 잘 감당할 수 있기 때문이었다.

인간들은 누구나 환경의 지배를 받으며 살게 되어 있다. 상황에 따라서는 사람도 의지할 수도 있고 세상의 권력이나 돈을 의지할 수도 있는 존재들이다. 그러기에 바울도 사도의 삶을 시작하면서 세상의 좋은 조건들을 다 버린 것이 아니었을까? 오직 예수 그리스도만 바라보며 그분만을 의존하기 위해서 다른 사람들이 그토록 부러워하던 세상의 학문도, 세상적인 지위도, 로마의 시민권까지도 모두 배설물처럼 여긴 것이 아닌가?

세월이 흐르고 시대가 바뀌었어도 사명자들을 부르시는 하나님의 원칙이나 방법은 변함이 없었다. 예나 지금이나 버림과 포기는 사명자로서 필수적으로 거쳐야 하는 과정이었다. 그렇기에 나도 저들처럼 세상의 모든 조건들을 버리고 포기하도록 하신 것이 아니었을까? 세상에 의지할 것이 없어야 하늘의 능력만을 의지하기 때문이었다.

그러나 당시의 나의 목회방법은 그렇지 아니하였다. 교회에 필요한 것을 구입할 때나 공사를 할 때면 나는 으레 회사에다 필요한 것들을 요구하였다. 교회에서 행사를 할 때마다 으레 회사에다 손을 내밀었다. 이는 인간을 전적으로 의지하는 방법으로써, 하나님의 역사를 차단시키는 처사와도 같았다.

하나님께서는 내가 인간의 수단과 방법을 동원하는 것보다도 오직 하나님만을 바라보며 의지하기를 원하셨다. 그러기 위해서는 내게 의지가 될 만한 세상 것들을 버려야 했고 포기해야만 했다. 인간의 욕심 때문에 쉽사리 결단할 수 없을 때에는 강제집행으로 일을 처리하시기도 하였다. 마치 모세를 살인자로 만들어 바로의 공주의 아들이라는 자리를 버리게 하셨듯이 나도 바로 그 케이스가 아닌가 싶다.

하나님의 부르심 앞에 제자들처럼 모든 것들을 미련 없이 버려두고 목회에 임했더라면 얼마나 좋았을까? 인간의 욕심과 육신적인 생각으로 버림과 포기를 선택하지 못하여 결국에 강제집행으로 모든

2. 환난과 시련의 과정을 거쳐 성직자의 자리에 오르다

것을 다 잃고 말았으니 이보다 불행한 일이 어디 있겠는가?

사실, 목회를 하면서도 경제적인 능력이나 사업의 성공의식이 늘 마음에 자리 잡고 있었다. 또한 사업에 대한 자신감이나 자부심도 떨칠 수 없는 것 중에 하나였다. 이는 베드로에게 있어서 고기잡이에 대한 경험이나 실력과도 같은 것이었다.

말로는 사업과 재산을 모두 동생들에게 넘겨주었다고 하지만 내 안에는 아직도 포기하지 못한 부분들이 잔재해 있었다. 이런 것들은 목회를 하는 데 있어서 의지가 될 만한 것들이었다. 상황이 긴박할 때에는 하나님을 대신할 수도 있는 위험한 것들이었다.

목회는 주님만을 의존하면서 사역을 감당해야 하는데 당시 나는 돈줄인 회사를 의존하였다. 나는 이것이 나의 능력이라는 생각도 했다. 그러나 하나님의 생각은 그것이 아니었다. 목회는 인간의 수단과 방법이나 실력이 아닌 하나님의 방법이라야 과정도 은혜롭고 결과도 아름답다는 것을 깨우쳐 주셨다. 뿐만 아니라 목회는 내 힘이 아닌 하늘로부터 공급되는 성령의 능력으로 감당해야만 사도 바울처럼 끝까지 달려감으로 영광스러운 승리자가 될 수 있음도 깨닫게 하셨다.

우리 인간들에게는 부인할 수 없는 공통적인 면들이 있다. 누구나가 환경이 좋아 편하다든지 배가 부르고 등이 따뜻하면 기도생활이 멀어지게 되어 있다. 나도 그중에 한 사람임을 부인하지 않을 수 없다. 또한 은행 통장이든 창고든 거기에 쌓아 놓은 것들이 많으면 든든하고 힘도 생기고 그것들을 의존할 수밖에 없는 존재들이 바로 우리 인간들이 아닌가?

그러나 예수님의 삶을 닮아 가는 목회자들은 달라야 한다는 것이 성경의 가르침이자 하나님의 뜻이 아닌가? 무엇이 어떻게 달라야 할까? 이미 밝힌 바와 같이 목회는 내 힘과 인간적인 실력이나 배경이 아닌 하나님의 배경과 하늘로부터 공급되는 성령의 능력으로 해야 한다는 것이다. 그래야만 지치지 않는 모습으로 끝까지 달려가 영광스러운 승리자의 반열에 설 수 있기 때문이다.

내 안에 육신적인 것들이나 세속적인 것들을 청산시키신 이유가 바로 여기에 있지 않았을까? 부도 사건으로 인한 모든 환난과 시련은 목회자로서 필요한 은사와 영적인 것들로 채우기 위한 하나님의 방법이자 과정이었다.

부도 사건은 결국 나로 하여금 밤마다 십자가 밑에 나아가 무릎을 꿇게 하였다. 순간순간 지난날의 과오와 죄악을 떠오르게 하시므로 눈물과 함께 통회하며 회개하였다. 죄 사함에 대한 약속의 말씀을 더듬으며 용서를 빌었다.

하나님은 통회자복하는 나를 긍휼히 여기셨다. 더럽고 추한 마음을 깨끗하게 하셨다. 그 증표로 마음에 평강을 주셨다. 그리고 주님의 심정인 용서의 마음을 갖게 하셨다. 그때에야 회사를 도산시키고 나를 궁지에 몰아넣은 자들을 용서할 수 있었다. 성령의 감동하심에 순종하여 용서할 뿐 아니라 그들을 위해서 복을 빌었더니 마음에 평강이 찾아왔다. 부글부글 끓던 마음이 진정되니 마음이 평화로웠다.

내가 변화되니 상대들도 변하였다. 교회로 찾아와서 고통스럽게 하던 자들의 행동거지가 달라졌다. 외상값을 받으러 찾아온 업자들은 나의 시골생활이 처량하고 안쓰러워 보였던지, 그들의 난폭했던

2. 환난과 시련의 과정을 거쳐 성직자의 자리에 오르다

행동들이 누그러지기도 하였다. 나를 무시하며 거친 행동으로 모욕을 주던 자들도 존대하는 모습을 보이기도 하였다. 업자들 중에는 부도 사건이 나에게 책임이 없음을 알고서 돌아가는 이도 있었다.

목회 3년 차가 되던 해 봄, 하나님의 은혜 가운데 목사 안수례 날이 이르렀다. 허물 많은 죄인을 사명자로 부르셔서 복음의 일꾼으로 삼으신 하나님께 감사드렸다. 순간 그동안의 사건들이 단막극처럼 머리에 스쳤다. 정말로 파란만장했던 삶이었다. 모든 환난을 이겨내고 영광스러운 성직자의 반열에 오르게 되어 참으로 감개무량하였다. 환난과 애통의 과정 속에서 너무나 많은 대가를 지불하고 받은 성직인지라 감회가 새로웠다.

성직자의 자리에 오르기까지는 많은 아픔이 있었다. 또한 고통과 시련의 사연들도 있었다. 처음 농촌교회로 부임하는 과정에서 불신과 냉대를 받기도 하였다. 불신하는 자들에게서 비난이 빗발치기도 하였다. 참아내기 어려운 치욕적인 일을 당하기도 하였다.

어디 그뿐인가? 든든한 사업체가 도산되고 재산이 경매되는 참담한 일들이 벌어지기도 했다. 이로 인한 가족들의 고생은 이루 말할 수가 없었다. 엄동설한에 차디찬 시멘트 바닥에서 지내기도 하였다.

지난날의 이러한 아픔과 시련의 과정들이 목사 안수례 행사를 더욱 의미 있게 해주었다. 인사말을 하려고 단상에 서는 순간 감격의 눈물이 왈칵 쏟아져 말을 제대로 하지 못하였다. 파란만장했던 삶을 이겨내고 감격스러운 축복의 날을 맞게 하신 하나님의 은혜에 감사할 뿐이었다.

세상에서 가장 부족하고 천한 죄인을 부르시고 연단과 과정을 거쳐 성직자의 자리에 오르는 일에 낙오되지 아니하도록 사건의 배후에서 간섭하신 하나님, 그리고 환난과 역경 가운데서도 초심을 잃지 않고 기도를 통하여 승자의 자리에 오르게 하신 하나님께 재삼 감사를 드리며 남은 생애와 목회여정을 맡겼다.

3.
후일을 위하여
조금 남겨 놓으신 하나님

　　　　　　　부도 사건의 위력은 대단했다. 든든한 기업을 하루아침에 붕괴시켜 버렸다. 그 여파로 인하여 재산들이 하나 둘씩 압류내지 경매처분이 되었다. 회사도 풍비박산이 나버리고 재산도 물거품이 되어 버렸다. 이어서 직원들도 다 떠나가 버렸다.

　그렇지만 사무실만큼은 그대로 남아 있었다. 뿐만 아니라 신제품인 아키라이트와 크린라이트(F.R.P) 제품을 취급하는 사업만큼은 본사와의 계약이 그대로 살아 있었다. 불행 중에 다행한 일이자 참으로 감사한 일이었다. 후일의 일들을 위하여 남겨 두신 하나님의 선물인 것 같았다.

　당시 취급하던 제품은 국내생산 단일품목에 호남총판인지라 그 사업을 발판 삼아 사세를 다시금 회복시킬 수 있었다. 호남 지역에서 독점하고 있는 사업인지라 사세 회복이 가능한 일이었다. 더군다나 사업가의 기질이 있는 나로서는 자신이 있는 일이었다. 그러나 사업만큼은 다시 손대고 싶지 않았다.

부도 사건 이후에 막내 동생과 조카들이 사업을 이어갔다. 회사가 도산되고 재산이 흩어져 없어지는 가운데서도 후일을 위하여 조금 남겨 두신 하나님이셨다. 어디 그뿐인가? 후일 교회를 개척하는 데 교회당을 건축할 수 있는 부지가 남아 있으니 얼마나 감사한 일인가? 하나님의 놀라우신 섭리와 은혜에 감사할 따름이었다.

이듬해, 날이 해동하면서 동생들의 도움으로 사무실에 거처하던 가족들이 전셋집으로 이사를 하게 되었다. 사무실에서 집안 살림이 빠져나가니 많은 공간이 생겼다. 이층의 전 면적은 서너 명의 직원들이 쓰기에는 너무나 큰 공간이었다.

그곳을 보는 순간 교회 개척에 대한 비전이 섬광처럼 스쳤다. 개척을 앞당겨야겠다는 생각이 나의 마음을 사로잡았다. 개척에 대한 결단을 내렸다.

전주에서 개척한다는 소문이 삽시간에 퍼졌다. 평소에 나를 아끼던 선배 목사로부터 연락이 왔다. 교회 후임을 자기에게 맡겨 달라는 부탁이었다. 뿐만 아니라 힘들고 어려운 교회에 부임하여 성전도 건축하고 부흥도 시켰으니 후임에게 상응의 대가를 받아야 한다고 주장하였다.

선배 목사의 제의가 고맙고 반갑기는커녕 무섭고 두려웠다. 하나님의 교회를 후임자에게 돈을 받고 물려준다는 것은 상상도 못한 일이었다. 아무리 많은 것들을 투자했을지라도 깨끗하게 물러나고

3. 후일을 위하여 조금 남겨 놓으신 하나님

싶었다. 선배의 요청을 단호히 거절하고서 즉시 후임에 대한 모든 결정권을 소속된 지방회에 일임하였다. 하나님 앞과 사람들 앞에서 떳떳한 모습으로 사임하고 싶었다.

나의 사임이 알려지자 여러 명의 목사들이 자원하기도 했다. 그중에는 젊은 목사도 있었다. 처음 부임해 오던 일들이 생각났다.

전도사들은 물론 신학생들까지도 외면했던 교회였다. 이제는 자립할 뿐 아니라 선교까지 하는 교회가 되었다는 사실 앞에 감사하지 않을 수 없었다. 세상에서 가장 연약하고 허물 많은 죄인을 사명자로 부르시고 사용해 주신 것도 감사한 일인데, 교회 부흥을 이루어 많은 사람들에게 아름다운 교회로 평가받을 수 있게 되었으니 감개무량한 일이 아닐 수 없었다.

어디 그뿐인가? 목회의 길로 들어서면서부터 온갖 비난과 냉대와 불신을 당하였다. 또한 부도 사건으로 인한 고통과 시련, 업자들에게 당한 곤욕은 이루 말로 표현할 수가 없었다. 그러한 상황 가운데서도 참고 견뎌낼 수 있도록 힘과 능력을 주신 주님께 더더욱 감사한 것뿐이었다.

만일 주님의 은혜가 아니었더라면 목회의 길을 포기하고 또다시 세상으로 달려가 사업가로서의 삶을 살았을 것이다. 그러면 내 인생은 그길로 불행과 비극으로 끝나고 말았을 것이다. 어떠한 형편과 상황 가운데서도 목회의 길에서 이탈하지 않도록 때마다 일마다 마음과 생각을 평강으로 지켜 주신 하나님께 감사드릴 뿐이다. 열악한 농촌교회에 부임하여 사역을 잘 감당할 수 있도록 순간순간마다 은혜를 베푸시며 새 힘과 능력을 주신 하나님의 은혜에 감사드릴 뿐이다.

농촌교회에 부임한 지 햇수로 4년 만에 그곳을 사임하고 생활터전을 도시인 전주로 옮겼다. 아중지구에 택지가 조성이 되면 교회를 건축하리라는 계획을 세웠다. 당분간 사무실 공간에서 예배를 드리기로 하였다. 후일을 대비하여 아파트 후문 가까이 200여 평의 부지를 마련해 놓았었다. 그러기에 개척을 자신 있게 시작할 수 있었다. 또한 교회를 건축하는 문제도 걱정하지 않았다. 아직 막내 동생과 조카들이 사업을 하고 있기 때문이었다. 그래서인지 교회를 건축하는 것을 별로 어렵게 생각하지 않았다.

개척을 하려면 절차와 순서가 필요하였다. 먼저 지방회 임원들이 개척할 장소를 방문하여 심사를 한 후에 개척승인을 받아야 했다. 그다음에 개척예배를 드려야 했다. 그래야만 교회로서 인정과 혜택을 받도록 되어 있었다.

교회 형태도 갖추기 전에 우체국 직원이 스스로 찾아와 등록을 하였다. 교인이 생긴 것도 감사한 일인데 십일조까지 하는 교인이었다. 새신자로 하여금 힘도 생기고 부흥에 대한 비전이 생기기도 하였다. 교회가 될 것 같은 느낌에 감사가 저절로 나왔다. 아름다운 성전을 가진 대형교회에 비하면 너무나 작고 보잘것없이 초라하고 볼품없는 예배처소였다. 그렇지만 나에게는 그 어느 것과도 바꿀 수 없는 너무나도 소중하고 좋은 처소였다. 개척을 과감히 시작할 수 있도록 예배처소를 남겨 두신 하나님께 감사할 따름이었다.

하나님께서 후일에 개척을 대비하여 예배드릴 수 있는 공간을 남겨 놓으셨거니와 성전을 건축할 수 있는 200여 평의 부지도 남겨 놓으셨으니 감지덕지할 일이 아닌가? 그것도 아파트 후문 부근인지라 교회로서는 안성맞춤이었다. 어디 그뿐인가? 성전 건축에 용이하도록 사업도 조금 남겨 놓으셨다. 하나님은 이처럼 자상하시고 세밀하신 분이셨다. 하나님은 우리의 필요한 것들을 다 알고 계실 뿐 아니라 상황에 따라서 필요한 것들을 공급도 하시지만 후일을 위하여 남겨 놓으시기도 하는 분이셨다. 만일 나에게 조금 남겨 놓지 않으셨다면 개척은 아예 생각도 못했을 것이다.

성경을 보면 후일의 일들을 위하여 조금 남겨 놓으시는 사건들이 소개되어 있다. 하나님은 엘리야의 사역을 위하여 바알에게 무릎을 꿇지 아니한 7천 명을 남겨 놓으신 분이셨다. 엘리야의 생계를 위하여 사르밧 여인 집에 한 움큼의 밀가루와 약간의 기름을 남겨 놓기도 하셨다. 또한 생도의 가정까지도 잊지 아니하시고 문제해결을 위하여 기름 한 병을 남겨 놓으신 하나님이셨다.

예수님 공생애 시대에 있었던 오병이어의 사건도 같은 맥락의 사건이 아닌가 싶다. 하나님은 5천 명의 식사 해결을 위하여 어린아이 손에 오병이어를 남겨 놓으신 것이 아니었을까? 나의 경우도 마찬가지였다.

이처럼 하나님은 우리의 필요를 모두 아시는 분으로서 주도면밀하신 분이다. 이러한 사건들을 통해서 하나님은 조금 남겨 놓은 것들을 통해 자신의 일을 위하여 이루어 가시는 참으로 좋으신 분이심을 깨닫게 하셨다.

회사가 도산되는 가운데서도 후일의 목회사역을 위하여 조금 남겨 놓으신 하나님께 감사를 드릴 뿐이었다.

4.
목회에 대한
새로운 길이 열리다

　　　　　　　　서너 주일 예배를 드리는 가운데 고민거리가 생겼다. 아주 심각한 고민이었다. 주일이면 처가 가족들이 건물 입구에서 교회버스를 기다리고 있었다. 사람인지라 청장년으로 열서너 명 정도의 모습들을 볼 때마다 심히 괴로웠다. 뿐만 아니라 갈등이 생기기도 하였다.

　개척을 하는 일에 형제들의 격려와 기도는커녕 교회 출입문조차 한 번 열어보지 않았다. 출석은 기대도 하지 않았지만 관심을 갖고 격려와 기도만큼은 바랐었다. 그런데 시작부터 안면 몰수하는 모습들이었다. 마치 이방인 취급을 하는 것 같은 느낌이었다. 하루면 몇 차례씩 계단을 오르락내리락하면서도 모르는 척하였다. 냉정한 형제들의 모습은 내 마음에 서운한 감정을 유발시킬 뿐 아니라 마음을 서글프게 했다.

　이러한 형제들의 외면과 냉대에 우리 부부는 갈등 속에서 살아야만 했다. 때로는 고민과 함께 몸부림치는 기도로 하루하루를 견뎌냈다. 물론 장로, 권사로 임직을 받았고, 조카들 역시 피아노 반주, 성가대, 주일학교 교사로 열심히 헌신하는 일꾼들이었다. 그러하기에 우리 부부는 형제들을 기대도 하지 않을 뿐더러 '와서도 안 된다'는 생각도 했었다. 그렇지만 예배처소에 들어와서 기도만큼은 해줄 수도 있는 일이었다. 그런데 형제들은 그렇지 않았다.

　개척을 시작하면서부터 우리를 멀리하며 피하는 것을 피부로 느낄 정도였다. 물론 자격지심이겠지만 눈빛이나 대하는 모습들이 예전과는 달라 보였다. 우리 부부에게 부담을 갖고 있는 것 같은 모습들이었다. 형제들의 냉정한 모습을 보면서 부담이나 고민거리를 주어서는 안 된다는 마음으로 하루하루를 지내고 있었다.

　개척을 준비하는 중에 고향 교회 선배 목사님이 시무하는 교회 근방에 갈 일이 있어 인사차 방문하였다. 교회는 아파트 단지를 끼고 있었다. 위치적으로 황금어장과 같은 좋은 곳이었다. 누가 보더라도 부흥이 될 수밖에 없는 여건을 갖춘 너무나도 좋은 교회였다. 500여 평의 교회부지와 3층으로 잘 지어진 넓은 교회당, 3층의 목회자 전용별관, 모든 시설이 다 갖춰진 훌륭한 교회였다. 선배 목사님이 존경스럽고 부러웠다. 나도 사람인지라 이런 곳에서 목회를 해보았으면 좋겠다는 얼토당토않은 터무니없는 생각이 뇌리에 스쳤다.

　목사님은 서재에서 혼자 책을 보시다가 반가이 맞으셨다. 나는 정중한 모습으로 인사를 드렸다. 이어서 목회에 대한 개인적인 사유를 밝혔다.

"목사님, 전주로 개척하러 나왔습니다. 그래서 인사드리러 왔습니다."

선배 목사님은 안부를 물은 후, 자신에 관한 개인적인 사정을 밝히셨다. 사모와 자녀들이 미국 영주권을 얻어 그곳에서 생활한 지 오래였다. 선배 목사님은 가족들이 있는 미국에 가서 목회를 하고 싶다는 자신의 심정을 토하였다. 지금이라도 자기의 마음에 드는 목사만 있으면 교회를 맡기고 미국에 들어가서 가족들과 함께 지내고 싶다는 뜻으로 받아들여졌다. 순간적으로 목회에 대한 착안이 떠올랐다. 나는 말할 틈을 타서 그 생각들을 서슴없이 표현하였다.

"목사님, 교회를 제게 맡기십시오. 열심히 해서 성장시키겠습니다. 그리고 목사님 미국에서 마음껏 선교하시도록 후원하겠습니다. 때가 이르면 원로목사님으로 모시겠습니다."

전혀 예측하지 못한 스스럼없는 나의 제의에 놀란 표정이었다. 선배 목사님은 잠시 머뭇거리다가 입을 열어 교회 상황과 현재의 교세와 교회 재산에 대해서 설명하였다.

"이 목사! 교회 부지를 매입할 때마다 시골의 땅을 처분하여 투자한 교회라 쉽게 손을 뗄 수도 없어. 후임도 쉽게 올 수도 없고……."

나는 고향 선배 목사님에게 보상에 관한 방안을 제시하였다. 나의 제안이 싫지 않은 듯 계속 귀 기울여 들으셨다. 대화를 나누는 가운데 선배 목사님의 마음이 감동이 되어 구체적인 방안까지 세우기에 이르렀다.

며칠 후, 선배 목사님의 허락으로 아내와 장인 장모님을 대동하고 교회도 둘러보았다. 교회 개척으로 인하여 형제들에게 안겨주었던

4. 목회에 대한 새로운 길이 열리다

부담감을 없애고 서로의 고민거리가 해결된다고 생각을 하니 마음이 참으로 편했다. 기성교회로 부임한다는 사실 앞에 감사가 절로 터져 나왔다. 선배 목사를 향한 감사의 마음도 솟구쳐 올랐다.

최종적으로 만나서 결정하기로 약속한 날이 이르렀다. 그동안 여러 번 만나서 구체적인 이야기를 많이 나누었기에 이제는 결정하는 절차만 남았었다. 우리 부부는 날마다 두 손을 마주 붙잡고 우리의 고민거리를 해결해 주신 하나님께 감사와 함께 희열이 넘치는 찬양을 드렸다. 그때에 입술에서는 감사가 넘치는 찬양이 흘러나왔고, 마음에서는 벅찬 감격이 솟구쳤다. 그리고 얼굴에는 웃음이 가득하였다.

약속한 날이 이르렀다. 희망이 넘치는 모습에 활기찬 발걸음으로 선배 목사님을 찾아갔다. 둘이서 마주하였다. 한참 동안의 침묵이 흘렀다. 선배 목사님이 먼저 입을 열었다. 처음 약속과는 달리 좀 다른 방법을 제시하였다.

"내가 아직 교회에서 손을 뗄 수가 없으니 공동담임을 하면 어떨까?"

선배 목사님은 여러 가지 이유를 밝히면서 공동담임을 제의하셨다. 그 제안에 마음이 언짢아지면서 거부반응이 일어났다. 나는 마음에 담긴 뜻을 기탄없이 표현하였다.

"목사님과 공동담임은 생각조차 못했습니다. 공동담임은 제가 부목이나 다름이 없는데 기도해 보고 다시 오겠습니다."

나는 발걸음을 집으로 향하면서 선배 목사의 심정을 충분히 이해하며 그 제안을 긍정적으로 수용하였다. '그럴 수도 있지. 나 같았어도 그런 제안을 했을 거야'라는 생각을 하면서 집으로 돌아왔다. 날만 새면 얼굴을 맞대고 살아야 할 형제들이 뇌리에 스쳤다. 또다시 앞일이 염려스럽기도 하고 혼란스럽기도 하였다. 이제는 형제들의 문제가 해결되었나 싶었는데 다시 원점으로 돌아가고 말았으니 참으로 고민스럽고 안타까운 일이었다. 형제들과의 평안을 위해서는 선배 목사의 요구를 수용해야 한다는 생각이 들기도 하였다.

고향 교회 목사와의 일들이 진행될 무렵, 큰 동생에게 문제가 생겼다. 회사에서 자금이 필요하여 아파트를 2금융권에 설정을 한 일이 있었다. 동생은 더 이상 감당할 길이 없어 연체가 되고 있다면서 하소연을 해왔다. 보증 사건을 해결치 못하면 현재 살고 있는 아파트가 법적으로 문제가 된다는 말에 고민스러웠다. 적은 돈이 아니었다. 당시 1억 가까운 돈이었다. 사람이지라 절망적인 생각과 함께 염려가 되었다. 동생을 생각할 때마다 답답하고 괴로웠다. 부도 사건으로 인하여 벌어지는 상황은 그칠 줄 모르고 내 마음을 착잡하게 할 뿐 아니라 나를 더욱 번뇌케 하였다.

성령님은 고민으로 인하여 밤잠을 이루지 못하는 내 마음을 어루만지셨다. 문제를 가슴에 안고 기도할 때마다 응답 받은 사건들이 연이어 떠올랐다. 하늘 보좌를 향하여 사연을 아뢸 때마다 사건 속에 친히 개입하셨던 전능자 하나님께 기도해야 되리라는 생각이 마음을 사로잡았다.

4. 목회에 대한 새로운 길이 열리다

5.
입산 5일째 되는 날
응답이 되다

주일을 지낸 다음 날 기도원으로 향하였다. 몇 주간이 됐든지 기도 응답을 받고 오리라는 심정으로 출발하였다. 응답을 받지 않으면 주일날도 기도원에서 지내겠다는 각오로 집을 나섰다. 중간에 되돌아오지 않으려고 대중교통을 이용하였다. 때로는 금식도 하고 한밤중에 성전에 홀로 앉아 지금의 형편과 사정을 아뢰었다. 먼저 목회와 선배 교회로 부임하는 문제에 대하여는 세 가지 제목으로 아뢰었다.

첫째, 선배 목사님과의 공동목회가 하나님의 뜻이라면 제 마음에 기쁨과 평안을 주옵소서.
둘째, 형제들과 마주치지 않는 곳으로 가서 개척할 수 있도록 합당한 장소로 인도하옵소서.

셋째, 공동목회나 개척이 주의 뜻이 아니면 기성교회로 인도하옵소서.

기도할 때마다 동생의 시급한 문제를 해결해 주실 것도 아뢰었다. 기도를 시작한 지 5일째 되는 금요일 오전이었다. 소속된 지방회 선배 목사님에게서 전화가 걸려왔다. "전주에 ○○교회 ○ 목사가 미국으로 유학을 가는데 그 교회로 부임해 갈 마음이 있느냐?"며 물었다. 세 번째 해당되는 기도제목인지라 내 마음은 이미 하나님의 응답으로 받아들였다. 하나님 앞에 기도한 내용이기에 망설이거나 더 이상 생각할 이유가 없었다. 나는 가겠다며 그 즉시 대답을 하였다. 선배 목사는 당장 만남을 요청하였다. 개척으로 인한 모든 문제와 고민거리가 해결될 수 있다고 생각하니 기쁘기 그지없었다. 하나님께서 속히 응답해 주셨다는 사실 앞에 찬양과 감사가 계속 터져 나왔다.

기도원에서 선배 목사가 시무하는 교회까지는 멀기도 했지만 차편도 복잡하였다. 그곳까지 갈 것을 고민하며 망설이고 있을 때였다. 친구 목사가 격려차 왔다면서 모습을 보였다. 갑작스러워 놀라기도 했지만 참으로 감사한 일이었다. 고생하지 않고 편히 갈 수 있게 되었으니 참으로 감지덕지할 일이 아닌가?

나를 태운 친구 목사는 목적지를 향해 달리기 시작하였다. 차 안에서 가만히 생각해 보니 참으로 기이한 일이었다. 하나에서 열까지 되어진 일들을 생각해 보니 우연이 아니었다. 지금 나의 행사가 하나님의 계획과 각본에 의해서 진행되고 있다는 사실을 피부로 느낄 수 있었다. 나를 향한 하나님의 뜻은 나를 필요로 하는 교회로 부임해 가는 것이었다. 하나님께서는 나를 예비하신 곳으로 인도하여 들이시기 위하여 선배 목사님을 통하여 기도할 수밖에 없는 상황으로 몰고 가셨다. 기성교회로 부임해 가는 일이 기도 응답으로 이루어졌기에 하나님의 뜻임을 의심치 않고 쾌히 수락하였다.

○○교회로 부임하는 데 조건이 있었다. 전임자의 유학비용과 가족들의 생활비를 보조해 주어야 했다. 선배 목사는 힘들게 개척하는 것보다 유학비용을 부담해 주고서 기성교회로 부임하라며 권하였다. 땅과 건물과 몇 명의 교인들이 있으니 개척보다는 훨씬 낫다는 생각에 무조건 부임하겠다는 의사를 밝혔다. 무엇보다도 기도를 통해서 응답 받은 일이기에 하나님의 뜻으로 믿었다.

그 땅을 처분하면 나머지로 동생이 떠안고 있는 부채까지도 해결할 수 있다는 생각에 마음이 평안하였다. 개척으로 인하여 처가 식구들에게 주는 부담감이나 고민거리까지도 해결될 수 있으니 더 이상 망설일 이유가 없었다. 내가 ○○교회에 부임하게 되면 두 가지 문제가 모두 해결될 수 있음에 감사하였다. 이번 사건을 통해서 기도야말로 문제 해결의 열쇠임을 다시 한 번 체험하였다.

하나님은 이 일을 위하여 나에게 개척의 비전을 갖고 기도하게 하셨고, 또한 때가 이르니 전주로 이사하게 하시고 개척을 준비하는 과정에서 주변 사람들로 인하여 기도할 수밖에 없는 상황으로 몰고 가셨다.

당시 부동산 경기가 좋지 않았다. 그렇지만 하나님의 섭리 가운데서 진행되는 일인지라 매매도 순탄하게 이루어졌다. 교회를 건축할 목사님에게 양도되었으니 참으로 다행스럽고 감사한 일이 아닐 수 없었다. 아내가 한일장신대에서 만난 사모님 교회에서 인수를 했으니 이 일도 하나님의 뜻이 아닌가 싶다.

모든 일들이 하나님의 계획하심과 인도하심을 피부로 느낄 수 있을 정도로 형통하게 이루어져 갔다. 하나님은 미래 세계에서 펼쳐질 일들과 장차 내가 감당해야 할 사명까지도 모두 정해 놓으셨다. 그러기에 사업체가 도산되고 가산이 몰락되는 가운데서도 후일의 사명을 위하여 조금 남아 있도록 은혜를 베푸셨다. 하나님의 섭리와 은혜에 감사할 따름이었다.

하나님은 지금까지 나의 모든 필요를 채우시되 목양할 교회까지도 예비하시고 때가 이르니 그곳으로 인도하셨다. 성령님께서는 이 일을 위하여 기도하도록 감동하셨다. 성령의 감동에 순종하였을 때는 인간의 상상을 초월한 아름다운 결과를 볼 수 있도록 은혜를 베푸셨다.

평상시에나 환난 날에나 그 언제 어느 때라도 기도할 때마다 한 번도 거절치 않으시고 응답해 주신 나의 하나님께 감사와 찬양으로 영광을 돌린다.

6.
주의 은혜로 기성교회에 부임하다

부임해야 할 교회의 성도들과 만나기로 약속한 날이 이르러 전임자가 거주하는 아파트로 찾아갔다. 서너 명의 여자 집사들이 미리 기다리고 있었다. 전임자의 소개로 인사를 나누었다. 전임자 부부는 교인들이 입회한 자리에서 자신들의 입장과 소신을 밝히면서 나에게 요구하는 유학비용이 부당한 것이 아님을 거듭 피력하였다.

"이 주택은 우리 형제들이 개인적으로 사준 겁니다. 그래서 내 앞으로 명의를 해놓은 겁니다. 우리 집을 파는 것이지 교회를 파는 것이 아닙니다."

사택에 대한 내용을 알고 보니 전임자의 말이 모두 맞는 말이었다. 그 자리에 동석한 집사들도 전임자의 말을 사실로 인정해 주었다. 나 역시 전임자의 말에 수긍을 하면서 감사의 뜻을 밝혔다. 전임자는 나에게 한마디의 말을 남긴 후 ○○교회의 담임목사로서 종지부를 찍었다.

"이 목사님도 이 집을 개인적으로 사셨으니 목사님 개인 소유로 이전을 해도 괜찮습니다."

이를 지켜보던 집사들도 전임자의 말에 수긍하며 그렇게 해도 괜찮다고 거들어 주었다.

"이 목사님께서도 사유 재산으로 해놓아도 반대할 자 없습니다. 우리가 증인입니다."

전임자와 집사들의 권면에 마땅히 대답할 말이 없었다. 이는 내 생각과 달랐기 때문이었다. 그들의 말을 들으면서 나는 하나님께 드리기로 결심하였다. 그래야 하나님께서 기뻐하실 것 같았다. 전임자는 부동산 이전 서류와 함께 교인들의 명단을 내 손에 쥐어 주었다. 중고등부 학생들까지 40여 명의 이름과 전화번호가 기록되어 있었다.

이러한 과정을 거쳐 ○○교회에 부임키로 하였다. 전임자와 헤어지는 순간 섬광처럼 스치는 생각이 있었다. 하나님께서는 나를 ○○교회로 인도하시기 위하여 농촌교회를 사임케 하시고 도시에서 개척을 하게 하셨다. 이 사건을 통해서 사람이 계획을 세우지만 그 걸음을 인도하시는 이는 하나님이시라는 것을 재삼 깨달았다. 나를 향한 하나님의 섭리와 계획은 개척이 아니었고 기성교회로 부임하는 것이었다.

이러한 과정을 거쳐 시내교회에 담임목사로 부임하였다. 다음 날 새벽에 60대 권사님과 50대 집사님이 참석하여 우리 부부와 함께 예배를 드렸다. 집사님은 본 교회 교인이었고, 권사님은 아들의 직장을 따라 이사를 다니기 때문에 언제 본 교회로 가실지 모른다고 하셨다. 그래도 감사했다.

부임 첫 주일, 우리 부부는 두 아들과 함께 교회에 들어섰다. 서너 명의 여학생들이 의자에 앉아 있다가 일어나 인사를 하였다. 가까이 다가가서 새로 부임해 온 목사임을 밝히며 손을 내밀었다. 아내 역시 학생들의 손을 일일이 잡아 주면서 자신이 사모임을 밝혔다.

강대상에 올라가 무릎을 꿇었다. 이따금 출입문 소리와 함께 인기척이 들렸다. 성가대석에서 파트별로 화음을 조율하는 소리가 들였다. 시간은 흘러 예배시간이 가까웠다. 일어나서 청중석으로 시선을 향하였다. 어제 성가연습을 했던 학생들과 10여 명의 교인들이 눈에 띄었다. 우리 가족들까지 20여 명이 예배를 드렸다.

좋은 교회와 좋은 성도들을 만나게 해주신 하나님께 감사를 드렸다. 전임자에 대한 감사의 마음도 다시 한 번 되새겼다. 예배에 참석한 교우들에게 고맙다는 말과 함께 더 좋은 교회를 이루어 가는 데 믿음 안에서 하나가 되어 달라며 부탁을 하였다.

예배를 마친 후에 잠시 동안 회의시간을 가졌다. 먼저 우리 가족을 소개하였다. 이어서 전임자의 수고와 성도들의 헌신에 대하여 치하하면서 격려를 해주었다. 담임목사 입장에서 기관장과 재정담당과 제직들이 누구인지도 확인하였다. 전임자에게 물려받은 교인명단을 보면서 확인하니 절반 이상이 1년 전, 또는 6개월 전에 떠난 자들이었다. 현재 남아 있는 교인들은 교회나 목사와 뗄 수 없는 관계가 있는 자들이었다. 나는 그 성도들을 보면서 하나님께 거듭 감사를 드렸다.

모든 예배를 마친 후 재정을 담당하고 있는 집사와 단둘이 마주 앉았다. 재정을 담당한 집사는 총각이었는데 믿음이 좋은 신실한 자로 보였다. 내가 묻기 전에 재정 상태에 대하여 먼저 보고하였다. 교인들의 헌금으로서는 공과금과 차량 운행 외에는 다른 지출은 생각할 수가 없었다. 전임자의 경우를 이야기하면서 안절부절못하고 어찌할 바를 몰랐다.

"그동안 목사님의 사례비를 못 챙겨드렸습니다……."

그는 전임자가 마음에 걸렸던지 울상이 되어 있었다. 금시라도 눈물이 왈칵 쏟아져 나올 것 같은 얼굴이었다. 짧은 만남을 통해 신실하고 좋은 일꾼임이 확인되었다. 나는 총각 집사의 손을 잡으며 염려치 말라는 말과 함께 위로해 주었다.

예배와 모든 일정을 마친 후에 주변을 둘러보았다. 참으로 할 일이 많았다. 한 군데 한 군데 확인할 때마다 마음에 심란함이 더해 갔다. 화장실 창문과 출입문, 교회당 출입문과 처마 모두 손을 대지 않으면 안 될 지경이었다. 사택을 둘러보았다. 생활형편이 곤란한 집사가 살고 있었다. 너무 오래된 고가였다. 다시 건축하지 않으면 살 수 없을 정도로 건물상태가 험했고 파손된 부분도 많았다.

하나님께서 나를 왜 이곳으로 보내셨는지 직감적으로 깨달았다. 순간, 성령님께서 나로 하여금 왜 지난날 건축업에 종사하게 하셨는지도 깨닫게 하셨다. 이곳에서 당장 해야 할 일들이 육안으로 보였다. 낡고 퇴락한 교회당을 보수하며 사택을 건축하는 일을 위해서 이곳으로 인도하셨다는 사실을 알게 되었다.

주일 오후, 모든 성도들이 돌아간 후 홀로 강단을 마주하고 앉았다. 십자가를 바라보며 주님께 아뢰었다. 이곳에서도 맡겨진 사명을 잘 감당할 수 있도록 먼저는 하늘로부터 공급되는 성령으로 충만케 해달라고 간구하였다. 이어서 좋은 믿음의 신실한 일꾼들도 붙여 달라고 아뢰었다. 아울러 목회하는 데 필요한 것들도 채우시며 공급해 주실 것도 부탁드렸다. 기도를 마친 후, 이곳에서도 나에게 맡겨진 사명을 다하리라고 스스로 다짐하며 용기와 힘과 능력을 주실 것을 강청하기도 하였다.

앞으로 할 일도 많고 마음이 심히도 심란했지만 개척을 하려고 준비했던 나에게는 너무나도 좋은 교회였다. 도청소재지인 도시에 200여 평의 부지와 50평의 교회당, 20평의 반지하 식당, 그리고 사택까지 갖추어졌으니 감지덕지해야 할 일이 아닌가? 개척을 준비하는 과정에서 교인 한 사람이 얼마만큼 소중한지를 체험했기에 남아 있는 교인들이 더욱 사랑스러웠다. 열악한 여건 가운데서도 사명을 다하려는 집사들과 교회를 개척하느라고 고생하신 전임자에게도 다시 한 번 감사의 마음을 가졌다. 또한 이곳으로 인도해 주셔서 좋은 성도들을 만나게 하신 하나님께 감사를 드렸다. 모든 교인들이 돌아간 후에 우리 부부는 성전에 올라가 십자가를 바라보며 두 손을 모았다. 이곳에서의 사명 감당과 영적 승리를 위해서 간절히 아뢰었다.

목회의 우선순위를 정하였다. 먼저 성도들의 가정을 심방하였다. 환경들이 거의 열악하였다. 생활형편이 여의치 않은 가운데서도 최선을 다하려는 모습들이 기특하였다. 아이들이 둘씩이나 딸려 힘이 들지만 예배에 충실하려는 모습과 사명을 다하려는 집사들의 믿음에 감동하기도 하였다. 교인들은 몇 명 되지 않지만 마음이 한결같고 순진하며 인간성이 좋은 성도들이기에 더더욱 감사했다.

　우리 부부는 심방을 통해서 가족들의 건강과 가정마다 생업마다 시온의 대로가 열려 범사가 형통하도록 축복하였다. 우리 부부는 성도들을 생각할 때마다 좋은 믿음의 사람들을 남겨 주신 하나님께 감사를 드렸다. 교회 부흥의 원대한 비전을 가슴에 품고 두 번째 사역지인 시내에서 목회를 시작하였다.

7.
후일을 위하여
욕심을 버리게 하신 하나님

다음에 처리해야 할 문제는 재산권에 대한 것이었다. 심방이 끝난 즉시 전임자의 명의로 된 사택 부지를 총회 재산으로 등록을 시켰다. 마음이 홀가분하고 가벼웠다. "모든 것이 주님의 것입니다"라는 청지기의 고백을 실천할 수 있도록 은혜를 주신 하나님께 감사드릴 뿐이었다.

내가 개인적으로 구입한 것이니 전임자처럼 개인 소유로 이전하여도 이의를 제기할 자 아무도 없었다. 더군다나 집사들까지도 목사의 개인소유로 인정을 했으니 사택을 개인 명의로 이전하는 일은 어쩌면 당연한 일이었다. 세상을 살아온 연륜이나 사회의 경험으로 보아 사택을 개인 명의로 이전했으리라고 생각했을 것이다. 주변의 모든 목사들이 다 그렇게 생각했었다. 그러나 후일에 자손들을 위하여 하나님께 깨끗이 바치고 싶었다.

그 부동산을 개인소유로 해놓으면 교회의 주인이 내가 될 수 있다는 생각이 들었다. 목사가 교회의 주인이 되어서는 안 된다고 생각하였다. 오직 하나님만이 교회의 주인이 되시기를 원하였다. 사업을 하면서 청지기의 정신으로 경영한 것처럼 목회도 그렇게 하고 싶었다. 사택을 개인 소유로 해놓으면 물러날 때 욕심이 생길 수도 있다는 생각에 두렵고 떨렸다. 청지기 정신이 나를 압도하니 주변 사람들이 욕심내는 도시의 땅일지라도 하나님께 과감히 드릴 수 있었다.

개인의 경제력으로 매입한 재산을 포기하는 것은 이해할 수 없는 일이었다. 이 사실을 누군가가 알게 되면 바보짓이라고 비난할 수도 있는 일이었다. 그러나 나는 후회하지 않았다. 청지기 정신이 강했던 나에게는 돈이나 땅이나 아까운 마음이 전혀 없었다. 하나님으로부터 받은 것을 필요에 따라 다시금 돌려 드리는 것은 당연한 일이라고 생각하였기 때문이다.

지금까지 내게 속한 모든 것들이 주님의 것이라고 고백하며 살아왔다. 그러기에 주변사람들의 상상을 초월한 일들을 과감하게 실행할 수 있었다. 청지기 정신이야말로 하나님을 기쁘시게 해드리는 일에 고리 역할을 해주었다.

개인의 자금으로 매입한 땅일지라도 과감히 유지재단에 기부를 할 수 있었던 또 하나의 이유가 있다. 하나님은 사업을 경영할 때에도 그러하셨지만 목회를 할 때에도 마찬가지로 내 마음과 생각을 통제하셨다. 중대한 결정 앞에 하나님은 언제나 개입하셨다. 내 의사나 생각과는 상관없이 자신이 원하시는 방향으로 결단을 하도록 이끄셨다. 그리고 믿음으로 하나님 뜻에 순종했을 때 아름다운 결과를 보도록 은혜를 베푸셨다.

전임자로부터 땅 문서를 받아 손에 쥐었을 때 욕심 때문에 불행하게 된 인물들이 뇌리를 스쳤다. 영적인 차원에서 보았을 때 욕심은 하나님의 사람들을 넘어뜨리려고 쳐놓은 사탄의 덫이라고 해도 과언이 아니었다. 성경을 보면 욕심이라는 사탄의 덫에 걸려 단 한 번뿐인 인생을 비극적으로 끝내 버린 사람들이 얼마나 많은가. 태초에 에덴동산의 아담과 하와로부터 시작하여 롯의 처, 아간, 게하시, 예수님 당시 가룟 유다와 아나니아와 삽비라 등등 헤아릴 수 없이 많다. 지금 시대에도 사탄의 유혹에 넘어가 수십 년간 쌓아 올린 명성과 명예를 하루아침에 붕괴시켜 버린 사람들이 얼마나 많은가? 이러한 생각들이 나로 하여금 땅 문서를 들고서 총회로 향하게 했던 것이다.

이처럼 속히 결단하게 된 이유는 나도 사람인지라 사탄의 덫에 걸리게 되면 약속을 번복하여 욕심을 부릴 수도 있기 때문이었다. 누구든지 사탄의 덫에 걸려 욕심을 부린 자들은 결국 불행과 비극의 존재들이 되지 않았던가? 나 역시 사탄의 덫에 걸릴 수밖에 없는 연약한 존재이기에 이를 방지하는 차원에서 사택 부지를 확실하게 매듭을 짓게 하신 것이 아닌가 싶다. 하나님은 이러한 방법으로 물질에 대한 욕심을 버리게 하셨다. 그리고 내 마음에 이러한 깨달음을 주셨다.

'오늘의 욕심이 후일에 재앙과 화를 불러올 수도 있으며,
오늘의 포기가 훗날에 복과 행복을 가져다줄 수 있다.'

이러한 깨달음과 동시에 물질과 유혹에 대한 성경의 교훈들도 생각나게 하셨다.

"돈을 사랑함이 일만 악의 뿌리가 되나니 이것을 사모하는 자들이 미혹을 받아 믿음에서 떠나 많은 근심으로써 자기를 찔렀도다"(딤전 6:10).

하나님께서는 말씀을 통하여 '욕심을 부리는 자의 최후는 불행이라'는 사실을 깨닫게 하셨다. 하나님의 말씀은 나로 하여금 욕심을 버리게 하는 일에 강력한 무기가 되어 즉시 실천케 하였다.

무가치한 인생들에게도 헌신할 수 있는 기회와 여건과 능력을 주신 하나님께 감사드릴 뿐이다. 이번에도 후일을 위하여 욕심을 버리고 사택을 총회 유지재단에 등록하도록 감동하신 하나님, 그리고 중대한 결정을 할 때마다 깨달음을 주신 성령님께 감사드릴 뿐이다.

8.
또다시 주어진 건축의 사명

　　　　　교회에는 부임하였으나 이사를 하지 못한 상태에서 목회를 해야만 했다. 사택에 살고 있는 교인은 경제적인 형편이 어려워 아직 이사를 할 수 없는 상황이었다. 오갈 곳도 없는 사람들을 막무가내로 내보낼 수도 없는 노릇이었다. 우선은 우리 가족이 고생을 하며 불편하더라도 교인의 처분만을 기다렸다.

　참으로 다행스런 것은 반지하실에 꾸며진 식당이 있었다. 그래서 우리 가족은 거기서 생활을 하면서 싱크대에서 밥도 해먹고 세수도 하고 머리도 감았다. 그래도 좋았고 너무 감사했다. 삼복더위 여름인지라 모기도 많았고 찜통더위였지만 기쁨으로 감사하며 잘 견뎌냈다. 도시에 교회 건물이 있고 교인들이 있는 것만으로도 배가 부르고 든든하였다. 어떠한 고생이나 불편함도 견뎌내며 기쁨과 감사한 마음으로 목회사역을 감당하였다.

다음으로 할 일은 파손된 부분을 새롭게 하는 일이었다. 새로운 교인이 찾아올 경우에 좋은 인상을 주고 정착할 수 있게 하기 위해서는 이 일이 급선무였다. 교회 주변의 환경도 깨끗하게 정리를 하였다. 총각 집사와 함께 동생 부부가 협력하니 일들이 수월하게 되어갔다. 참으로 감사할 따름이었다.

그해 가을이 지나고 12월이 되었다. 목사 가족들이 식당에서 생활하는 것을 늘 미안하게 여기던 교인이 이사를 해주었다. 그 교인에게 미안하기도 하고 감사했다. 스스로 알아서 이사를 했지만 교인에게는 상처가 되지 않고 교회적으로는 문제가 되지 않도록 우리 부부는 밤마다 하나님께 아뢰었다.

사택이 고가인지라 퇴락하여 그 상태에서는 도저히 이사를 할 수가 없었다. 사택 건축이 불가피한 상황이었다. 주일날 예배를 마치고 제직회를 열어 집사들과 상의를 하였다. 당시 회계를 보던 집사만 긍정적인 모습으로 찬성을 해주었다. 권사님을 비롯한 몇몇 집사들은 목사인 나더러 알아서 하라는 식의 태도를 보였다. 이는 목사가 개인적으로 사택을 샀으니 자신들과는 상관이 없다는 의미도 포함되어 있었다. 집사들의 반응은 집을 고치든, 그 상태에서 이사를 하든, 새로 건축해서 오든 자기들은 신경을 쓰지 않겠다는 것이었다. 집사들은 전임자의 경우처럼 사택을 목사 개인소유로 오해를 하고 있었다.

한 주간이 지난 주일, 나는 사택이 개인 소유가 아닌 교회 재산임을 선포하였다. 그 후에 사택을 지어야 할 취지와 이유를 충분히 설

8. 또다시 주어진 건축의 사명

명하였다. 당장 재정적인 여력이 없으니 은행에서 빌려 사택을 건축하자고 집사들에게 제의하였다. 헌금을 할 수 있는 경제적인 여건이나 능력이 없었던 교인들은 미안한 모습으로 목사인 나더러 알아서 하라는 반응이었다. 은행에서 돈을 빌리는 것도 자신들에게는 보증할 조건이 되지 않으니 그것까지도 알아서 하라는 식의 태도였다. 그래도 사택을 짓자는 제의에 찬동과 함께 건축에 대한 것을 일임해 준 집사들이 고마울 뿐이었다.

사업은 그만두었지만 금융계에서 나의 신용을 인정해 주었다. 그 영향으로 은행에서 필요한 자금을 대출할 수가 있었다. 지점장으로 근무하는 친구 덕분에 대출과정이 훨씬 수월했다. 대출 금액이 크기에 담보물건이 없이는 불가능한 일이었지만 친구 덕분에 가능하였다. 하나님은 나의 신용도나 친구까지도 이용하여 교회의 일을 이루시는 분이셨다. 건축의 사명을 주시고 그 일을 감당할 수 있도록 기회도 주실 뿐 아니라 여건까지도 허락해 주신 하나님께 감사드릴 뿐이었다. 만일 교회에서 해결하지 못하면 내가 책임진다는 마음으로 사택 건축을 시작하였다.

그 당시, 막내 동생이 사업을 운영하고 있었기 때문에 거기에 조금이라도 의존하고 있는 것만은 사실이었다. 동생 부부는 사업의 십일조를 통해서 선교적인 일을 감당할 수 있도록 목회의 협력자가 되어 주었다. 동생 부부의 협력에 부응하여 전도지와 소식지를 만들어 교회 부근과 근동 아파트 주민들을 상대로 전도하는 일에 주력하였다. 주일날 오후에는 젊은 집사들과 함께 교회 가까이에 위치한 시가지를 돌며 전도에 진력하였다. 일주일에 두어 번씩 집사들과 함께 기도하며 전도하는 일을 감당하였다. 몸은 고달프고 힘이 들었지만 마음은 기쁘고 즐거웠다.

시간이 흐른 어느 날이었다. 하나님께서는 묵상의 시간을 통해서 나에게 깨달음을 주셨다. 하나님은 다른 목사들이 가질 수 없는 조건들을 소유할 수 있도록 내게 은혜를 베푸셨다. 부임해 가는 곳마다 건축의 사명을 감당토록 하기 위해서 평신도 시절에 건축사업을 경영케 하셨다. 그리고 건축을 해야 할 곳으로 인도하셔서 그 사명을 감당케 하셨다. 내게 주어진 사명을 감당할 수 있도록 기회를 주시고 능력을 주신 주님의 은혜에 감사할 뿐이다.

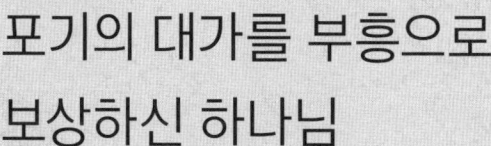

CHAPTER 04

포기의 대가를 부흥으로
보상하신 하나님

1.
선배 목사의 권면으로
농촌목회를 결심하다

　　　　　　세월이 화살처럼 빠르다는 말을 실감케 할 정도로 또 1년이라는 시간이 훌쩍 지나가 버렸다. 지난 한 해 동안 아무런 열매가 없었음을 죄송스럽게 생각하면서 새로운 각오로 새해를 맞이하였다. 부흥의 비전을 가슴에 품고서 목회계획과 전도 목표를 세웠다. 밤마다 시간마다 교회 부흥을 가슴에 품고 하나님께 아뢰었다. 언젠가는 전도의 문이 열려 영혼들이 주께로 돌아오리라는 확신과 함께 전도에 최선을 다하였다.

　　전도의 열매는 성령님께 맡기고 밤에는 기도하고 낮에는 복음을 전하는 일에 주력하였다. 하나님께서 함께하신다면 지역과 장소와 환경을 초월하여 교회가 부흥될 수 있음을 믿었다. 전임지에서 체험했기에 나는 이곳에서도 교회 부흥이 가능하리라고 확신했다. 불모

지와 같은 농촌지역에서 부흥의 역사를 이루셨던 하나님께서 이곳에서도 교회 부흥을 이루실 것을 확신하였다. 지금 당장에는 열매가 없을지라도 교회 부흥의 여망을 가슴에 품고 날마다 기도하는 일과 전도하는 일을 계속하였다.

밤 두세 시쯤만 되면 누군가가 깨우는 듯 일어나졌다. 기도하라는 뜻으로 깨닫고서 그길로 성전에 들어가 십자가를 향하여 무릎을 꿇었다. 성령님께서 힘과 능력을 주시니 아무리 혹독한 추위일지라도 견뎌내며 어떤 아픔과 피곤함도 이겨낼 수 있었다. 밤중에 기도하는 것이 습관이 되어 어쩌다가 건너뛰는 날에는 마음의 허전하고 하나님께 죄송스러운 마음이 들기도 하였다.

1월 중순경이었다. 고향 교회에 시무하셨던 목사님 가정에 문상을 갔다. 먼저 도착한 10여 명의 목사들이 상에 둘러앉아 음식을 먹으며 대화를 나누고 있었다. 그 가운데는 같은 지방회에서 시무하는 젊은 목사도 와 있었다. 대화가 오가는 가운데 젊은 목사는 나를 향해 입을 열었다. 밑도 끝도 없이 일방적으로 말을 던졌다.

"목사님은 나이도 있고 그러니 농촌으로 가시고 ○○교회는 젊은 목사가 와서 목회를 하는 것이……"

젊은 목사의 어이없는 말과 언어도단적인 모습에 어안이 벙벙할 뿐이었다. 젊은 목사의 돌발적인 행동은 여러 목사들을 놀라게 했고, 나에게 크나큰 충격을 안겨 주었다. 나도 사람인지라 도저히 참을 수가 없었다. 받아치려는 순간 젊은 목사는 누군가의 부름으로 자리에서 일어나 자취를 감추었다. 참으로 어처구니없는 일이었다.

치욕스런 마음과 분통을 억제하고서 집으로 돌아왔다. 낮에 젊

1. 선배 목사의 권면으로 농촌목회를 결심하다

은 목사에게 당했던 모욕적인 일을 생각할수록 부아가 치밀어 올랐
다. 젊은 목사의 모욕적인 언사로 인하여 마음의 번뇌와 함께 갈피
를 잡지 못하고 있는 순간이었다. 성령님은 나의 상한 마음을 어루
만지시며 지난날의 일들이 생각나게 하셨고 깨닫게 하셨다.

2년 전 일이었다. 지금의 교회로 부임해 오기 전에 고향 교회 선
배 목사에게 했던 나의 행동이 스크린에 비치는 것처럼 또렷하게 생
각이 났다. 성령님은 그 당시 선배 목사에게 심은 것을 젊은 목사를
통해서 거두고 있다는 것을 깨우쳐 주셨다. 막무가내로 나에게 교회
를 달라고 했던 터무니없는 나의 돌발적인 행동이 뇌리에 스쳤다. 그
때 선배 목사는 화를 내기는커녕 긍정적인 모습을 보였었다.

시간이 지났지만 하나님께 회개의 마음으로 용서를 빌었다. 그리
고 선배 목사에게 미안한 마음을 가졌다. 하나님은 그렇게 해서 지
난날의 잘못을 깨닫게도 하셨다. 젊은 목사의 행동은 내가 저지른
일에 비하면 아무것도 아니라는 생각이 들었다. 나 역시 젊은 목사
의 행동을 이해하기로 마음을 정하였다. 성령의 감동과 인도하심에
따라 마음을 정하니 방금 전까지 부글부글 끓어오르던 마음이 쉬
가라앉았다.

초저녁이 훨씬 넘은 시간이었다. 낮에 많은 목사들 앞에서 나에게
치욕을 안겨준 젊은 목사에게 전화를 걸었다. 낮에 당했던 모욕적인
일을 잊은 듯이 차분하고도 다정한 마음으로 수화기를 들었다. 하지
만 젊은 목사의 목소리를 듣는 순간 나도 모르게 이성을 잃고 말았
다. 격동된 마음으로 곧장 달려들 것 같은 위세로 말을 건넸다.

"낮에 나더러 농촌교회로 가라니, 그게 무슨 말이오……."

나의 무뚝뚝하고도 저돌적인 말을 젊은 목사는 모두 수용하고서

자신의 본심을 밝혔다.

"목사님, 낮에는 미안했어요. 저하고 바꾸자는 뜻이었어요. 목사님은 지금 연령적으로 안정된 목회를 하셔야 되는데, 저는 아직 젊으니까 고생을 해도 됩니다. 우리 교회는 농촌이지만 교세나 재정적으로 안정된 목회를 할 수 있습니다."

젊은 목사가 시무하는 교회는 농촌 지역이지만 모든 목사들이 부러워할 만큼 실력을 갖춘 좋은 교회였다. 또한 좋은 일꾼들이 많은 교회이기에 목회자가 마음껏 일할 수 있는 교회로 알려지기도 하였다. 농촌목회를 소망하는 목사라면 한 번쯤 시무해 보고 싶은 교회였다. 그러할지라도 나는 젊은 목사의 청을 거절하였다. 이곳을 평생 목회지로 생각하고 많은 것을 투자하였기에 목회지 이동은 꿈에도 생각하지 못한 일이었다.

며칠이 지난 후였다. 이제는 젊은 목사가 직접 찾아와 만나기를 청하였다. 같은 지방회의 목사로서 피할 이유가 없기에 만나 보았다. 그의 속마음은 어떠할지 몰라도 말로는 나를 퍽 생각하며 위해 주는 듯했다. 그는 내 나이와 교회의 상황과 형편을 들먹이면서 안정된 목회를 해야 한다며 강권하였다.

다음 날에는 교회일지와 회계장부를 들고 왔다. 이제는 교세와 재정상태를 공개하면서까지 목회지 교환을 강청하였다. 그는 끈질긴 모습으로 나를 설득하며 온갖 방법을 다 동원하여 간청하였지만 귀에 들어오지 않았다. 나는 젊은 목사의 요구를 단호히 거절하였다. 그의 막무가내 강청은 자기 입장만을 생각하는 이기적인 행동이었다. 그의 언어도단적인 행동은 괴로울 정도로 반복되었다. 그는 간간이 목회는 늦게 시작했지만 연령적으로 볼 때 안정된 목회를 해야

1. 선배 목사의 권면으로 농촌목회를 결심하다

한다며 나를 구워삶기도 하였다.

젊은 목사의 어떠한 설득에도 나의 주장은 초지일관 변함이 없었다. 더군다나 큰애가 고등학교 3학년, 작은애가 2학년으로서 대학 입시에 주력해야 할 때에 농촌으로 간다는 것은 자식들의 미래를 망치는 일이 될 수도 있는 일이었다. 개인적인 형편도 이러했기에 농촌교회로 간다는 것은 꿈에서도 생각지 못할 일이었다.

몇 주가 지난 어느 날, 평소에 존경하던 선배 목사에게서 전화가 걸려왔다. 한번 만나자는 요청이었다. 전화를 받는 순간 직감적으로 마음에 와닿는 느낌이 있었다. 이는 젊은 목사와 관계된 문제임이 분명하였다. 선배 목사는 내가 초임지에 전도사로 부임하여 갈 때에도 주무부장으로서 관계를 했고, 두 번째 교회에 부임할 때도 앞장서서 주선을 했었다. 선배 목사를 피할 이유가 없었다.

어떤 경우에도 흔들리지 않으리라는 생각으로 마음을 굳게 하고서 발걸음을 옮겼다. 소파에 앉자마자 선배 목사는 교회의 실정부터 물었다. 예상대로였다. 나는 사실대로 밝혔다. 교회에 대한 상황을 들은 선배 목사는 목회에 대하여 나름대로 진단을 했다. 심각한 표정으로 잠시 묵상한 후, 나의 목회에 대한 평가와 함께 결론을 내렸다.

"이 목사님이 ○○교회에 부임한 지 2년이 되었지요? 통계적으로 보나 경험적으로 보나 2년 안에 교회가 성장되지 않으면 부흥을 기대하기가 어렵습니다."

선배 목사의 일방적이면서도 직설적인 언행은 마음에 불쾌감을 불러일으킬 뿐 아니라 가슴에 답답함을 느끼게 하였다. 예상은 했지만 너무 충격적이었다. 매몰차게 밀어붙이는 저돌적인 언행에 나는 망연자실한 모습으로 선배 목사 얼굴만 멍하니 쳐다보고 있을 뿐이었다. 너무나 어처구니없는 상황이었다. 내 목회에 대한 선배 목사의 평가는 내 마음에 수치심을 불러일으켰고, 목회에 대한 환멸을 느끼게 하였다. 말로 형언할 수 없는 절망감이 엄습하였다. 낙담상혼하여 어찌할 바를 모르는 내 모습과는 상관없이 선배 목사는 말을 계속 이어갔다.

"이제라도 교회를 바꾸어 새롭게 시작해 보는 것이 더 효율적일 것 같은데……."

선배 목사가 젊은 목사의 사주를 받고 나를 설득하고 있음이 분명하였다. 선배 목사의 권면을 듣는 가운데 틈을 타서 나의 입장을 밝혔다.

"목사님, 지금 고3 아들과 고2 아들이 있습니다. 농촌에 있다가도 도시로 나가야 할 처지인데, 시골로 가다니요. 그건 말도 안 됩니다."

나는 대입을 앞둔 두 아들 때문이라도 농촌교회로 옮길 수 없다고 강력하게 주장하였다. 선배 목사는 내가 청년 시절에 하나님께 농촌목회를 서원했던 것을 어떻게 알았는지 청년의 때 서원했던 것을 계속 들먹였다.

"이 목사님! 전주는 엄연한 도시입니다. 청년 때에 농촌목회를 서원하셨다면서……."

선배 목사는 자신의 뜻을 성취하려는 목적으로 농촌목회 서원을 무기 삼아 매몰차게 밀어붙였다. 선배 목사의 권면 가운데에는 젊은 목사의 요구를 관철시켜야겠다는 의지가 역력하게 엿보였다. 선배 목사는 저돌적인 자세로 공격하듯 나를 계속 밀어붙였다.

1. 선배 목사의 권면으로 농촌목회를 결심하다

"이 목사님! 하나님과 서원한 것은 내게 손해가 되고 해로울지라도 지켜야 합니다."

선배 목사는 자신이 목적한 바를 이루기 위해서 모든 수단과 방법을 다 동원하였다. 이제는 선배로서 엄한 말로 명령하듯 쏘아댔다.

"하나님과의 농촌목회 약속을 지키세요. 그래야 하나님께서 기뻐하십니다."

하나님과의 약속을 지켜야 한다는 엄한 명령을 듣는 순간, 청년 시절에 친구와 함께 순수한 마음으로 하나님과 약속했던 모습이 회상되었다. 선배 목사 앞에서 두 번째 할 말을 잃었다.

선배 목사는 대화를 마무리하려는 듯 차분한 목소리로 입을 열었다. 강압적 어투가 아닌, 인자한 형님이 아우를 타이르듯 포근한 모습으로 입을 열었다. 나를 설득하기 위한 차갑고도 다부진 모습이 아닌 이제는 따뜻하고도 다정다감한 어투로 권하였다.

"목사님, 하나님과의 약속은 손해가 될지라도 지켜야 합니다. 나 같으면 아이들 하나님께 맡기고 약속을 지켜 드립니다. 서원한 것 지키면 하나님께서 아이들도 책임지십니다."

나를 설득하려는 선배 목사의 집요한 강권에 나는 기도해 보겠다는 말로 결론을 내리고 교회로 돌아왔다.

2.
사명을 위해 또다시 두 아들을 희생시키다

선배 목사와 헤어진 후, 며칠간을 두문불출하며 주야로 주께 아뢰었다. 나는 은퇴할 때까지 이곳에 머물러 목회를 하려고 마음을 먹었었다. 그랬기에 이곳을 평생 목회지로 알고서 많은 것을 투자하였고, 교회 이동은 절대로 하지 않는다는 원칙을 세웠었다. 더군다나 당시 아이들이 고 2, 3학년으로 대학 진학을 앞두고 있었기 때문에 교회 이동만큼은 생각도 안 했었다.

이러한 마음인지라 나 스스로가 이곳을 절대로 떠나지 않으리라는 결론을 내놓고서 기도하였다. 아이들의 진학 문제 때문이라도 더욱 그리하였다. 잘못하면 아이들의 장래까지도 망칠 수 있다고 생각하니 농촌교회로 가서는 안 된다는 생각이 확고해져 가고 있었다.

그러던 어느 날 밤이었다. 하루 일과를 마치고 말씀을 묵상하며 두 손을 모았다. 순간 전도사 시절에 어느 부흥강사님을 통해 나에게 들려주셨던 메시지가 어렴풋이 떠올랐다.

"전도사님은 쓰러져 가는 교회를 세우는 사명이 있습니다. 하나님께서 건물을 세우는 건축의 은사도 주셨네요."

그 당시에 주어진 메시지가 커다란 짐이 되어 마음을 짓눌러 왔다. 심적으로 심히 고통스러우면서 고민스러웠다. 기도도 되지 않고 잠도 오지 않았다.

그날 밤에도 농촌목회에 대한 약속이나 사명까지도 모두 외면해 보려고 몸부림을 치기도 하였다. 부모 입장에서 아이들에 대한 애착은 당연한 것이었고 나 역시 자녀들에 대한 애착은 마찬가지였다. 그렇기에 농촌으로 갈 수 없다며 선배 목사에게 주장을 했던 것이다. 아이들의 학업을 위해서라도 절대로 농촌으로 가지 않으리라고 마음을 굳혔다.

자정이 훨씬 넘었는데도 잠이 오지 않았다. 선배 목사의 "하나님과 농촌목회 약속을 지키라"는 권면은 나를 고민에 빠지게 하였다. 뿐만 아니라 나를 더더욱 번뇌케 하였다. 거기에다가 전도사 시절에 강사님을 통하여 들었던 메시지는 내 마음을 더욱 착잡하게 만들었다. 이로 인한 심적인 번민은 이루 말할 수 없었다. 잠자리에서 몸부림치고 있는 마음에 전임지에서의 일들이 생각이 났다. 이는 기도하라는 하나님의 신호로 여겨졌다.

모든 만물이 잠든 적막한 시간에 하나님과 독대하는 심정으로 십자가를 마주하고 앉았다. 마음은 마치 커다란 바윗덩어리를 껴 안고 있는 듯이 무거웠고 착잡하기가 이루 말할 수 없었다.

기도하는 중에 농촌목회에 대한 마음의 결정을 하나님께 아뢰었다.

아이들의 학업을 위해서는 도시목회를 그대로 하겠다는 의미였다.

성령님은 기도하는 내 마음을 어루만지시며 왜 건축사업을 경영케 하셨는지를 깨우쳐 주셨다. 강사를 통해서 들려주셨던 메시지와 선배 목사의 권면은 이미 굳혀진 내 마음을 송두리째 흔들고 있었다. 누군가가 내 마음에 "이곳에서 네가 할 일이 다 끝났다면 다음 일할 곳으로 가야 하지 않겠는가?"라며 속삭이는 듯하였다. 뿐만 아니라 고민에 휩싸여 갈등하며 몸부림치는 내 귓가에 하나님의 말씀이 떠나지 않고 계속 맴돌고 있었다.

"하나님과 서원한 것은 해로울지라도 지키라."

하나님의 말씀을 외면한 채 내 유익을 추구하는 기도만을 하였다. 자녀들의 학업을 앞세우며 농촌목회의 약속을 외면하는 일을 합리화시키면서 버티고 있었다.

이러지도 저러지도 못하는 상황인지라 만사 일들이 손에 잡히지 않았다. 상황이 어수선하니 마음이 안정되지 못하였다. 나의 고민을 알아차린 고3인 큰아들이 하나님과의 약속을 이행하는 데 디딤돌 역할을 해주었다.

"아빠, 고민하지 마시고 하나님과 약속을 지키세요. 저는 고시원에서 다니면 돼요. 아빠, 제 걱정은 마시고 하나님과의 약속을 지켜드리세요."

대학입시를 위해서 시간을 쪼개어 공부에만 주력해야 할 시기에 고시원에서 생활하겠다는 아들의 말에 눈시울이 뜨거워졌다. 자신의 유익보다 부모의 입장을 더 헤아려 주는 아들의 모습이 참으로 대견스러웠다.

하나님께 농촌목회에 대한 서원을 이행하는 것은 아들을 희생시키는 것이나 다름이 없었다. 부모의 뒷바라지를 받으면서 공부에만 열중해야 할 시기에 고시원에 맡긴다는 것은 아들의 미래를 포기하는 것과도 같았다. 애석함과 착잡함을 가슴에 안고 성전에 들어가 십자가를 바라보며 나의 심정을 아뢰었다.

큰아들의 결정에 부응하여 농촌목회에 대한 굳은 마음이 서서히 녹아 가고 있었다. 농촌교회로 가지 않겠다는 원칙도 차차 깨어지고 있었다. 그렇게 해서 농촌목회에 대한 하나님과의 서원을 결단할 수 있었다. 두 아들의 대학 진학과 생애를 전능자 하나님께 맡기었다. 자녀들의 미래를 보장해 주시리라 믿고서 농촌목회에 대한 결심을 굳혔다.

나의 이런 결단은 일반상식으로 도저히 이해할 수 없는 일이었다. 고2, 고3인 두 아들을 고시원에 맡기고 농촌으로 간다는 것은 참으로 어리석고 미련한 일이 아닐 수 없었다. 농촌교회로 가는 일은 자녀들을 버리는 일과도 같았다. 잘못하면 자녀들의 앞길을 망치는 일이기도 하였다. 아무리 생각해 보아도 인간 상식으로 납득할 수 없는 일이었다. 세상 사람들에게 바보짓이라는 말을 듣기에 충분하였다. 믿지 않는 형제들에게는 지탄받는 일이기도 하였다. 그렇지만 하나님과의 약속을 지키는 일이기에 해로울지라도 농촌목회에 대한 결심을 굳힐 수밖에 없었다.

내가 농촌교회로 간다는 소문이 삽시간에 퍼졌다. 이 소식을 전해들은 형제와 친척들은 바보짓이라고 비난하였다. 이미 예상한 일이기에 별로 신경을 쓰지 않았다. 주변에서는 아이들의 대학진학을 망칠 수 있는 일이라며 농촌교회로 가는 것을 만류하기도 하였다.

평생 목회지로 알고서 많은 것을 투자한 교회이기에 주변에서 "다시 한 번 생각해 보라"며 권하기도 하였다. 더군다나 교회의 부채 가운데 일부를 떠안고 간다는 소문을 전해들은 형제들은 도저히 납득할 수 없는 미친 짓이라며 조소를 퍼붓기도 하였다. 이러한 상황 가운데서 농촌목회를 과감하게 결단할 수 있었던 것은 금은보화 자녀들까지도 하나님의 것이라는 청지기의 정신이 나를 통치하고 있었기 때문이었다.

모든 정황으로 보아 절대로 떠날 수 없는 교회였다. 그렇지만 하나님과의 약속을 지키는 일인지라 아무 미련도 없이 농촌으로 갈 것을 결정하였다. 부임하면서 평생 목회지로 알고 많은 것을 투자한 교회였을지라도 하나님께서 기뻐하시는 일이라면 순종하기로 결심하였다.

이사 전날 밤이었다. 이곳에서 마지막 밤이라고 생각하니 눈물이 왈칵 쏟아져 나왔다. 고시원에 두고 갈 아들을 생각하니 마음이 미어지는 듯했다. 나도 모르게 소리 내어 엉엉 울었다. 호강하며 공부를 해야 할 시기에 고생을 해야 하는 아들들을 생각하니 눈물이 앞을 가렸다. 정신을 차리고 마음을 가다듬었다. 그리고 두 아들의 학업과 대학교 진학과 미래까지도 전능자 하나님께 맡기었다. 하나님께서 보장하시고 지켜 주실 때만이 참된 평안과 형통함을 누릴 수 있기 때문이었다.

이삿짐을 꾸려 농촌교회로 향하였다. 어설픈 환경에서 고생하며 지낼 아이들을 생각하니 마음이 아팠다. 한 번도 부모를 떠나 본 일이 없는 아이들이기에 미안한 마음 더욱 금할 길 없었다. 아이들에 대한 안쓰러움과 애끓은 심정을 억제하면서 농촌교회로 향하였다.

　달리는 차 안에서 우리 부부는 고시원에서 고생할 아이들을 생각하며 학업과 미래를 하나님께 맡기었다. 자녀들이 목회에 걸림돌이 되거나 하나님의 영광을 가리는 일이 없도록 아들들의 진학과 미래를 보장해 주실 것도 아뢰었다. 부모를 위해서 또다시 희생양이 된 아이들에게 은혜를 베푸시며 복을 주시라며 애끓는 심정으로 하늘에 계신 살아 계신 하나님께 소원을 올리기도 하였다.

3.
시련과 고난을 통해서
무릎을 꿇게 하신 하나님

하나님의 은혜로 농촌교회에 무사히 도착하였다. 장로들을 비롯하여 몇몇 교인들이 환영을 해주었다. 아내와 함께 먼저 교회당에 들어가 머리를 조아리며 하나님께 서원한 것을 지킬 수 있도록 은혜 베푸심에 감사드렸다. 이곳에서도 전임지에서와 같이 하나님께서 원하시는 일에 요긴한 도구로 사용해 주실 것을 아뢰었다.

부임한 지 두어 주일이 지났다. 그런데 교회 안에 이상한 기류가 흐르고 있었다. 교인들 모두가 환영해 주는 것 같지 않았다. 우리 부부를 외면하는 자들도 있었고, 냉대하는 자들도 있었다. 우리 부부를 불신하며 창피를 주는 권사도 있었다.

두 아들은 청년들에게 괴로움을 당하기도 하고, 또래들에게 따돌

림을 당하는 수모를 겪기도 하였다. 두 아들이 고등부 토요모임이나 성가 연습시간에 동석해 있음에도 청년들은 담임목사를 서슴없이 비난하였다. 청년들의 불신앙적인 모습에 두 아들은 표현도 못하고 분통만 터뜨렸다.

교회 안에서의 이런 일들은 두 아들로 하여금 신앙적으로 방황하도록 하였다. 아들들은 토요일에 교회에 오는 것을 커다란 짐으로 여기기도 하였다. 때로는 시험을 핑계로 빠지는 날도 있었다. 학생들과 마주치는 것을 피하기 위해서 주일 아침에 오는 날도 있었다. 교회 분위기와 상황을 다 알고 있는 우리 부부는 아이들의 결정을 이해하며 마음에 상처가 되지 않도록 위로해 줄 뿐이었다. 누구보다도 교회에서 사랑을 받으며 은혜 속에서 기쁨으로 주일을 보내어야 할 아이들이었다. 그러나 청년들에게 상처를 입고 주일날 교회에 오기를 두려워하였다.

아들들의 이런 모습을 볼 때면 부모로서 마음이 아팠다. 참으로 애석한 일이었다. 교회 안에서의 이러한 어처구니없는 상황을 처음으로 겪는 아이들이기에 탈선하지 않도록 기도만 할 뿐이었다. 청년들은 순진한 우리 아이들에게 쓰라린 아픔과 상처를 남겨 주었다.

날이 갈수록 무례하고도 불순한 행동으로 우리 부부를 괜스레 괴롭히는 자들이 있었다. 중상모략의 소리와 터무니없는 유언비어의 소리가 계속 들려왔다. 누군가의 사주로 인하여 이 일이 진행되고 있음을 알게 되었다. 우리를 고통스럽게 하며 괴롭히는 농도가 점차로 더해가고 있었다. 그 누군가가 온갖 방법을 다 동원하여 우리 부부를 낭떠러지로 밀어붙이고 있었다. 그것도 아주 강력한 무기를 들고서 매몰차게 내몰았다. 우리 부부는 밤마다 십자가 밑에 나아가 애처로운 모습으로 기도할 뿐이었다.

　정치적으로 막강한 힘을 가진 선배 목사가 나를 대외적으로 매장시키려고 음모를 꾸미고 있었다. 누군가가 터무니없는 거짓말로 우리 부부를 매일같이 괴롭히며 사지로 내몰고 있었다. 이런 일로 인하여 교회는 늘 혼란스러웠고 분위기는 어수선하였다. 그들에게서 들려오는 음해적인 유언비어가 교회 안에 나돌고 있으니 분위기가 어수선할 수밖에 없었다. 하나님의 뜻에 순종하여 두 아들을 희생시키면서까지 농촌교회로 부임하였다. 그럼에도 매일같이 치욕적인 삶을 살아야만 했다. 밤낮을 가리지 않고 누군가가 우리 부부를 계속해서 음해하고 있었다. 교인들 중 일부는 외부의 조종을 받아 중상모략을 일삼기도 하였다. 정말로 가슴 아픈 일이 아닐 수 없었다.

　날마다 교인들을 통해서 들려오는 불신과 비난이 소리는 우리 부부에게 더욱 심적인 고통을 가하였다. 매일같이 반복되는 처참한 일들을 참고 있자니 심히도 안타깝고 곤욕스러웠다. 도시교회에 투자한 것도 포기하고 두 아들을 희생시키면서까지 농촌교회로 부임을 하였음에도 그 결과는 번뇌와 고통과 슬픔과 곤욕스런 일뿐이었다.

　암담한 상황과 처참한 지경 가운데서도 견뎌낼 수 있었던 것은 장로님들 때문이었다. 장로님들은 어떠한 유언비어가 들려올지라도 목사를 신뢰하고 따라주었다. 장로님들만큼은 어떠한 상황 가운데서도 흔들림 없는 모습으로 목회에 협력하였다. 참으로 감사하고도 다행스러운 일이었다. 만일 장로님들까지 외부 누군가의 장난에 놀아났더라면 목회는 파국에 직면하고 교회는 아수라장이 되고 말았을 것이다.

3. 시련과 고난을 통해서 무릎을 꿇게 하신 하나님

지난날의 일들이 회고되면서 문제의 열쇠는 오직 하나님께 달려 있음을 깨우쳐 주셨다. 교회 안팎에서 일어나는 모든 일들을 진단해 보았을 때 기도하라는 뜻으로 여겨졌다. 하나님은 주변 사람들을 통하여 기도할 수밖에 없는 상황으로 몰고 가셨다. 문제해결을 위해서는 이 길밖에 없기에 장로들과 상의한 후에 기도원으로 향하였다. 목사가 부임하여 두 달 만에 기도원에 간다는 것은 애석한 일이기도 하지만 참으로 부끄러운 일이기도 하였다. 그러나 혼란스러운 교회의 분위기를 진정시키기 위해서는 이 방법밖에 별 도리가 없었다.

기도원에 올라가 먼저 나 자신을 살펴보았다. 문제의 원인이 나에게 있었음이 깨달아졌다. 부임 후에 이사로 인하여 쌓인 피로와 분주함으로 인하여 밤 기도가 중단되었다. 거기다가 농촌교회로서 이만하면 되었다는 안도감이 가세하니 기도생활이 자연적으로 소홀해질 수밖에 없었다.

하나님은 내가 잠시라도 기도 쉬는 일을 용납하지 않으셨다. 전임지에서 습관적으로 행하던 기도생활을 그대로 실천하기를 원하셨다. 교회 부흥을 위해서 지속적인 기도를 원하셨던 것이다. 외면적 조건에 의지하고 기도생활을 소홀히 하려는 나의 인간성을 아신 것이다. 하나님의 소원인 교회 부흥을 위해서는 절대적으로 기도가 필요하기에 주변 사람들을 통해 무릎을 꿇게 하셨던 것이다.

하나님의 의도대로 나는 밤마다 십자가 밑에 나아가서 무릎을 꿇었다. 이곳에 부임한 이후, 잘못된 것들을 뉘우치면서 회개하였다. 그리고 전임지에서와 같이 기도하리라는 결심도 굳혔다. 어떤 상황 가운데도 주님 앞에 간구하려는 결심이 무너지지 아니하고 기도의 무릎도 약해지지 않도록 간구하였다. 교회를 혼란시키고 목회를 방해하는 악한 영들을 결박하고 승리할 수 있도록 예수님의 권세와 성령의 능력을 구하기도 하였다.

　전심으로 간구하는 나에게 하나님께서 깨달음을 주셨다. 주변 사람들을 통하여 아픔과 고통을 당하게 하신 것은 나로 하여금 무릎 꿇게 하시려는 하나님의 작전이었다는 것을······. 우리 부부를 중상모략하며 곤욕스럽게 했던 자들은 단지 그 사건에 쓰임 받는 도구일 뿐이었다. 기도는 예수님의 방법으로써 하늘의 능력을 공급받아 사역을 감당하며 영적으로 승리할 수 있는 비결이었다. 하나님께서는 이곳에서의 영적 승리와 사명 감당을 위하여 기도의 삶을 원하셨던 것이었다. 시련과 고난은 하늘보좌를 향하여 무릎을 꿇게 하였고, 하나님께 더 가까이 나아갈 수 있는 통로가 되어 주었다.

4.
어떤 곤욕과 고통도 말씀을
재갈 삼아 견뎌내다

　　　　　　목사에 대한 집사들의 불신의 농도는 시간이 흐를수록 더 짙어져만 갔다. 정말로 괴롭고 가슴 아픈 일이었다. 그 누군가가 집사들을 부추겨 우리 부부를 곤욕스럽게 하였다. 뿐만 아니었다. 교회 밖에서까지도 사실무근의 말로 험담과 중상모략을 일삼고 있었다. 그러할지라도 나는 한 마디 대꾸도 하지 않았다. 오직 하나님의 말씀을 재갈 삼아 침묵으로 참아냈다.
　　매일같이 모욕을 당하며 처참한 모습으로 지내던 어느 날 아침이었다. 나를 아끼고 사랑해 주시는 고향 교회 목사님에게서 전화가 걸려왔다. 첫 마디부터 흥분이 고조된 음성이었다. 전화를 시작하여 수화기를 놓을 때까지 울분에 가득 찬 목소리였다. 누군가가 사실무근의 말로 나를 중상모략하면서 사지로 내몰고 있다는 내용이었다.

"이 목사를 죽일 사람으로 내몰고 있으니 가만히 앉아서 당하고만 있지 말고, 이 목사도 측근 사람들에게 대변도 좀 하고 사실대로 밝혀서……."

순간, 지난날의 일들이 회고되면서 문제의 열쇠는 오직 하나님께 달려 있음을 깨우쳐 주셨다. 교회 안팎에서 일어나는 모든 일들은 기도의 삶을 회복하라는 하나님의 신호로 여겨졌다. 초임지에서는 형제들 때문에 밤마다 기도하게 하셨고, 이곳에서는 괴롭히는 무리들로 인하여 무릎을 꿇게 하셨다. 하나님께서는 이번에도 기도할 수밖에 없도록 상황을 만들어 가셨다. 이는 금식하며 기도하라는 신호였다. 효율적인 금식과 기도에 전심전력을 다하리라는 심정으로 기도원으로 향하였다. 부임하자마자 기도원을 찾는다는 것은 참으로 부끄럽기도 하고 서글픈 일이었다.

금식기도 3일째 되던 날이었다. 평소에 가까이 지내던 젊은 목사 부부가 찾아왔다. 나에 대한 이야기를 모두 들었다면서 조약돌 하나를 내밀었다.

"목사님에 관한 이야기를 모두 들었습니다. 목사님께서 하고 싶으신 말씀이 있어도 대꾸도 변명도 마시고, 이 돌만 물고 계십시오. 그러면 목사님이 이기실 것입니다. 절대로 맞서서 싸우지 마십시오."

젊은 목사 부부는 조약돌과 함께 짧은 한마디의 메시지를 남기고 떠나갔다. 참으로 기이한 일이었다. 아무리 생각해 보아도 하나님께서 보내신 사자임이 분명했다. 그리고 존경스러웠다. 인생을 살아 온 세월에 비해서 너무나 성숙하고 어른스러운 충고였다. 젊은 목사의 입에서 전해진 말은 오랜 세월 많은 경험을 통해 얻어진 산 교훈과도 같았다.

조약돌을 보면 볼수록 예사로운 일이 아니라는 생각이 들었다. 상대편의 공격과 중상모략으로 인하여 아무리 힘들고 고통스러워도 절대 예수님의 방법으로 살아야 한다는 신호와도 같았다. 하나님께서는 젊은 목사를 통하여 원래 가졌던 마음이 흔들리지 않도록 다시 한 번 쐐기를 박으시며 마음을 더욱 굳게 하셨다.

한 주간의 금식을 마치고 집으로 돌아왔다. 교회 안팎으로 가까운 자들을 도구 삼아 나를 괴롭히는 자가 누구인지 알게 되었다. 예상대로였다. 그는 당시 정치적으로 막강한 힘과 권세를 가진 선배 목사였다. 그 누구도 꺾을 수도 없고, 누구도 대항할 수 없는 정치적인 배경을 갖고 있는 선배였다. 그는 그 힘을 이용하여 나를 벼랑 끝으로 내몰고 있었던 것이었다.

나에게도 그 누구 못지않은 인간적인 기질이 있었다. 군대에서 사병의 신분으로 소대장과 중대장을 꺾었던 담력으로 상대들과 얼마든지 맞설 수도 있었다. 사업할 때에 건달과 대치했던 위력으로 배후에서 조종하며 괴롭히는 자들과 맞서 싸울 수도 있었다.

그렇지만 그렇게 하기 싫었다. 싸우고 싶지 않았다. 목회자가 되면서부터는 예수님을 닮아가는 작은 예수로서의 삶을 살아야 한다고 생각했다. 그래야 강단에서 성도들에게 할 말이 있지 않겠는가. 또한 우리의 삶을 마감하고 세상을 떠나게 되었을 때에 후손들의 가슴속에 성직자로서의 아름다운 자취와 좋은 흔적을 남겨주어야 되지 않겠는가. 이러한 강박관념이 나의 행동을 제재하기도 하고, 예수님을 닮아가는 삶을 살도록 이끌기도 하였다.

당시 내 중심에는 예수님처럼 희생과 용서의 삶을 살아야 한다는 의지가 굳게 자리 잡고 있었다. 하나님은 젊은 목사를 통해서 깨우쳐 주신 침묵의 삶을 초지일관 굳게 하셨다. 젊은 목사를 통해 손에 들려진 조약돌은 어떠한 비난과 중상모략에도 내 입을 함구시키는 도구가 되었다. 젊은 목사가 손에 쥐어 준 조약돌은 예수님의 방법대로 살도록 내 의지를 더욱 굳게 하였다.

나를 음해하는 자들로 인하여 하루도 조용한 날도 없었고 편한 날이 없었다. 나를 사지로 내몰려는 목적으로 날이면 날마다 계속해서 악성 루머를 퍼뜨리곤 하였다. 상대로부터 매일같이 당하는 괴롭힘과 시달림으로 인한 고통은 하루 이틀도 아니고, 진저리가 날 정도였다. 사람이지라 참아내기 어려웠다.

그럴 때마다 최후의 승리를 바라보며 요셉이나 다윗처럼 하나님의 말씀을 묵상하곤 하였다. 어떠한 곤욕스런 일이나 분통이 터지는 일일지라도 말씀을 재갈 삼아 견뎌냈다. 어떠한 참담한 고통일지라도 십자가를 지시고 고난의 가시밭길을 걸어가신 예수님을 바라보면서 참아냈다. 십자가에서 모진 고통과 아픔과 치욕을 다 겪으셨던 예수님을 바라보면서는 굳게 다짐하였다.

'어떠한 상황에서도 내 몫에 태인 십자가 지고 가리라.'

이후, 조약돌을 입에 물고서 침묵하며 하루하루를 견뎌냈다. 어떠한 상황 가운데서도 교인이든 목사든 그 누구에게도 한마디의 내색도 하지 않았다. 모든 것을 하나님께 맡기고 기도만 할 뿐이었다.

그러던 어느 날이었다. 상대로부터 당하기만 하는 내가 너무 불

4. 어떤 곤욕과 고통도 말씀을 재갈 삼아 견뎌내다

쌍하고 가련했던지 누군가가 상대와 맞서 싸울 수 있는 무기를 손에 쥐어 주었다. 상대방의 입을 함구시킬 뿐 아니라 지금 당장이라도 달려와 내 앞에 무릎을 꿇게 할 수 있는 무기였다.

그렇지만 그 무기를 사용하지 않았다. 설령 마음이 아프고 고통스러울지라도 예수님의 방법을 선택하였다. 예수님의 남은 고난을 내 육체에 채운다는 심정으로 어떠한 고통과 곤욕도 말씀을 재갈삼아 견뎌냈다. 이것이 바로 자신의 삶을 통하여 우리에게 가르쳐 주신 예수님의 산 교훈이기 때문이었다.

예수님은 권세나 능력이 하나님과 동일하신 분이셨다. 그러나 예수님은 인류구속의 사역을 감당하시기 위하여 십자가에서 모진 고초를 당하셨다. 예수님이 힘이 없어 십자가에 달리신 것이 아니었다. 예수님께서는 잡히시던 밤에 검을 빼어 대제사장의 종의 귀를 떨어뜨린 베드로에게 이런 말씀을 하셨다.

"너는 내가 내 아버지께 구하여 지금 열두 영 더 되는 천사를 보내시게
할 수 없는 줄로 아느냐"(마 26:53).

예수님은 제2위의 하나님이셨다. 하늘의 천군들을 동원시켜 자기를 십자가에 못 박아 고통스럽게 하는 자들을 순식간에 진멸시킬 수 있는 권세와 능력을 갖고 계신 분이셨다. 그렇지만 예수님은 십자가에서 온갖 고통과 곤욕을 다 겪으셨다. 그리고 심한 목마름과 괴로움과 아픔을 견뎌내셨다. 예수님은 하늘의 천군들을 동원시킬 수 있는 권세와 능력을 갖고 계시면서도 순한 양처럼 입을 열지 않으셨다.

CHAPTER 04 포기의 대가를 부흥으로 보상하신 하나님

나도 예수님을 본받아 살고 싶었다. 그래서 손에 가진 무기를 사용치 않고 말씀을 재갈 삼아 고통과 곤욕을 견뎌냈던 것이었다. 예수님을 본받아 살고 싶어서…….

5.
교회 부흥을 경험하도록 전도의 문을 여신 하나님

누구나 경험하는 일이지만 우리 인생들은 아무것도 할 수 없는 나약하고 무능한 존재들이다. 내게도 역시 하나님의 도우심이 아니고서는 목회사역을 감당할 수 없음을 깨닫게 하셨다. 더군다나 교인들에게 매일처럼 시달리는 때인지라 하나님을 더욱 의지해야만 했다. 날만 새면 일방적으로 당하는 공격과 모욕적인 일들은 우리 부부로 하여금 밤마다 하나님을 찾게 만들었다.

감당할 수 없는 문제를 가슴에 안고 밤마다 성전에 올라가 엎드렸다. 아무리 피곤하고 고달플지라도 기도하는 일에 전심전력을 다하였다. 당시 우리 부부는 에서의 칼날 앞에 기도하던 얍복 강가의 야곱과 같은 심정이었고, 하만의 악행으로 인하여 죽음의 위기에 처한 수산궁의 유대인들과 같은 모습이었다.

긴박한 상황인지라 죽기 아니면 살기로 부르짖는 그야말로 생사를 건 기도였다. 목사 부부가 밤중에 기도한다는 소문이 나면서 네 명의 여자 집사들이 철야기도회에 동참해 주었다. 저들의 헌신적인 신앙은 곤경에 처한 우리 부부에게 큰 도움이 되었고, 위로와 힘이 되어 주었다.

교회적으로는 아직 어수선한 분위기였고 개인적으로는 참담한 상태였다. 그러한 상황 가운데서도 70일간 특별기도회를 시작하였다. 이는 성령의 강력한 이끄심이 있었기에 가능한 일이었다.

성도들은 형편에 따라 자유롭게 참석하였다. 시간이 거듭되면서 기도회는 한층 더 은혜로워졌다. 기도회 기간에 인간의 상상을 초월한 일들이 일어나기 시작하였다. 병든 자가 치유되고 불치의 병이 떠나가는 신유의 역사가 일어났다. 이로 인하여 기도의 열기는 더 뜨거워졌고 교회에는 이상한 현상이 일기 시작하였다.

목사를 비난하는 소리와 유언비어가 끊임없이 들려오는 가운데서도 전도의 열매들이 맺히기 시작하였다. 어느 주일에는 일곱 명까지 등록하여 감격적인 분위기 가운데서 예배를 드리기도 하였다. 이러한 현상은 우리 부부에게 큰 위로가 되기도 하였다. 밤에는 기도하고 낮에는 전도하는 일에 주력한 결과가 헛되지 않았음을 전도 열매로 보여주셨다.

그동안 예수님을 불신했던 남편들이 교회에 출석하는 등 주일마다 새신자들이 등록하였다. 놀라운 것은 시내에서 젊은 교인들이 시골교회로까지 모여들었다. 사업가들, 교사, 지역 유지들, 젊은 층의 성도들이 모여드니 교회가 새로워졌다. 내가 처음 부임할 때만 하더라도 50대 집사들이 제일 어린 나이였다. 이제는 그들이 중간 계층

5. 교회 부흥을 경험하도록 전도의 문을 여신 하나님

이 되었으니 젊은 교인들이 많아진 것이 분명했다.

부흥은 교회의 변화와 함께 내적으로는 분위기를 새롭게 혁신시켰다. 그리고 외적으로는 교회에 대한 이미지를 새롭게 인식시켜 주기도 하였다. 농촌교회도 부흥할 수 있다는 것을 입증시켜 준 셈이 되었다. 어디 그뿐인가? 목회자에게도 큰 위로가 되고 힘이 되었다. 생각할수록 감사한 일이었고, 교회적으로는 경사스런 일이 아닐 수 없었다.

목사에 대한 비방과 불신 가운데서도 전도열매가 맺히므로 교회가 부흥이 되고 있다는 것은 극히 성경적이었다. 초대교회가 환난과 핍박 가운데서도 믿는 무리가 날마다 더했듯이 당시 농촌교회도 그러했다. 주일이면 청장년만 200명 가까이 모이니 앉을 자리가 비좁을 정도였다. 또한 자가용으로 출석하는 교인들의 수가 늘어나다 보니 큰 도로변까지 주차를 해야만 했다. 주일마다 주차난 때문에 곤혹을 치르는 광경을 보면서 주차장 확보를 위해서 하나님께 아뢰었다. 그랬더니 하나님께서는 수석장로의 마음을 감동하셔서 교회 앞에 300평의 땅을 바치게 하셨다.

수석장로의 헌신을 밑바탕으로 주차장을 비롯한 여러 가지 공사를 단행하였다. 시내에서 출석하는 젊은 층의 성도들을 위해 수세식 화장실도 만들었다. 연세 드신 성도들이 쉴 만한 공간도 만들었다. 젊은이들이 차를 마시며 대화를 나눌 수 있는 휴식공간도 만들어 카페라는 이름을 붙였다.

큰비가 내리면 본당이 한강을 이룰 정도로 빗물이 새어들었다. 성도들의 협력과 수고로 지붕 보수와 방수공사까지 끝냈다. 성전 안에 에어컨 시설로 인하여 예배시간에 부채질하는 성도들이 없으니 예배 분위기도 한층 나아진 것 같았다. 당시 중고등부와 청년대학부, 유초등부 학생들이 따로 모일 수 있도록 각 기관들마다 공간을 만들기도 하였다. 여전도회를 다섯 개로 조직하였는데, 기관마다 따로따로 사용할 수 있는 전용공간을 만들어 주기도 하였다.

교회를 방문하는 자들마다 "농촌이지만 도시교회에 뒤지지 않는다"며 칭찬과 찬사를 아끼지 아니하였다. 그럴 때마다 장로님들의 헌신과 성도들의 수고의 결과라며 그 공을 교인들에게 돌렸다.

부임한 지 6개월이 되면서 총동원 전도주일 행사를 치렀다. 근방 사찰에서는 관광버스를 대절하여 총동원 전도주일 행사를 방해하기도 하였다. 그럼에도 불구하고 많은 주민들이 참석하여 30여 명을 결신시키는 전도효과를 거두기도 하였다. 부임한 지 6개월 만에 괄목할 만한 성장을 이루자 교단신문과 〈국민일보〉에 교회와 목사가 소개되기도 하였다. "농촌교회도 부흥될 수 있다"는 내용으로 기사가 보도되자 제직들을 앞세우고 견학을 오는 교회들도 있었다.

새신자가 매 주일마다 더하는 가운데 교회의 분위기는 나날이 새롭게 변화되어 갔다. 주일날이면 희열이 넘치는 모습들로 예배를 드리는 광경이야말로 감격스러웠고, 축제의 분위기였다. 인접한 동네는 물론 시내에까지 은혜로운 교회로 소문이 나자 새로 이사 온 자들이나 믿다가 쉬고 있던 교인들이 모여들었다. 그들 중에는 가까운 곳에 교회가 있음에도 소문을 듣고서 찾아온 자들도 있었다. 이제는 외지에서 오는 교인들이 상당해졌다. 시내에서 농촌교회에까지 출석하는 아내를 이상히 여겨 몰래 따라온 남편들도 있었다. 어떠한 교회인지 알아보기 위해 예배에 참석했다가 은혜를 체험하고서

5. 교회 부흥을 경험하도록 전도의 문을 여신 하나님

그 즉시 등록하는 자도 있었다. 그 부인 집사는 하나님의 깊고도 오묘하신 구원의 방법에 감격해하면서 남편 구원에 대한 소원을 이루었다며 감사하기도 하였다. 교회의 소문을 들은 자들은 한번쯤 오고 싶어 할 정도로 예배는 축제의 분위기였고 은혜가 넘쳤다.

그 무렵 정읍시에서 면 단위에 '방과 후 어린이집'을 설립하는 사업이 추진되었다. 시청 관계자들은 여러 확인 절차를 걸쳐 '방과 후 어린이집'을 우리 교회에 시설키로 확정하였다. 관내에는 면 소재지 교회를 비롯한 여러 교회와 타 종교와 여러 단체가 있었다. 그 가운데서 우리 교회가 선정되었다는 것은 경사스러운 사건이 아닐 수 없었다.

많은 단체 가운데서 원불교와 각축을 벌이다가 최종적으로 우리 교회로 확정이 되었다는 소식에 환호를 지르며 감사를 드렸다. 원불교는 그리스도를 부인하며 복음을 거부하는 단체이기에 더더욱 감사했다.

아이들이 교회에 와서 머물게 되면 자연적으로 복음을 접하게 되니 얼마나 감사한 일인가? 이 일로 인하여 지역 아동들과 청소년들을 교회로 인도하는 데 새로운 기틀을 마련하게 된 셈이었다. 하나님은 어린이들의 효율적인 전도를 위해 '방과 후 어린이집'을 운영케 하시므로 지역사회에서도 인정받는 교회가 되게 하셨다.

6.
희생양이 된 두 아들을 외면치 않으신 하나님

하나님과의 약속을 지킨다는 명분 아래 두 아들을 버려두다시피 했었다. 그것도 대학입시를 앞둔 아주 중요한 시기였다. 농촌교회로 부임하면서 고3인 큰애는 고시원에 떨쳐놓았고, 고2 둘째아이는 처형 집에 맡겼었다. 매일같이 아이들을 위해서 기도만 했을 뿐 돌볼 시간적인 여유가 전혀 없었다.

낮에는 분주한 사역에다 밤에는 기도회, 거기에다 특별 기도회, 그야말로 눈코 뜰 새 없이 바빠 살아왔다. 부임하면서부터 이리저리 시달리며 마음 편할 날이 없었기에 더욱 그러하였다. 당시 우리 부부는 누군가로부터 온갖 모욕적인 일을 당하면서 참담한 모습으로 하루하루를 지내고 있는 상황인지라 아이들을 돌아볼 여유조차 없었다. 아이들의 삶이나 대학교 진학문제, 학업과 건강 모든 것을 하나님께 맡기는 길밖에 다른 방도가 없었다.

한창 목회사역에 미쳐 눈 붙일 겨를도 없이 동분서주하고 있을 때 전화가 걸려 왔다. 전임지에서 함께 사역했던 신학생이었다. 둘째 아이가 자전거를 타고 가다가 차에 치여 병원으로 갔다는 연락이었다. 부모인지라 염려가 되었다. 즉시 일어나 달려가고 싶은 마음이 솟구쳤다. 그러나 마음뿐 갈 수가 없는 상황이었다. 저녁마다 모이는 특별 기도회 때문에 아들에게 갈 수가 없었다. 부모로서 아들을 위하여 애틋한 마음으로 염려하며 기도할 뿐이었다. 부모의 노릇을 제대로 하지 못하는 것을 애석하게 여기면서 하나님께 맡겼다.

기도회를 마친 후, 늦은 시간에 상황을 알아보기 위해서 둘째아이를 돌보고 있는 처형에게 전화를 걸었다. 타박상만 입었을 뿐 며칠간 통원치료를 하면 괜찮을 것이라고 했다. 사고로 인하여 자전거는 탈 수 없을 정도로 모두 망가져 버렸음에도 아들의 신체는 등교를 하는 데 지장이 없다는 것이었다. 우리의 형편과 처지를 잘 아시는 하나님께서 아들을 호위해 주셨다는 것을 피부로 느낄 수가 있었다. 아들이 사고를 당했는데도 달려가 돌볼 수 없는 상황이기에 하나님께서 은혜를 베푸신 것이 아니었을까?

그날 밤, 습관을 따라 십자가 밑에 나아가 엎드렸다. 순간, 예수님께서 제자들을 부르시는 과정에서 그들에게 하신 말씀이 뇌리에 스쳤다. 제자들 중에 상을 당한 자가 있었다. 인간적인 생각으로는 부친의 장사부터 치르는 것이 당연한 일이었다. 그래서 예수님께 "나로 먼저 가서 내 부친을 장사하게 허락하옵소서"(눅 9:59)라고 하였다. 그러나 예수님의 생각은 제자들과 달랐다. 예수님은 부친상을 당한 자에게 이렇게 말씀하셨다.

"죽은 자들로 자기의 죽은 자들을 장사하게 하고 너는 가서 하나님의 나라를 전파하라"(눅 9:60).

제자가 되려는 자들 가운데는 "나로 먼저 내 가족을 작별케 허락하소서"(눅 9:61)라고 하는 자도 있었다. 예수님께서는 그에게 이런 말씀을 하셨다.

"손에 쟁기를 잡고 뒤를 돌아보는 자는 하나님의 나라에 합당치 아니하니라"(눅 9:62).

주님을 따르는 자들의 자세나 조건은 예나 지금이나 변함이 없었다. 이는 목회사역을 하는 나에게도 예외가 아니었다. 목회사역으로 인하여 자녀들을 돌아볼 시간적인 여유가 없는 것이 어디 나뿐이겠는가? 우리 부부는 말씀에 위로를 받으며 사고를 당한 아들에게 미안한 마음으로 기도만 할 뿐이었다. 자식을 돌볼 겨를도 없이 목회사역에 최선을 다했던 우리 부부에게 하나님께서는 전도의 열매와 함께 교회 부흥으로 보상해 주셨다.

여름방학이 끝나고 2학기가 시작되면서 큰아이의 대학진학 문제로 아내가 담임선생님을 만났다. 학교에 간 아내가 충격을 받고서 돌아왔다. 큰아이가 3학년이 되면서부터 성적에 문제가 생겨 국립대학교에는 도저히 갈 수 없다는 것이었다. 전문대나 시골의 사립대학교로 가야 한다는 것이었다.

　그 말을 듣는 순간, 사람인지라 염려가 되었다. 큰아이가 2학년 때까지만 하더라도 그 실력이 으레 상위권에 들었었다. 거기에다 영어, 수학은 거의 만점 가까이 받았었다. 그래서 큰아이만큼은 원하는 대학에 진학할 줄 알았는데, 문제가 생겼으니 염려할 수밖에 없었다. 큰아이만큼은 믿었었는데 성적에 변화가 생길 줄은 꿈에도 생각하지 못한 일이었다.

　그 이유는 단 하나, 갑작스럽게 바뀐 환경 때문이었다. 하루아침에 바뀌어 버린 생활환경이 아들의 학업에 지장을 가져왔던 것이다. 부모의 뒷바라지를 받으면서 공부에만 전념해도 대학진학이 어려운 상황인데, 가장 중요한 시기에 고시원에 떨어뜨려 놓고 왔으니 성적이 떨어지는 것을 당연한 일이었다. 이는 부모에게 전적으로 책임이 있기에 아들을 탓하며 나무랄 수도 없었다.

　'시골교회로 들어오지만 않았어도 이런 일을 없었을 것인데……'

　큰아이에게 미안할 뿐이었다. 자녀들의 미래를 하나님께 맡기고 기도하는 길밖에 없었다. 우리 부부는 하나님의 전능하심과 약속의 말씀을 믿으며 아들들의 대학 진학을 기도와 감사함으로 맡기었다. 큰아들의 진학을 위하여 밤낮 부르짖는 아내의 간절히 기도를 하나님께서는 외면치 않으시고 응답하셨다.

　"그 실력 어디로 가겠니? 감사함으로 기도하라."

　하나님께서는 아내에게 자녀들을 위해서 예물을 드리라는 감동을 주셨다. 당시 아내가 감동받은 예물은 당시의 형편으로서는 상당한 금액이었다. 우리 부부의 수중에는 당장 헌금을 드릴 만한 여력이 없었다. 또다시 하나님께 매달려 기도할 뿐이다.

하나님께서는 이번에도 해결방안을 일러주셨는데, 보험을 해약하는 일이었다. 사업할 때에 친척을 돕는다는 의미로 불입했던 보험을 해약을 해보니 하나님께서 요구하신 그 액수였다. 하나님은 우리들의 형편과 처지를 정확히 알고 계실 뿐 아니라 우리들이 감당할 수 있을 만큼 요구하시는 분이셨다. 하나님은 이때를 위해서 보험을 불입하게 하신 것이 아니었을까? 당시에 친척을 향한 도움이 오늘 나에게 도움이 될 줄이야……. 이 사건을 통해 다른 사람을 위한 일이 결국에는 우리 자신을 위한 일인 것도 다시 한 번 체험하였다.

하나님께서는 기쁨으로 드린 아내의 감사예물을 받으시고 아이들에게 은혜를 베푸시니 모두 원하는 대학에 우수한 성적으로 진학하게 되었다. 당시 형제들의 비난과 조소를 받으면서까지 농촌목회를 결단했던 우리의 헌신을 보시고 아이들의 대학진학을 보장해 주셨다. 아이들의 사건들을 통해서 하나님을 위해 헌신하는 자들의 생애는 반드시 보장하신다는 사실을 입증해 주셨다. 또한 하나님의 살아 계심을 체험하는 가운데 주변 사람들에게 아름다운 축복의 사건들을 보여줄 수 있도록 특별한 은혜를 베풀어 주셨다.

어느 시대에나 하나님은 그 뜻에 순종하여 헌신하는 자들을 절대로 외면치 않으셨다. 성경에 약속하신 대로 그 생애를 보장하심으로 축복의 사건들을 경험케 하셨고, 아름다운 결말을 보게 하셨다. 하나님께 약속 드린 농촌목회를 위하여 모든 것을 내려놓았더니 그 희생의 대가로 교회 부흥을 통하여 희락을 누리게 하시고, 칭송과 명성을 얻게 하시며, 아들들의 대학 진학까지 형통케 하심으로 미래와 행복까지도 보장해 주셨으니 얼마나 감지덕지한 일인가?

6. 희생양이 된 두 아들을 외면치 않으신 하나님

CHAPTER 05

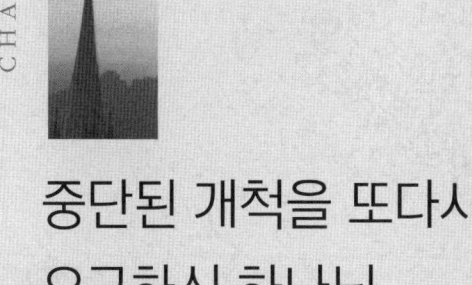

중단된 개척을 또다시 요구하신 하나님

1.
교회에 대한 잘못된 고정관념들

　　　　　　하나님은 밤낮 부르짖는 우리의 간구를 외면치 아니하셨다. 나의 형편과 사건의 전모를 다 아시는 하나님께서 친히 이 일에 개입하셨다.

　거의 1년 동안을 모질게 괴롭히던 자들이 결국에는 내게 찾아와 사과하였다. 그동안 교회 안팎에서 들려오던 중상의 소리가 멈추었다. 혼란스러웠던 교회의 분위기도 서서히 진정되어 갔다. 마음이 평안하였고, 교회 역시 예수님의 품처럼 고요하고 평화스러웠다. 예배 시간마다 기쁨이 넘치는 성도들의 모습에 우리 부부의 마음도 마냥 행복하기만 하였다. 이는 십자가의 고통을 참아내신 예수님을 본받아 어떤 곤욕이나 고통도 참아내며 하나님의 말씀을 재갈 삼아 견뎌낸 결과가 아닌가 싶다.

시간이 지나면서 그동안 반목하던 세력들도 변화의 물결에 휩쓸려 서서히 와해되어 갔다. 몇몇 집사들과 젊은이들을 조종하던 배후 세력이 꼬리를 내리니 어수선했던 분위기가 평온해졌다. 그동안 목사를 불신하며 비난을 일삼던 자들은 회개한 후 신뢰하며 따르는 모습을 보이기도 하였다. 우리 부부를 무시하며 반목했던 집사들의 태도도 달라져 갔다. 부임 이후 줄곧 아이들을 따돌리며 괴롭히던 학생들은 친숙해지려는 모습을 보이기도 하였다. 참으로 보기 좋았고 은혜로운 모습들이었다.

교회를 방문하는 자들마다 감탄과 칭찬을 아끼지 아니하였다. 교회 부흥과 원근 각처에서 성도들이 모여드니 환경도 확연히 달라졌다. 교세가 확장되는 가운데 방과 후 어린이집까지 운영이 되니 교회의 이미지도 새로워졌다. 주일 예배는 그야말로 축제의 분위기 가운데서 기쁨과 감격이 넘치는 시간이었다. 얼굴에는 웃음이 가득하고 입에서는 기쁨이 넘치는 찬양이 흘러넘쳤다. 참으로 행복이 넘치는 모습들이었다.

그런데 부임 이후에 생긴 문제들이 해결되니 또 다른 문제가 야기되었다. 기존 교인들과 새로 전입해 온 교인들 사이에 마찰이 생겼다. 교회도 사람들이 모이는 곳인지라 어쩔 수 없는 일이었다. 새로 전입한 집사들의 헌금 수준이 장로들과 비교가 되지 않을 정도로 달랐다. 처음에는 장로들의 얼굴에 웃음이 가득하고 기뻐하며 좋아하는 모습들이었다. 그런데 시간이 흐르면서 장로들의 표정과 모습이 피부로 느낄 정도로 변하여 가고 있었다. 때로는 사업을 경영하는 집사들의 열정적인 헌신을 부정적으로 표현하기도 하였다. 또한

1. 교회에 대한 잘못된 고정관념들

시내에서 출석하는 상류층들의 봉사도 달갑지 않게 여기곤 하였다. 은혜 받은 성도들이 목사를 개인적으로 섬기는 것도 원치 않았다.

처음에 가졌던 마음들이 교회가 부흥하면서 퇴색되어 가고 있었다. 부임하는 날에 나에게 표현했던 순수한 믿음이 변질되어 버린 것이다. 기존 세력들의 마음속에 도사리고 있는 잘못된 고정관념들과 교회에 대한 주인의식이 서서히 드러나기 시작하였다.

개척 이후, 50년 동안을 섬겨 온 교회인지라 장로들의 주인의식이 철저하였다. 지금까지 자기들의 교회로만 생각하고 있었다. 담임목사로 하여금 역량대로 목회를 하도록 했지만 재정권만은 꼭 지키고 있었다. 이런 일들은 오랜 전통을 가진 교회라면 거의 볼 수 있는 현상들이었다. 당시 내가 시무하던 농촌교회도 예외는 아니었다.

시간이 지나면서 새로 출석하는 젊은 교인들에게 대한 주인 행세가 노골화되어 가고 있었다. 기존 교인들의 입에서 흘러나오는 무의식적인 말 한마디에 새신자들이 상처를 받기도 하였다. 함께 일을 하다가도 자기들의 비위에 거슬리면 상대의 기분은 아랑곳하지 않고 함부로 해댔다. 상대편의 마음은 생각하지도 않고 기존 교인들의 입에서 이런 말들이 스스럼없이 나왔다.

"우리 교회로 안 와도 돼! 가버리라고 해!"

우리 부부의 귓가에 이런 말들이 들릴 때면 분통과 함께 마음이 저리는 듯하였다. 기존 세력들이 무의식적으로 내뱉는 말 한마디에 상처를 받은 자들이 한둘이 아니었다. 이러한 일들로 인하여 갈등하며 고민하는 자들을 달래면서 위로할 수밖에 없었다. 어느 조직이든 모임이든 먼저 있던 자들의 특권이라 할 수 있는 텃세가 있긴 하지만 이곳 사람들의 경우에는 정도가 좀 지나친 것 같았다. 참으로 애석한 일이 아닐 수 없었다.

사람은 누구나 나보다 더 배우고, 더 가진 자들 앞에서는 위축될 수밖에 없다. 이는 사람이라면 누구나가 다 가지는 공통적인 모습이라 할 수 있다. 장로들 역시 사람인지라 그 생각하는 바가 마찬가지였다. 교회 부흥과 함께 외지에서 모여드는 기업체의 사장들과 중산층 젊은 교인들에게 밀린다는 생각에 마음이 불안하였던 것 같다. 지역의 유지들과 경제력이 탄탄한 젊은 교인들이 모여드니 장로들의 마음이 위축될 수밖에 없었다. 어디 그뿐인가, 그 젊은 집사들의 경제 수준이나 헌신의 수준이 자기들과는 비교가 되지 않으니 장로들은 고민할 수밖에 없었다.

오직 자기들만이 교회의 주인이 되어야 한다는 생각들은 새로 등록한 교인들에게 소외감을 느끼게 하고 갈등케 하였다. 장로들의 교회에 대한 잘못된 고정관념은 교회를 위해서 헌신하려는 뜻을 차단시키기도 하였다. 참으로 안타까운 일이었다.

우리들 안에 잘못된 고정관념들로 인하여 하나님의 아름답고 선한 뜻이 좌절되는 경우들이 얼마나 많은가? 유대인들의 잘못된 고정관념들이 메시아로 오신 예수님을 냉대하며 불신케 하였다.

당시 서기관들이나 바리새인들의 고정관념의 위력은 대단하였다. 예수님을 죄인으로 몰아세워 십자가에 처형시키는 데 성공하였다. 유대인 하면 하나님을 잘 믿는다고 자처했던 자들이 아닌가? 그런데도 그 잘못된 고정관념이 하나님 앞에 엄청난 과오를 저지르고 말

1. 교회에 대한 잘못된 고정관념들

았다.

 그 당시 유대인들과 같이 잘못된 고정관념을 가진 자들은 어느 시대에나 모두 존재해 왔다. 지금 우리들이 살고 있는 시대에도…….

 농촌교회의 장로들도 예수님 당시 유대인들과 같은 사람들이 아닐까? 기존 세력들 안에 잠재된 잘못된 고정관념은 예리한 무기가 되어 약한 자에게 상처를 주기도 하고, 씻을 수 없는 과오를 남기기도 하였다. 참으로 안타깝고도 불행한 일이 아닐 수 없었다.

2.
자신의 위치를 지키기 위한 수단으로 목사를 내치다

해가 바뀌었다. 부임 후 2, 3년 사이에 교회에 많은 변화가 있었다. 부흥과 함께 젊은 집사들이 많아졌다. 교회 재정도 배로 늘어 억대가 훨씬 웃돌았고 헌신적인 일꾼들도 많았다. 주일이면 주차장에 20-30대 정도의 자가용들이 몰려들었다. 교회당 건물도 새롭게 단장했다. 주일이면 축제 분위기 가운데서 은혜가 넘치는 예배를 드리는 교회가 되었다.

숫자도 많아지고 교회가 새로워졌으면 거기에 걸맞은 행정과 조직이 필요한 것은 사실이었다. 그래야 발전이 있고 비전이 있는 교회가 되어 이전보다 더 큰일을 도모할 수 있다는 것은 주지의 사실이다. 이러한 의미에서 인사를 단행하였다.

교회 효율적인 운영을 위해서 목사는 목회에만 전념하고 장로들이 교회를 운영하도록 하였다. 수석장로를 우대 차원에서 운영위원장으로 임명하였다. 재정위원장직은 개척 멤버로서 변함없는 신앙으로 최선을 다하는 젊은 장로에게 맡겼다. 장로들에게 충분한 설명과 함께 양해를 구한 후에 인사를 시행하였다.

그러나 오랫동안 재정을 관리했던 수석장로에게는 큰 충격이었다. 개척 당시부터 지켜왔던 재정위원장 자리에서 물러나니 악감과 함께 섭섭한 감정이 복받쳐 왔던 것이다. 지금까지 자기만이 교회 재정을 맡아 살림을 해야 한다는 생각을 갖고 있었다. 이후 수석장로는 인사개편에 대하여 불만을 품고서 목사를 내치는 일을 꾸미기 시작하였다.

수석장로 한 사람의 목사에 대한 반감이 장로들에게까지 확산되니 목사를 내보내야 한다는 결정을 하게 되었다. 때는 이때라 사탄이 개입하여 충동하니 목사 추방운동이 본격적으로 벌어졌다. 그날로부터 목사를 내보내는 작전을 세우고 은밀히 일을 진행시켰다. 그 무렵 정치적으로 유력한 선배 목사가 장로들에게 손을 내밀었다. 그들이 함께 손을 잡고 목사를 쫓아내는 일을 추진하기에 이르렀다.

선배 목사는 내가 사임하면 자기가 부임해 오려는 욕심에 적극적으로 정치적인 힘을 이용하여 장로들에게 힘을 실어 주었다. 참으로 놀라운 것은 목사들 중에도 옳지 않은 일에 동의를 해준 자들이 있었다. 주변 목사들도 자신들과 상관없는 일인지라 동료 한 사람이 무참히 짓밟히며 사지로 내몰려도 묵인하며 무관심하게 지켜보고만 있을 뿐이었다. 이러한 사실 앞에 경악을 금치 못하였다. 언어도단적인 저들의 규합된 행동은 두렵고도 가슴 아픈 일이었다.

CHAPTER 05 중단된 개척을 또다시 요구하신 하나님 당시 이웃 교회에서 장로들이 18년 동안 시무하시던 목사님을 갑자기 사임시키는 일이 있었다. 이는 20년을 채우지 않기 위한 하나의 인간적인 수단이었다. 장로들의 처사가 교회를 위한 일이라고는 하지만 하나님 편에서 보았을 때 그 일이 과연 옳은 일인가? 하나님 앞에 서는 날 상 받을 일인지, 책망 받을 일인지를 생각하고 일을 꾸몄어야 했다.

나에게 사임을 요구하였던 장로들도 마찬가지였다. 과연 하나님 앞에 서는 날을 생각했다면 목사에게 매몰차게 사임을 요구했겠는가? 한 사람의 욕심 때문에 하나님을 서글프게 하는 일들이 벌어진 것이다.

성경을 덮어 두고 신앙 밖에서 세상 사람들의 기준에 맞춰서 생각한다면 장로들의 판단과 처세가 옳다고 할 수 있으나 하나님께서 보실 때에는 어떠한 구실이나 합리화도 통하지 않으리라 본다. 내가 부임했을 때처럼 장로들만큼은 집사들과 생각이 달랐어야 했다. 그렇게만 했다면 하나님 앞에 서는 날 칭찬과 상급은 물론 이 땅에서도 축복의 주인공으로 찬사를 받는 아름다운 인생이 되도록 하나님께서 은혜를 베푸셨을 것이다.

세상이 아무리 타락하고 변했을지라도 교회에서 앞장서 있는 장로들만큼은 사는 방법이 달라야 했다. 부모의 잘못된 판단이 가정에 불행과 비극을 불러오듯 교회도 마찬가지였다. 내가 부임했을 때 장로들의 흔들림 없는 결단이 교회 부흥을 가져오는 데 디딤돌이 되는 것을 경험했던 자들이 아닌가?

70일 특별기도회가 거의 마치는 날, 장로들이 보기를 청하였다.

오래전부터 계획하고 있던 일들이 표면화되는 순간이었다. 장로들은 아무 이유 없이 무조건 사임을 요구해 왔다. 시간이 흐르면서 목사 추방운동이 노골화되었다.

나도 사람인지라 내면에 잠재되어 있는 본능이 행동으로 표출되었다. 장로들의 비신앙적인 행동에 인간적인 방법으로 맞설 수밖에 없었다. 나 역시 강경한 자세로 사임을 거절하며 담대한 모습으로 장로들에게 대응하였다. 극한 상황 가운데서도 이래서는 안 된다는 생각이 들었다. 정신을 가다듬고 마음을 진정시켰다.

잠시 동안 침묵이 흐른 후, 사임의 이유를 물었다. 장로들은 유구무언의 모습으로 서로 얼굴만 마주하고 있다가 수석장로가 입을 열어 "아무런 이유가 없다"고 대답하였다. 내가 부임을 한 후에 교세도, 집회 인원도, 재정도 모두 배로 성장하고 부흥했으니 사임에 대한 이유를 댈 수가 없었던 것이다. 그래도 그들에게 기본적인 양심은 있었던 것 같았다. 무례한 모습으로 사임을 요구하는 장로들에게 나 역시 강경한 자세로 언성을 높이며 맞섰다. 성직자로서 성령으로 거듭나지 못한 나의 실체를 드러내는 순간이었다.

"죽어서 송장으로나 나갈까. 이곳에서 한 발자국도 움직일 수 없습니다."

장로들과 여러 말이 오가는 가운데 장로들은 내가 두 손을 들고 교회를 사임할 수밖에 없는 충격적인 말을 내던졌다.

"만일 목사님이 사임치 않으면 목사님을 따르는 교인은 본당에서 예배드리고, 우리 장로들을 따르는 교인들은 교육관에서 따로 모여 예배드릴 것입니다. 우리는 장로교회 목사님을 모실 겁니다."

사탄적인 그들의 주장에 할 말을 잃어버렸다. 몸이 부들부들 떨렸다. 그들의 주장대로 일이 진행이 된다면 교회책임자로서 하나님의 심판을 피할 수 없으리라는 생각이 들었다. 하나님의 심판이 무섭고 두려웠다. 그들의 말과 행동은 참으로 야비했다. 그들은 위협적인 모습으로 교회를 떠나 달라는 통보를 하고서 일어섰다.

세상에서도 보기 어려운 어처구니없는 행위 앞에 기도하는 마음으로 참아낼 수밖에 없었다. 어떤 장로는 차가운 표정으로 한마디 내뱉으면서 자기들의 결심에 대한 확고한 의지를 보이기도 했다.

"만일 목사님이 기간 안에 안 나가시면 즉시 교회를 분리해서 교육관에서 예배를 볼 것입니다. 우리는 장로교회 목사님을 모실 것입니다."

장로들과 헤어져 목사관으로 돌아왔다. 마른하늘에 날벼락 치는 상황이었다.

장로들의 처사야말로 하루아침에 벌어지는 상황으로서 마치 꿈을 꾸고 있는 것 같았다. 교인들을 선동하여 목사 추방운동에 앞장선 자가 다름 아닌 수석장로였다는 사실 앞에 경악을 금치 못했다.

그는 얼마 전까지만 해도 목사를 자랑하며 헌신적으로 섬기던 자였다. 더군다나 장로들 가정에 형제든 자녀든 모두 목회자가 있음에도 목사를 내치는 일에 마음을 모아 단합된 행동을 보였다.

설령 목사가 잘못하고 허물이 있을지라도 덮고 변호해야 할 자들이었다. 정말 가슴 아픈 일이었다. 목사를 추방하는 일에 앞장선 장로들의 얼굴이 떠오를 때마다 심적 고통이 더해갔다.

2. 자신의 위치를 지키기 위한 수단으로 목사를 내치다

3.
분열의 비극을 막기 위해 사임을 선택하다

　　　　　　　사임 요구에 대한 소문이 삽시간에 퍼져갔다. 교인들 중에 알 만한 자들에게는 모두 알려졌다. 그 후로 며칠이 지난 후 젊은 남자집사들 열댓 명과 장로들이 한자리에 모였다. 남자 집사들은 거의 내가 부임한 이후에 등록한 집사들이었다. 목사를 갑작스럽게 사임시키는 일이 이해가 되지 않아 장로들과의 만남을 청하였던 것 같았다.

　얼마간의 침묵이 흘렀다. 서로가 눈치만 보다가 지역의 지도자이며 사업가로서 신망이 높은 젊은 집사가 먼저 입을 열었다.

　"엊그제까지만 하더라도 장로님들 입으로 우리 목사님 같은 분이 안 계시다며 저희들에게 입이 닳도록 칭찬하시고 자랑하셨습니다. 그런데 왜 갑자기 그것도 지금 당장 사임을 요구하셨는지 답변을 들고 싶습니다."

젊은 집사의 당당한 모습에 장로들은 유구무언이었다. 얼마 전까지만 하더라도 목사를 칭송하며 자랑하던 증인들이 자신들이기에 양심상 입을 열지 못하였던 것이다.

몇 분간의 침묵이 흘렀다. 장로들에게서 아무런 대답이 없자 젊은 집사는 또다시 입을 열었다. 이번에는 억양이 좀 올라간 흥분된 목소리로 따져 물었다.

"우리 목사님이 잘못한 게 뭐가 있습니까? 엊그제까지만 하더라도 만나는 사람들마다 입이 닳도록 우리 목사님을 자랑하시던 장로님들이……목사님 사임 이유를 말씀해 주세요."

"특별한 이유는 없습니다. 모두 우리 교회를 위해서입니다. 여러분들도 우리들처럼 장로가 되면 우리의 심정을 이해할 것입니다."

수석장로의 말이 끝나자 젊은 장로가 조심스럽게 입을 열었다. 조금 떨리는 목소리로 장로들의 입장을 밝혔다.

"우리가 어떻게 주의 종인 목사님을 잘못했다고 말하겠습니까? 만일 목사님 안 나가시면 장로들은 교육관에서 별도로 예배를 드릴 것인데 장로교 목사님을 모실 겁니다."

교회가 나뉘지더라도 자신들의 뜻을 관철시키려는 장로들의 주장 앞에 젊은 교인들은 실망과 함께 경악했다. 신앙이 순수한 젊은 집사들에게 상처와 실망을 주어서는 안 된다는 생각이 들었다. 그래서 나는 그들의 대화를 중단시키고 해산토록 하였다. 장로들도 젊은 집사들도 모두 돌아갔다.

극한 상황, 암담한 처지, 답답한 마음, 고민거리, 기도할 수밖에 없

3. 분열의 비극을 막기 위해 사임을 선택하다

는 상황이었다. 자정이 가까워지는 적막한 시간이었다. 산헤립 앞에서의 히스기야의 심정으로 성전에 올라가 십자가 밑에 꿇어 엎드렸다. 당면 문제를 하나님께 아뢰었다.

장로들의 험상궂은 얼굴들만 아른거릴 뿐 기도가 되지 않았다. 장로들의 독살스런 한마디 한마디 말들이 나를 더욱 고통스럽게 하였다. 장로들의 주장은 나를 깊은 고민에 빠뜨려 마음을 심히 착잡하게 만들었다. 장로들의 말처럼 한 울타리 안에서 따로따로 예배를 드린다면 세상 사람들에게 비난과 지탄거리가 될 것은 자명한 사실이었다.

교회 분열은 주님의 몸을 찢는 일로써 주님을 고통스럽게 하는 일이었다. 또한 하나님을 서글프게 하는 일로써 후일에 심판을 면치 못하리라는 생각이 들었다. 복잡한 생각이 마음을 휘어 감으니 심히도 괴롭고 답답했다. 이런저런 생각에 잠이 오지도 않을 뿐더러 잠을 잘 수가 없었다.

사람인지라 순간순간 인간적인 욕심이 발동되었다. 하나님 앞에 두려운 마음은 잠시뿐이었다. 이곳을 떠나지 말고 장로들과 끝까지 싸워야 하리라는 생각이 마음 한구석에서 일고 있었다. 나를 따르며 지지하는 젊은 집사들이 있다는 생각에 자신감도 꿈틀거렸다. 한 울타리 안에서 예배를 나누어 드리더라도 자리를 사수해야 한다는 고집이 생겼다. 내 자세는 어느새 이곳을 절대로 떠나지 않으리라는 마음으로 굳어지고 있었다.

자정이 훨씬 넘은 시간, 하나님의 말씀을 묵상하면서 정신을 가다듬었다. 요사이 교회 안에서 벌어진 사태를 사실 그대로 하나님께 아뢰었다. 또다시 장로들의 위협적인 모습들이 순간순간 눈에 아른거렸다. 저들의 입술을 통해서 뱉어진 한마디 한마디가 귓가에 맴돌 때마다 고통스러웠다. 기도가 나오지 않았다. 극히 인간적인 기도 외에는 생각이 나지 않았다.

그러다 십자가의 고난을 앞두고 겟세마네 동산에서 기도하시던 주님의 모습이 영상처럼 떠올랐다. 처음에는 고난의 잔을 피하시려는 기도를 하셨지만 결국에는 하나님의 뜻에 순종하여 십자가의 고난을 선택하셨다. 그 결과 마귀권세, 사망권세 이기시고 부활의 아침을 맞이할 수 있지 않았는가? 성령님은 고민과 갈등 속에서 몸부림치고 있는 내 마음을 어루만지셨다. 이어서 "예수님의 삶을 본받아 살리라"는 다짐도 기억하게 하셨다.

이후, 잠시 동안 굳게 다져졌던 욕심과 인간적인 생각들이 서서히 붕괴되어 가기 시작하였다. 나도 모르는 사이에 교회를 사랑하는 순수한 마음으로 회복되어 가고 있었다. 이는 주님께서 주시는 마음이 분명하였다.

한 울타리 안에서 두 군데로 나뉘어 예배를 드리는 일은 주님을 고통스럽게 하는 일이었다. 그리고 성도들의 마음을 괴롭게 하는 일이었다. 그렇기에 성령님은 나를 떠나지 아니하시고 계속해서 감동하셨다.

"주님을 사랑한다면 주님의 몸인 교회에서 싸우지 말라."

갈 곳도 정해지지 않은 상태에서의 사임은 목회를 그만두어야 하는 것과도 같았다. 그래도 성령님께서는 주님처럼 살기를 원한다면 양보와 희생의 모습으로 조용히 떠나야 된다는 마음을 갖게 하셨다. 그리스도의 몸인 교회 안에서 소란을 피운다든지 싸우면 하나님께서 싫어하신다는 것을 거듭 깨닫게 하셨다. 이제는 내 결심이 확고해졌다. 내 마음은 이렇게 굳어져 가고 있었다.

'한 울타리 안에서 나뉘어 예배드릴 수는 없다. 이것은 주님을 고통스럽게 하는 일이다. 설령 갈 곳이 없어 길거리에 움막을 칠지라도 싸우지 않고 내가 나가리라.'

장차 고난과 아픔이 따를지라도 예수님을 따라 십자가를 져야 하리라는 마음으로 결단을 내렸다. 나의 이러한 결단은 장로들이나 그 배후를 조종하는 선배 목사의 정치적인 힘이 무서워서가 아니었다. 하나님의 심판이 무섭고 두려웠기 때문이었다. 그리고 목회자가 되면서부터는 예수님을 닮아가는 작은 예수로서의 삶을 살아야 한다는 마음으로 살았기 때문이었다.

성도들이 분열되어 한 울타리 안에서 서로 싸우며 나뉘어 예배를 드리는 것은 절대로 안 되는 일이었다. 그것은 예수님을 다시금 십자가에 못 박는 일이기 때문이었다. 내가 사임하는 길만이 교회의 소란을 막는 최선의 방법이기에, 주님께서 나의 증인이 되어 주실 뿐 아니라 의로운 심판관이 되어 공의롭게 판단하시리라 믿으며 장로들과 싸우지 않고 조용히 나가기로 결심하였다.

당시의 상황을 아뢰면서 남은 목회를 하나님께 맡기었다. 순간 성령님께서 주신 깨달음이 있었다.

'이곳에서 내가 해야 할 건축의 사명이 끝나지 않았을까?'

이어서 나는 두 손을 모아 감사드리며 계속해서 사용해 주실 것을 아뢰었다.

"주님, 부르시고 도구로 사용하심을 감사합니다. 다음에 일할 곳은 어디입니까? 그곳에서도 제게 주신 사명 잘 감당케 하소서."

4.
사임 막바지에 더 악랄한 방법으로 압력을 가하다

　　　　　사임을 결심한 후부터는 하루라도 빨리 그곳을 떠나야 된다는 생각을 하였다. 당장 오라는 곳이 없는 처지인지라 하나님의 인도하심을 바라면서 기도할 뿐이었다.

　교회를 사임하는 데 있어서 가장 좋은 상책은 교환목회를 통해서 다른 교회로 부임해 가는 것이었다. 그래서 우리 부부는 밤낮 하나님께 아뢰기를 교세나 환경이 열악할 뿐 아니라 경제적으로 어려운 교회일지라도 감사하며 사역을 감당하겠으니 그곳으로 인도해 달라고 간구하였다. 하나님이 인도하신다면 성전을 건축할 교회라도 감사하며 기쁨으로 가리라는 마음으로 응답을 기다리고 있었다.

　장로들에게는 옮겨갈 교회를 찾을 때까지 몇 개월만 기다려 달라며 간곡한 말로 부탁을 하였다. 장로들은 목사를 쫓아냈다는 말을 듣지 않으려고 나의 요구대로 몇 개월간의 목회를 수락하였다. 이 사실을 확실히 하기 위하여 지방회의 중진급 몇몇 목사들로 하여금 수습위원회를 구성하고, 그들이 입회한 가운데 그해 연말까지 목회를 계속하기로 결의하였다.

그 후부터는 예배를 인도하고 심방을 할지라도 예전과 같지 않을 뿐 아니라 마치 가시방석에 앉아 있는 것과 같았다. 사건이 벌어진 후부터는 장로들의 얼굴을 볼 자신도 없었고 설교할 자신도 없어 사임 기한을 연말까지 정했지만 하루라도 빨리 그곳을 떠나려는 마음으로 기도하면서 백방으로 이동할 곳을 알아보았다. 우리 부부는 밤낮으로 당면 문제와 형편을 아뢰면서 교환목회를 통해서 새롭게 일할 교회로 인도해 달라며 강청하였다.

그날로부터 며칠이 지난 어느 수요일이었다. 밤 예배를 마친 후 장로들이 보기를 청하여 얼굴을 마주하였다. 장로들은 수습위원들과 합의했던 내용을 무산시키면서 15일 안에 사임해 줄 것을 요구해 왔다.

지난번 수습위원 목사님들과의 합의는 장로들이 만들어낸 하나의 연극이었다. 장로들의 저돌적이면서도 매몰찬 모습들은 정말로 무섭고도 어처구니가 없었다. 장로들의 주장은 목회자끼리 이동도 허락지 아니하였다. "두 주일 안에 무조건 나가달라"며 몰아붙였다. 이런 일은 세상 그 어디서도 찾아보기 드문 일로서, 인간 이하의 행동이었고 악질적이었다.

믿지 않는 불신자들도 이런 식의 행동은 하지 않는다. 더욱 놀란 것은 퇴직금이나 이사 비용을 한 푼도 줄 수 없다는 통보였다. 저들의 처사는 황당하기가 그지없는 것이었다.

　장로들과 그 배후 세력들은 나로 하여금 더욱더 힘써 기도하도록 만들었다. 그들은 나로 하여금 개척을 할 수밖에 없는 상황으로 몰아가고 있었다. 그들의 잔인함의 농도는 시간이 갈수록 더해 갔다. 하루아침에 급작스럽게 돌변해 버린 장로들의 배신적인 행동은 우리 부부의 마음을 더욱 저리고 아프게 하였다. 이 일에 주동자인 장로나 배후에서 조종하는 선배 목사나 추종자들을 생각하니 불쌍한 마음이 들기도 하였다.

　우리 부부는 예수님의 심정으로 저들을 용서할 뿐 아니라 사랑하는 마음으로 기도하였다. 예수님께서 십자가에 달리실 때 그 광경이 떠올랐다. 당시 돌변하여 예수님을 십자가에 못 박으라고 아우성을 치던 유대인들과도 같았다. 장로들의 비인간적인 모습 역시 예수님 당시의 유대인들과 똑같은 모습들이었다. 참으로 애석한 일이 아닐 수 없었다.

　세상에서도 볼 수 없는 장로들의 잔인스럽고도 야만적인 행동에 경악과 함께 할 말을 잃고 말았다. 젊은 집사들 역시도 언어도단적인 장로들의 행실에 모두 두 손을 들고 말았다. 젊은 집사들은 장로들의 횡포 앞에 울분을 터뜨리며 목사를 보호하는 일에 대하여 손을 떼고 말았다. 지금까지 나를 변호하며 도우려던 젊은 집사들은 교회 안에서 자신들의 무력함을 한탄하면서 주저앉고 말았다. 이제는 목사 일에 상관치 않으려는 모습들로 침묵하며 사태를 지켜보고만 있었다.

　장로들의 갑작스런 변덕스러운 결정에 지방회의 수습위원 목사님

4. 사임 막바지에 더 악랄한 방법으로 압력을 가하다

들이 또다시 모였다. 회의 중간에 젊은 장로는 마치 데모꾼이 시위하듯 "원위치시켜 달라"며 떠들기도 하였다. 주장들이 서로 엇갈리어 합의점을 찾지 못하였다.

그날 밤, 기도하려고 강단에 엎드렸다. 낮에 젊은 장로의 "원위치시켜 달라"고 한 말이 어렴풋이 귓가에 맴돌았다. 당시에는 흘러가는 말로 여기며 건성으로 들었다. 그러나 그 말에는 아주 심오한 의미가 담겨 있었다. 지금까지 장로들과 배후 선배 목사가 벌인 음모가 무엇이었는지를 알게 되었다. 저들이 합세하여 벌인 모든 일은 합법적으로 선배 목사를 부임시키려는 하나의 작전이었다. 또한 그 작전에는 자신들의 목적한 바를 이루려는 수법이 담겨 있다는 것을 직감적으로 알 수 있었다.

장로들과 배후세력들의 생각에는 오갈 곳 없이 막무가내로 "지금 당장 나가라"고 밀어붙이면 내 입에서부터 "다시 바꾸어야 한다"는 말이 나올 줄 알았다. 그곳은 나의 많은 것들이 투자된 교회이기 때문에 당연히 그렇게 주장할 줄 알았다. 그런데 자기들의 예상이 빗나가자 젊은 장로는 나에게 계속해서 힌트를 주었던 것이다.

당시의 상황은 이전 교회로 돌아가는 길이 아니면 개척을 하는 길밖에 없었다. 마음 한 구석에서 이러한 결심이 굳어지고 있었다.

"내가 오갈 곳이 없어 거리에 움막을 치고서 개척을 할지라도 배후 세력인 선배 목사가 부임하는 일에 디딤돌을 놓아 주지는 않으리라."

"내가 설령 목회를 그만두고 실업자의 신세가 될지라도 절대로 원위치는 하지 않으리라. 선배 목사가 다시 부임하는 데 합법적인 길은 만들지 않으리라."

당시 상황은 개척이 아니고서는 선택의 여지가 없었다. 목회를 그만두고 쉴 수는 없기에 가족들끼리라도 개척을 하리라는 결심을 하였다. 그날 밤부터 밤을 지새우며 개척을 위해서 기도하였다. 거리에 움막을 칠지라도 개척의 길을 선택하였던 것이다. 이는 나에게 향하신 하나님의 뜻으로써 기뻐하시는 방법이기도 하였다.

개척을 어디서 어떻게 시작해야 할 것인가를 생각하니 암담하기도 하고 서글프기도 하였다. 개척, 생각만 해도 착잡하기가 이루 말할 수 없었다. 막막하고 답답한 심정을 끌어안고 십자가 밑에 나아가 엎드리었다. 이제는 하나님 아니면 의지할 곳이 없는 상황인지라 기도는 더욱 간절해질 수밖에 없었다.

교회에 영안이 열린 권사님이 계셨는데 그 와중에도 나에게 심방을 요청하셨다. 권사님은 하나님께 응답 받은 것을 전해 주려고 일부러 몸이 아프다며 심방을 요청하셨던 것이다. 권사님은 위로와 함께 개척에 대한 비전을 전해 주었다.

"목사님, 다른 지역으로 가지 마시고 정읍에다 개척하세요. 하나님께서 개척할 일꾼들도 붙이시고 들어갈 교회까지도 예비해 놓았어요. 이 일을 위해서 이리로 보내셨대요. 장로들이 빈손으로 내보낼지라도 깨끗하게 나가세요. 개척에 필요한 일꾼도, 개척자금까지도 하나님께서 다 주신대요. 장로들과 절대로 싸우지 마세요. 교회 안에서 싸움은 하나님 가장 싫어하시는 일이에요."

나는 권사님의 손을 꼭 잡으면서 성령께서 감동하신 것과 마음에 결심한 바를 밝혔다.

"권사님, 저도 싸우지 말라는 성령의 감동을 받고 길거리에 움막을 치더라도 깨끗하게 물러서려고 했습니다."

4. 사임 막바지에 더 악랄한 방법으로 압력을 가하다

권사님은 환한 얼굴로 미소를 지으며 입을 열었다.

"하나님께서 개척할 협력자들을 붙이실 거니까. 목사님, 걱정 말고 정읍에다 개척하세요."

권사님을 통해서 들려진 메시지는 개척에 대한 두려움과 고민과 염려를 순식간에 사라지게 해주었다. 뿐만 아니라 개척에 대한 확신과 함께 마음을 평안케 해주기도 하였다.

당시의 형편과 처지는 당장 갈 곳이 없으니 교회 개척은 피할 수 없는 선택이었다. 우선 가족끼리라도 예배를 드린다는 각오로 결심을 하고서 시내 변두리 아파트 주변에 십여 평 정도의 상가를 임시로 빌렸다. 1년 이상 비어 있는 곳이기에 보증금도 없이 월 10만 원 월세로 사용할 수가 있었다.

교회로 돌아왔다. 장로들에게 "갈 곳이 없으니 시내에다 개척을 한다"며 통보하였다.

이번 사건을 배후에서 조종한 선배 목사는 개척자금으로 3천만 원을 후원하겠다며 자신의 뜻을 전하기도 하였다. 그 말은 결과론적으로 나를 빨리 사임케 하려는 간교한 수법이었음이 드러났다. 그 후 그 약속은 이행되지 않았다. 그러나 하나님은 그들을 통하여 개척을 속히 단행케 하셨다.

5.
이사 전에 개척의 동역자를 만나게 하시다

　　　　　　자정이 가까운 시간인데도 잠이 오지 않았다. 개척을 한다는 현실 앞에 마음의 심란함과 착잡함은 이루 말할 수 없었다. 순간순간 뇌리에 스치는 장로들의 무례한 행동들은 우리 부부를 더욱 애처롭게 하였다. 오갈 곳 없는 자를 매몰차게 내치는 장로들의 몰인정한 모습들이 생각날 때면 부아와 함께 오열을 토하기도 하였다. 곤욕스러운 상황 가운데서도 참아낼 수 있었던 것은 성령님이 위로가 있었기 때문이었다.
　어쩔 수 없는 상황이기는 했지만 개척을 한다고 생각하니 서글픔과 여러 생각들이 마음을 번뇌케 하였다.
　당시 50세로서 개척할 나이는 아니었다. 하나님과의 농촌목회에 대한 약속을 지킨다는 명분으로 결단을 하기는 했지만 이곳에 온 것을 후회하면서 서서히 이사 준비를 하였다.

개척을 한다는 소문이 나돌자 젊은 장로가 보기를 청하였다. 얼마 전, 수습위원들이 회동했을 때에 "원위치를 시켜 달라"며 자신들의 주장을 노골적으로 표현했던 장로였다. 당시 나에게 힌트를 주어도 모르는 척하자 이제는 내 손에다 그 일을 쥐어 주는 심정으로 젊은 장로는 입을 벌렸다.

"목사님의 나이도 있고 지금 개척이 안 되는 시대입니다. 개척할 돈도 없으니 고생하지 마시고 전임자와 도로 바꾸시지요."

젊은 장로는 나를 무척 생각하는 듯이 강권하며 설득하였다. 저들의 야비한 속셈이 노골적으로 드러나는 순간이었다. 저들의 계산으로는 나를 궁지에 몰아넣어 오갈 곳이 없으면 내 입에서 먼저 전임자와 바꾸어야 한다는 말이 나올 줄 알았는데, 나에 대한 자신들의 기대가 어긋나자 이제는 나를 위하는 듯이 전임자와의 교환을 노골적으로 강권하였다. 저들이 꾸민 일들은 전임자가 다시금 자연스럽고 떳떳하게, 그리고 당당하게 부임해 오려는 작전이었음이 백일하에 드러나게 된 것이다.

우리 부부가 시내에서 개척한다는 소문이 온 교인들에게 삽시간에 퍼져나갔다. 그날 밤이었다. 자정이 넘은 시간에 시내에서 꽃집을 경영하는 집사님이 아무도 몰래 찾아왔다.

집사님은 권사로 선택된 신실한 믿음의 일꾼이셨다. 열 명의 후보를 놓고서 투표를 했는데 유일하게 혼자서만 권사로 뽑힌 보배로운 믿음의 집사님이셨다. 집사님은 시내에서 큰딸과 화원을 경영하며 농장까지 관리하는 무척 바쁜 삶을 사는 분이셨다. 내가 부임하면서부터 1년 365일 명절까지도 성전에서 철야하는 기도의 집사님이셨다. 당시 중학생인 딸이 "하룻저녁만 함께 자달라"며 보채는데도 막내딸의 청을 거절하고 교회로 달려오는 분이셨다. 하나님께 향한 헌금도, 교회에 대한 헌신도, 목사에 대한 섬김도 앞장서는 수넴 여인이나 루디아 같은 믿음의 여인이었다. 누구에게나 자랑할 만한 1등 일꾼이었다.

매일 밤마다 함께 기도하면서 우리 부부를 지켜본 집사님이셨다. 그렇기에 우리 부부에 대하여 너무나 잘 알고 있을 뿐 아니라 남다른 관심과 애정을 갖고 계신 분이셨다. 집사님은 장로들의 계획과 의중을 모두 알고 있었다. 장로들이 이사 비용조차도 주지 않고 빈손으로 내보내려는 속셈에 마음이 괴로웠다며 고백하였다. 집사님은 아내의 손을 잡으며 마음이 고통스러울지라도 끝까지 은혜로운 모습을 보여달리며 위로해 주셨다.

"목사님! 사모님! 장로님들이 빈손으로 내보낼지라도 원망하지 마세요. 개척에 필요한 것들을 주님께서 모두 채워 주실 것입니다."

하나님께서는 집사님을 통해서 고난에 처한 우리 부부를 위로해 주셨다. 폭풍과 같은 상황 가운데서 포근한 호수를 만난 기분이었다. 사모의 손을 잡고서 울먹이는 집사님의 두 볼에는 눈물이 흐르고 있었다. 집사님은 마음을 진정시킨 후에 다시금 입을 열면서 봉투 하나를 내밀었다.

"목사님. 천만 원이에요. 개척하시는 데 필요한 대로 쓰세요. 개척에 우리 가족이라도 도와드릴 테니 목사님! 사모님! 힘내세요."

집사님은 교회 개척에 가족들과 함께 합류하여 도와주겠다며 약속을 하였다. 장로들의 잔인하고도 악랄한 행동에 환멸을 느꼈던 것이다. 집사님은 장로들의 비인간적이며 불신앙적인 모습을 개탄하기

5. 이사 전에 개척의 동역자를 만나게 하시다

도 하였다. 장로들의 비인간적인 행동이 집사님을 개척 멤버로 붙여 준 셈이 되었다. 교회의 평안을 위해서 희생적인 결단을 했더니 하나님께서는 믿음의 사람들을 감동하셔서 개척 협력자로 붙여 주셨다.

얼마 전, 기도의 권사님을 통해서 들려진 예언을 뇌리에 되새기면서 하나님께 감사드렸다. 그리고 좋은 성도들을 붙여 주시어 개척을 형통케 해달라고 아뢰기도 하였다. 하나님 외에 그 누구도 기대하지 않았던 우리 부부는 천군만마를 얻은 기분이었다. 하나님께서는 우리 부부의 억울함을 아시고 믿음의 일꾼을 붙여 주셨다.

집사님이 돌아간 후에 우리 부부는 하나님께 감사를 드렸다. 또한 개척에 필요한 모든 것들을 채워 주실 것을 간구하였다.

개척에 동참하겠다는 그 집사님의 결단은 위로의 차원을 떠나 마음의 든든함과 함께 감격스러운 사건이었다. 집사님의 믿음이야말로 이 시대에 보기 어려운 보배롭고도 아름다운 믿음이었다. 집사님은 장로들의 끈질긴 유혹에도 넘어가지 않았다. 개척을 방해하려는 목적으로 선배 목사까지 동원하여 설득했지만 집사님은 초지일관 변함 없이 개척하는 일에 힘이 되어 주었다.

6.
중단했던 개척,
다시금 기회가 주어지다

　　　　　　장로들에게 치욕적인 상처를 입고 쫓겨나는 상황이었지만 마음만큼은 여유로웠다. 그 이유는 개척에 합류하겠다는 집사님의 가족만 하더라도 6, 7명이 되었기 때문이었다. 참으로 불행 중에 다행한 일이었다. 집사님은 물론 딸과 사위 모두 십일조 교인이었다. 목사도 사람인지라 한편으로는 든든하기도 하였다. 그러다보니 빈손으로 쫓겨나면서도 기가 꺾이지 않은 모습을 보일 수가 있었다. 사임 직전, 수요예배 시간에는 장로들이 놀랄 정도로 당당하고도 담대한 모습으로 말씀을 전하였다.
　농촌교회에서 마지막으로 예배를 드리는 주일이었는데, 고난주간이 시작되는 종려주일이었다. 우리 부부에게는 평생 잊지 못할 참으로 뜻 깊은 주일이었다. 이번 사건이 인간적인 면에서 볼 때에는 수

치스럽고도 치욕적인 일이었다. 또한 평생 잊을 수 없는 가슴 아픈 일이었다.

이 일을 주도했던 장로들에게는 자녀들이든 형제들이든 모두 목회자가 있었다. 그럼에도 불구하고 목사를 내치는 일을 서슴없이 감행하였다. 목회하는 자녀나 형제를 생각한다면 어찌 불신앙적인 비열한 방법으로 인정사정 보지 않고 목사를 내칠 수 있었겠는가? 이는 성령의 역사가 아닌 사탄의 역사가 분명했다. 또한 후일에 상급과 축복보다는 심판과 불행이 따른다는 것도 자명한 사실이었다.

강단에 올라가 십자가를 향하여 무릎을 꿇으니 기도보다는 잡다한 생각들이 마음을 사로잡았다. 하나님의 말씀을 묵상하면서 마음을 가다듬었다. 혼란스럽던 마음이 진정되면서 심령 깊은 곳에서 감사가 터져 나왔다. 현실적으로는 감사의 조건이 아님에도 성령님께서 마음을 주장하시니 감사가 저절로 터져 나왔다. 사도 바울이 고백했던 빌립보서 4장 6절을 뇌리에 되새기며 감사함으로 하나님께 아뢰었다.

> "아무것도 염려하지 말고 오직 모든 일에 기도와 간구로, 너희 구할 것을 감사함으로 하나님께 아뢰라 그리하면 모든 지각에 뛰어난 하나님의 평강이 그리스도 예수 안에서 너희 마음과 생각을 지키시리라"(빌 4:6-7).

하나님께서는 말씀을 통하여 내 마음을 평안케 하셨을 뿐 아니라 그 누구도 알지 못하는 희열을 체험케 하셨다. 이는 약속대로 하나님의 평강이 내 마음과 생각을 지키고 있음이 분명하였다. 하나님의 평강이 마음을 주장하시니 감사가 절로 나왔다.

　나는 우리 부부에게도 십자가의 고난에 동참할 수 있도록 기회를 주신 하나님께 감사를 드렸다. 천국의 상급을 바라보며 감사드렸다. 그리고 이 땅에서 내 몫에 태인 십자가를 지고 주님을 따르리라는 다짐도 해보았다.

　강대상에 올라서서 장로들을 비롯한 성도들과 얼굴을 마주하였다. 나는 하나님께서 주시는 평강 가운데서 여유롭고도 은혜로운 모습으로 예배를 인도하였다. 이러한 나의 모습에 장로들은 의아해하는 표정을 짓기도 하였다. 그들에게 쫓겨나는 상황에서도 주님의 평강이 마음을 주장하시니 여유로운 모습을 보일 수가 있었다. 그러나 인간인지라 순간순간 장로들에게 당했던 치욕스런 일들이 떠오르기도 했다. 그럴 때마다 성령님께서는 내 마음을 어루만지시며 위로해 주셨다.

　나는 설교에 앞서 사임과 함께 개척을 선언하였다. 아무것도 몰랐던 성도들은 놀라운 표정을 짓기도 하였다. 또한 애석해하는 모습들도 눈에 띄었다. 그러나 장로들을 따르는 세력들은 자기들이 승리했다는 듯이 밝은 미소로 의기양양한 모습을 보이기도 하였다. 희비가 엇갈리는 표정들을 보면서 설교를 마쳤다. 그동안 목사를 주의 종으로 인정하고 섬김과 헌신적인 모습으로 협력해 준 성도들에게 감사의 뜻을 전하였다. 또한 오래전에 중단했던 개척을 다시 실행할 수 있도록 기회와 여건을 만들어 준 장로들과 선배 목사에게도 감사하다면서 고별설교를 마쳤다.

　농촌에서 시내로 이사 나오는 날, 아침 일찍이 성전에 들어갔다.

십자가를 바라보며 농촌교회에 부임케 하시고 부흥과 함께 많은 일을 감당케 하신 하나님께 감사드렸다. 이곳에서의 사역이 끝났음을 아뢰었다. 다음 개척지에서도 좋은 일꾼들도 붙이시며 필요한 자금도 공급해 주실 것을 요청하였다.

그 순간이었다. 지난날 삶 가운데서 힘들고 어려울 때마다 즐겨 암송하던 하나님의 말씀이 뇌리에 스쳤다.

"두려워 말라 내가 너와 함께함이니라 놀라지 말라 나는 네 하나님이 됨이니라 내가 너를 굳세게 하리라 참으로 너를 도와주리라 참으로 나의 의로운 오른손으로 너를 붙들리라"(사 41:10).

하나님의 말씀은 극한 상황에 처해 있던 나에게 큰 위로가 되었고, 개척에 대한 의지를 더욱 굳게 하였다. 이어서 이곳에서의 갑작스러운 사임은 하나님께서 하신 일로써 장로들은 도구로 사용되었을 뿐, 배후의 조종자는 하나님이심을 깨닫게 하셨다. 예수님을 통한 구속사역을 이루시기 위하여 가룟 유다를 사용하신 것처럼 시내에서 할 일이 있기에 장로들과 선배 목사를 도구 삼아 교회 개척을 단행하셨다는 것을 깨달았다.

사임을 요구하더라도 부임했을 때처럼 얼마든지 신사적으로 은혜롭게 처리할 수도 있었다. 그럼에도 장로들은 가혹한 행위와 잔인한 행동으로 매몰차게 사임을 요구하였다. 장로들이 이처럼 비인간적인 야비한 방법을 동원한 것은 자기들의 계획과 목적을 달성키 위한 하나의 수단이었다. 인정사정 보지 않고 비인간적이고 몰인정하게 행한 방법이 나로 하여금 교회를 개척하도록 만들었던 것이다. 하나님께서는 장로들의 그 작전을 이용하여 중단되었던 개척의 뜻을 이루셨다.

목사 안수 후에 개척을 준비하다가 기성교회로 부임해 간 적이 있었다. 그 당시 기성교회로 부임하는 것을 하나님의 응답으로 알았었다. 그러나 하나님은 나에게 개척이라는 과제를 여전히 남겨 놓으셨다. 그때 중단된 개척을 다시금 시행하기를 원하셨던 하나님께서는 장로들과 선배 목사를 통하여 다시금 개척의 기회를 주셨던 것이다. 하나님과의 약속을 이행케 하신 하나님께 감사하며 개척하는 일에 도구로 사용된 장로들과 선배 목사에게도 감사의 마음으로 이사하였다.

조카들과 동생들을 통해 이삿짐을 꾸려 고향집으로 가져갔고, 목회에 필요한 책장과 책은 빈 창고에 보관시켰다. 우리 부부는 당장 필요한 몇 가지만 챙겨 차에 실었다. 장로들과 그들을 따르는 교인들은 끝까지 규합된 행동을 보였다. 떠나는 시간까지도 냉정하였다. 아무도 내다보지 않았다. 수석장로만이 혼자 나와서 싣는 짐을 눈여겨보면서 이삿짐들을 확인하고 있었다. 이삿짐 중에 교회 물건이다 싶으면 챙겨가는 모습을 보이기도 하였다. 그래도 양심이 있는 듯 동생에게 집에 돌침대도 있다고 말하는 것 같았다. 장로들의 비인간적인 행위를 보아서는 회사에서 가져다 놓은 대형금고나 돌침대를 헐값에 처분하더라도 가져가야 했다. 그러나 "선으로 악을 이겨야 한다"는 말씀을 기억하면서 그대로 사용하도록 두고 왔다.

이렇게 하여 두 번째 농촌교회에서의 사역을 마감하고 그곳을 떠나왔다. 고난주간에 만분지일이라도 예수님의 고난에 동참할 수 있도록 기회를 주신 하나님께 감사하면서 다음 사역지로 향하였다.

7.
고난 가운데서도
감사의 조건을 찾다

하루아침에 환경이 바뀌었다. 많은 목사들이 부러워하며 찬사를 아끼지 아니했던 교회에서 떠나왔다. 이제는 내일 일을 장담할 수 없는 개척교회를 다시금 시작하게 된 것이다. 그럼에도 마음은 여전히 여유가 있었고 평안하였다. 이제부터 고생길이 시작되었는데도 사임설교를 했을 때처럼 감사의 마음은 여전하였다. 하나님의 평강이 그리스도 안에서 내 마음을 주장하고 있다는 증거였다.

사도 바울이 매를 맞고 감옥에 갇혀서도 감사가 넘치는 기도와 찬양을 할 수 있었던 것은 하나님의 평강이 그 마음을 주장했기 때문이 아니었던가. 내 마음 역시 하나님의 평강이 주장하시니 초라하기가 그지없는 대여섯 평의 작은 공간일지라도 감사가 저절로 나왔다.

나는 개척을 통해서 믿음이야말로 환경을 초월하여 감사의 삶을 살도록 이끄는 능력이라는 것을 다시 한 번 느꼈다. 또한 감사는 현실을 극복할 수 있는 능력이라는 사실도 또다시 실감하는 순간이었다. 그동안 강단에서만 외치고 가르쳤던 감사의 능력을 몸소 실천하면서 어떤 경우에도 감사하며 살기로 다짐하였다.

현실적으로 불평과 원망을 해야 할 상황임에도 감사하면서 짐을 정리하였다. 내일 일을 예측할 수 없는 상황임에도 감사하면서 벽에 조그마한 십자가를 걸었다. 나는 십자가를 바라보며 지금까지 살아온 것과 지나 온 세월들이 모두 하나님의 은혜임을 고백하였다. 현실은 암담하고 모습은 오열을 토할 정도로 처참했지만 하나님의 평강이 마음을 주장하시니 감사의 고백이 저절로 나왔다. 고난 가운데서 나온 감사거리는 이러하였다.

첫째, 주님께서 당하신 십자가의 고통에 동참케 하시고 주님의 남은 고난을 내 육체에 채우게 하셨음을 감사하였다.
둘째, 장로들에게 내어쫓김을 당하면서도 따지거나 다투지 않고 조용히 떠나온 것을 감사하였다.
셋째, 성도들에게 냉대와 외면, 고통을 받으므로 주님의 고난에 만분지일이라도 동참케 하심을 감사하였다.
넷째, 주님의 마음을 본받을 뿐 아니라 그의 가르침에 따라 내게 고통을 준 자들을 용서케 하셨음을 감사하였다.
다섯째, 사임하고 나올 때에 교회에서 천 원짜리 한 장 받지 않고 깨끗하게 빈손으로 나오게 하심을 감사하였다.

7. 고난 가운데서도 감사의 조건을 찾다

여섯째, 농촌지역에서 도시로 나오게 하심도 감사하였다.

일곱째, 초라하고 좁은 공간이지만 예배할 수 있는 처소를 예비하여 주셨음을 감사하였다.

여덟째, 장로들로 인한 시련과 고통, 급작스럽게 찾아온 열악한 환경 가운데서도 자녀들이 탈선치 않음을 감사하였다.

아홉째, 중대한 결단을 할 때마다 내 유익보다 하나님과 교회를 먼저 생각하게 하셨음을 감사하였다.

열째, 몇 년 전에 중단했던 교회 개척을 다시금 시행할 수 있도록 기회를 주신 하나님께 감사드렸다. 또한 개척의 기회를 만들어 준 장로들에게도 감사하였다.

열한째, 사명자로 부르신 후에 가는 교회마다 건축을 할 수 있도록 은사와 능력을 주심에 감사하였다. 또한 좋은 일꾼들을 붙여주셨음도 감사하였다.

열두째, 교회를 개척하려는 나에게 권사님 가족들을 개척 멤버로 붙여 주셨음에 감사하였다.

앞으로도 계속하여 목회사역에 있어야 할 좋은 일꾼들도 붙여 주시고, 개척에 필요한 것들을 모두 공급해 주실 살아 계신 나의 하나님께 감사드렸다.

하나님의 말씀이 나를 지배하시고 성령님이 내 심령을 사로잡으시니 억울한 일을 당하고 열악한 환경에 처했을지라도 감사가 터져 나왔다. 하나님은 열악한 환경 가운데서 초라할지라도 감사하는 나에게 사도 바울의 고백으로 위로하시며 소망을 갖게 하셨다.

"나의 하나님이 그리스도 예수 안에서 영광 가운데 그 풍성한 대로 너희 모든 쓸 것을 채우시리라"(빌 4:19).

CHAPTER 06

해를 선으로 바꾸시는 살아 계신 하나님

1.
해를 선으로 바꾸신
전능하신 하나님

예수님의 십자가의 모진 고통을 생각하며 고난에 동참케 하신 하나님께 감사드렸다. 나는 이곳에서도 내 몫에 태인 십자가를 지고 가리라는 다짐과 함께 한 주간을 지냈다. 개척에 동참해 주신 권사님과 함께 밤마다 기도원에 다니면서 한 주간을 보냈다.

날씨가 너무나 추운 탓에 우리 부부는 권사님 집에 기숙하면서 그곳에서 새벽기도회를 갖기도 하였다. 우리 부부는 권사님과 함께 겟세마네 동산에서 간절하게 기도하시던 예수님의 모습을 기리면서 밤마다 기도의 단을 쌓았다. 기성교회의 고난주간보다 훨씬 은혜롭고 의미 있는 절기였다. 어설프고 초라한 작은 공간에서 부활주일을 맞이하였다.

개척 첫 주일에 놀라운 일이 벌어졌다. 전임지에서 두 분의 권사를 위시하여 10여 가정에서 고등부 학생 4명을 포함한 28명의 성도들이 예배에 참여하였다. 감개무량과 함께 기쁨과 감격 속에서 부활절 예배를 드렸다. 장소가 너무 비좁아 복도에까지 서서 예배를 드릴 정도로 많은 성도를 보내어 주셨다.

전혀 기대하지 않은 교인들이 개척에 참여해 주었다. 목사가 당하는 억울함을 보고서 개척을 돕기로 결심하고 찾아온 집사들이었다. 그중에는 장로들과 회동했을 때 그들의 부당성을 지적하면서 항의했던 집사들이 태반이었다. 더욱 감사한 것은 개척에 참여한 자들이 거의 30-40대의 젊은 집사들이었다. 인간의 상상을 초월한 사건이었다.

하나님은 살아 계신 분으로서 공정하신 분이심을 보여주셨다. 억울하게 빈손으로 쫓겨 나온 우리 부부를 권고하심으로 많은 성도와 함께 개척예배를 드리게 하셨다. 참으로 은혜와 사랑이 넘치는 예배였다.

오후 찬양예배 시간에는 상가에서 제과점을 운영하는 젊은 부부가 두 명의 자녀들과 함께 등록하였다. 개척 시작부터 좋은 조짐을 보였다. 교회의 분위기는 한층 더 은혜로웠고, 모인 성도들의 얼굴에는 웃음꽃이 만발하였다. 지상천국을 이루는 순간들이었다.

우리 부부의 마음에는 위로가 그득했고 입가에는 감사가 넘쳤다. 하나님은 과연 살아 계신 분으로서 해를 선으로 바꾸시는 분이셨다. 그동안 쌓인 고통과 슬픔이 사라지고 기쁨과 평강이 회복되었다. 저절로 감격과 함께 찬양이 터져 나왔다. 육신의 고단함까지도

1. 해를 선으로 바꾸신 전능하신 하나님

순간에 사라져 버렸다.

개척에 참여한 성도들이 감격스러운 분위기로 예배하며 기뻐하는 시간에 농촌교회에는 비상이 걸렸다. 기도를 가장 많이 하는 권사님, 시내에서 화원을 운영하면서 매주일 꽃꽂이 담당과 봉사에 앞장서는 집사님, 사료대리점과 축산업을 대대적으로 경영하면서 상당액수의 십일조와 헌신에 앞장서는 집사님 부부, 시내에서 피부미용관리 숍을 운영하면서 성가대, 중고등부 교사로 헌신하는 5여전도회 회장 부부, 농촌에서 대농을 하면서 목사의 식량을 공급하는 집사님 부부, 교회 일에 말없이 헌신하는 중년 부부들, 주일 낮 예배 피아노 반주자, 작은 성가대를 이룰 수 있는 10여 명의 청년 대학부와 중고등부 학생들까지 30여 명 가까이가 우리 개척교회에 모였으니 비상이 걸릴 수밖에 없었다.

개척에 참여한 자들이 사업적으로나 경제적으로 지역에서 상위권에 속해 있는 자들이었다. 더군다나 십일조 교인들로서 교회에서도 인정받는 제직들이었다. 그러기에 장로들은 신경을 더욱 곤두세울 수밖에 없었다. 교인들이 더 움직일 것으로 예견한 장로들은 더 이상 영향이 미치지 못하도록 별별 수단을 다 부렸다. 심지어 개척에 동참한 자들에게까지도 접근하여 돌아설 것을 만류하기도 하였다.

참으로 감사한 것은 개척 멤버들이 어떠한 상황 가운데서도 요지부동한 모습으로 교회 개척과 목회에 큰 힘이 되어주었다. 그들이 장로들 앞에서 나의 무죄함을 대변해 주기도 하고, 때로는 장로들의 비난과 공격을 막아 주는 방패막이가 되어 주기도 하였다. 또는 나의 억울함을 변론해 주는 역할을 감당하기도 하였다.

개척 멤버들은 어떤 상황 가운데서도 변함없는 자세로 맡은 사명에 최선을 다하였다. 만일 개척 멤버들이 내 곁에 없었더라면 장로들의 중상모략과 배후 세력들의 공격으로 나는 그 지역을 떠나는 비참한 존재가 되고 말았을 것이다. 개척 당시 동참했던 교우들은 한 명도 낙오되지 아니하였다. 거리와 환경을 초월하여 신앙생활에나 맡은 일에 최선을 다하였다. 개척 멤버들의 이러한 헌신적인 믿음의 모습들을 볼 때마다 좋은 일꾼들을 붙여 주신 하나님께 감사드리며 그들에게도 감사할 뿐이었다.

모일 때마다, 그리고 밤마다 좋은 예배처소를 달라고 기도하였다. 개척 2개월째가 되어가던 어느 날 기도가 응답되었다. 하나님께서 너무나도 좋은 예배처소를 허락해 주셨다. 임대건물이지만 300평의 부지에 40평의 교회당 건물과 사택까지 딸려 있어 금상첨화와 같은 처소였다. 이곳은 교단의 젊은 목사가 시무하던 교회였다. 부모님이 계시는 고향인 수도권에서 목회를 하려는 계획이 있어 1년 전부터 후임자를 찾았었다. 그러나 마땅한 적임자가 없어 기다리던 중이었다.

개척 멤버들과 합의한 후에 교회를 인수키로 하였다. 이 일에 모든 집사들이 즐거운 마음으로 동참하였다. 부족한 금액을 은행에서 융자를 받는 데 기쁨으로 보증하며 협력해 주었다. 집사들은 목사를 믿고 신분증과 인감도장을 맡기기도 하였다. 교회를 세우시기 위하여 좋은 예배처소도 주셨지만 너무나도 좋은 일꾼들을 붙여 주셨다. 개척에 동참한 저들은 모두 다 바나바나 루디아와 같은 자랑스러운 믿음의 일꾼들이었다.

목사가 어려운 일을 당했을 때 눈물과 수고와 희생과 순교의 신

1. 해를 선으로 바꾸신 전능하신 하나님

앙으로 협력한 모든 성도들의 그 헌신이 천국에서 찬란하게 영원히 빛나리라 확신한다. 그리고 이 땅 위에도 그 보배로운 믿음의 자취와 아름다운 헌신의 흔적이 당대뿐 아니라 후대에 이르기까지 전하여지므로 존경과 찬사를 받는 축복의 주인공이 되리라 확신한다.

하나님의 은혜와 헌신적인 일꾼들의 협력으로 개척이 수월하게 이루어져 갔다. 장로들의 비방과 선배 목사의 방해가 계속되는 가운데서도 모든 일들이 형통하게 진행되었다. 장로들의 비인간적인 처사와 불신앙적인 모습들이 개척하는 일에 귀한 보배로운 일꾼들을 붙여 준 셈이 되었다. 해를 선으로 바꾸셔서 아름다운 결과를 보게 하신 하나님께 감사드릴 뿐이다.

2.
예배처소를 예비하시고 인도하신 하나님

교회 인수에 대한 모든 과정과 절차를 마쳤다. 개척 3개월 만에 예배처소와 거처를 옮겼다. 성전에 들어가 십자가를 바라보며 두 손을 모으니 감격스런 마음과 함께 감사가 저절로 터져 나왔다. 하나님께서 나를 기성교회로 보내지 아니하시고 급히 시내로 보내셔서 왜 개척하게 하셨는지를 깨달았다.

나를 통해서 개척을 하게 하신 것은 우리 교단에 속한 교회를 그대로 보존키 위해서였다. 잘못하면 다른 교단으로 넘어갈 가능성도 있기 때문이었다. 건전한 교단이 교회를 인수한다면 괜찮은 일이지만 이단들이 영입을 했다면 큰일이 아니었겠는가? 하나님께서 나를 급히 시내로 보내신 두 번째 이유를 깨달았다. 이곳에 시무했던 젊은 목사가 수도권에서 친구들과 공동목회를 하려는 계획으로 기도

하고 있었다. 하나님께서는 나를 지명하셔서 개척하게 하시므로 젊은 목사의 기도를 응답해 주신 것이다. 이곳 개척교회에서도 해야 할 일이 있기에 장로들을 통해서 개척할 수밖에 없는 상황으로 몰고 가셨음도 깨달았다. 농촌교회에서의 사명이 끝나자 하나님은 또다시 우리 부부를 일할 곳인 개척교회로 보내셨다는 생각이 들기도 하였다.

장로들이 무조건 사임을 요구했을 때 그들과 싸우며 버틸 수도 있었다. 나에게도 저들과 맞설 인간적인 배경과 협력자들도 있었다. 나를 따르는 젊은 집사들로서 경제력이 튼튼한 사업가들이었다. 그렇기에 장로들과 얼마든지 대치할 수도 있었다.

그러나 교회 안에서의 싸움은 하나님이 슬퍼하시는 일이기에 고생이 되더라도 개척을 선택했던 것이다. 성령님은 늘 나의 유익보다 하나님의 교회와 성도들을 먼저 생각하도록 강권하셨다. 또한 나로 하여금 하나님의 뜻에 순종하도록 이끌어 주셨다. 그 순종의 대가로 너무나도 소중한 성도들과 금쪽같은 좋은 일꾼들을 붙여 주셨다. 또한 좋은 장소에 교회당까지도 예비해 놓으셨다가 그곳으로 인도하여 들이셨다.

교인들과 함께 주변을 둘러보았다. 이곳에서도 역시 할 일이 많았다. 건물 앞편에는 자갈밭, 뒤편에는 학생들이 버린 과자봉지와 버려진 실내화들로 인하여 쓰레기장을 이루고 있었다. 교회와 사택 입구만 겨우 길을 내어 사용할 뿐이었다. 나머지 땅은 황무지처럼 방치되어 있었다. 주민들이나 학생들이 내버린 오물과 폐품으로 인하여 쓰레기장으로 착각할 정도로 지저분하였다.

땅 주인을 만나서 임대계약을 체결하였다. 후일에 교회에서 인수하는 조건으로 필요에 따라 시설물 설치나 기존 건물을 개조하겠다는 제의에 쾌히 승낙을 해주었다. 하나님께서 주인의 마음을 감동하셔서 교회에서 마음대로 시설물을 설치케 하셨다. 참으로 감사할 따름이었다.

하나님께서는 나에게 건축에 대한 은사를 주시고 부임하는 곳마다 건축의 사명을 감당케 하셨다. 하나님께서는 목회 시작과 더불어 건축을 해야 할 교회로만 인도하셨다. 또한 건축의 사명을 감당할 수 있도록 능력도 주셨다. 때를 따라 필요한 일꾼들도 붙이셔서 능히 감당케 하셨다. 누가 와서 보더라도 개척교회의 분위기라고 할 수 없을 정도로 식당과 휴식할 수 있는 공간과 목양실까지도 마련하였다.

성도들은 마음의 감동에 따라서 헌금하는 일에 최선을 다하였다. 개척 멤버들은 물론 새로 등록한 신자들까지도 기쁨으로 봉사하는 모습을 보였다. 어떤 집사들은 자기의 책임을 다하기 위해 퇴근 후에 교회로 달려오기도 하였다.

참으로 감사한 것은 개척 당시의 교인들이 한 명도 낙오되지 않았다는 것이다. 장로들의 어떠한 유혹과 방해에도 흩어지지 아니했다. 주님의 교회를 이루는 일에 모든 성도들이 혼연일체가 되어 기쁨으로 참여하였다. 참으로 감사할 따름이었다.

3.
더욱 야비한 방법으로 개척을 훼방하는 사람들

교회를 인수하여 필요한 시설을 모두 갖추었다는 소문이 장로들에게 전해졌다. 그러자 더 악랄한 방법으로 나를 괴롭혔다. 사실무근한 말을 퍼뜨려 목회를 방해하며 나섰다. 더 이상의 흩어짐을 방지하기 위하여 나를 중상모략하기에 이르렀다.

장로들은 교인들의 유동을 막으려는 수단으로 '목사가 여자 문제로 나갔다'며 유언비어를 살포하면서 개척을 훼방하였다. 개척이 되지 않아야 우리 부부가 이곳을 떠난다는 계산 아래 저들은 더 악랄하고 야비한 방법으로 괴롭히며 방해하는 일을 계속하였다. 당시 둘째 아들이 집사의 아들인 청년의 원룸에서 함께 기거하고 있었다. 장로들은 청년을 통하여 아들에게까지 상처를 입혀 원룸에서 쫓아내는 비열한 행동을 서슴치 않았다.

뿐만 아니라 이번 일에 직접 개입했던 선배 목사는 주변 목사들에게 "내가 이 목사를 정읍에서 목회를 못하고 다른 곳으로 떠나게 만든다"는 말까지 퍼뜨리기도 하였다. 그들의 행위야말로 피로 값 주고 사신 교회를 무너뜨리는 일로써, 하나님을 향해 도전하는 어리석은 행위임이 분명하였다.

개척에 동참한 집사들은 지역에서 영향력 있는 유지들로 부유층에 속하는 사람들이었다. 어디 그뿐인가? 자기들이 100% 믿었던 교인들까지도 따라나섰으니 자존심이 상할 만도 하였다. 장로들은 교인들의 유동을 막기 위한 수단으로 나를 모함하고 있었다.

장로들이 사실무근한 말로 자극할 때마다 성령님은 주님의 말씀을 기억하게 하셨다. 그리고 끝까지 참으면서 예수님처럼 용서하는 마음으로 살도록 순간순간 권면하셨다. 그러기에 나는 장로들의 어떠한 공격적인 유언비어나 풍문에도 대꾸하지 아니하였다. 어떠한 말에도 대응치 않고 모든 일들을 하나님께 맡기고 기도할 뿐이었다.

주변의 목사들이 오해하며 답답해 할 정도로 귀를 막고 입을 다문 채 오직 목회에만 열중하였다. 하나님께서는 교인들에게 지혜와 담력을 주셔서 문제를 수습하게 하셨다. 집사들은 나에 대한 자신들의 뜻을 전하였다.

"우리 목사님을 한 번만 더 모함이나 비방하면 법적으로 대응을 할 것이다."

교인들의 이러한 결의와 의지가 삽시간에 퍼졌다. 이후 그들 가운데서 우스운 일들이 벌어졌다. 얼마 전까지만 해도 우리 부부를 비방하며 험담을 일삼던 자들이 발뺌을 하기에 급급하였다. 서로가 다른 사람에게 뒤집어씌우는 사태가 벌어지기도 하였다. 이 일로 자

3. 더욱 야비한 방법으로 개척을 훼방하는 사람들

기녀들끼리 서로 다투며 싸우는 해프닝을 빚기도 하였다. 모든 사건의 원조인 수석장로 부부가 염치를 무릅쓰고 내게 찾아왔다. 그들은 구구한 변명과 함께 발뺌을 하기도 하였다.

"목사님이 여자 관계로 교회에서 나가셨다는 말이 아니라 여자 집사들이 목사님을 따라갔다는 말이었습니다."

어불성설인 그들의 변명은 들을 가치조차 없었다. 이는 개척에 동참해 준 자들이 거의 부부 집사였기 때문이었다. 하나님은 이러한 사태가 벌어질 것을 예견하시고 후일을 위해서 사회적으로 영향력 있는 집사들을 개척 멤버로 붙여 주셨던 것이다.

집사들은 참으로 좋은 일꾼들로서 때로는 협력자로, 때로는 대변자로서의 역할을 감당키도 하였다. 우리 부부에게 영향력 있는 개척자들을 붙여 주지 아니하셨더라면 장로들과 그 배후 세력인 선배 목사에게 두 손을 들고 말았을 것이다. 그리고 결국에는 고통과 시달림만 당한 후에 이곳을 떠나야 하는 비극적인 존재가 되고 말았을 것이다.

장로들이 험담과 악평으로 중상모략하며 유언비어로 매장시키려 할 때 맞서 싸우지 않았다. 오직 말씀 묵상과 함께 침묵하며 모든 일들을 하나님께 맡기었다. 그랬더니 하나님께서 집사들을 도구 삼아 모든 문제들을 해결해 주셨다. 장로들이 빈손으로 내보냈을지라도 원망하거나 다투지 않고 바보처럼 조용히 물러섰다. 그랬더니 천금을 주고도 얻을 수 없는 너무나도 좋은 일꾼들을 붙여 주셨다.

개척에 동참했던 교인들 모두가 나의 무죄함을 증명하는 일에 하나가 되어 보호자들이 되어 주었다. 참으로 고맙고도 좋은 교인들이었다. 또한 축복의 주인공들이 될 수밖에 없는 믿음의 사람들이었다. 이렇듯 하나님은 교인들을 통해서 나를 승리자로 우뚝 세워 주셨다. 또한 개척교회로서는 과분할 정도의 너무나도 좋은 교회를 허락해 주셨다.

개척 이후에 날이 갈수록 모든 일들이 하나님의 은혜 가운데서 아름답게 이루어져 갔다. 모든 성도들이 혼연일체가 되어 헌신하니 교회는 날로 새로워지면서 성장세를 보였다. 장로들의 방해와 배후 세력들의 훼방 가운데서도 지역에서 인정할 정도로 든든한 교회로 세워져 갔다. 마치 환난과 핍박 가운데서도 날마다 믿는 무리가 더했던 초대교회처럼…….

3. 더욱 야비한 방법으로 개척을 훼방하는 사람들

4.
방해 가운데서도 교회는 든든히 서가다

개척 6개월이 되면서 주일 낮 예배에 60명 정도가 모였다. 하나님의 은혜에 감사할 따름이었다. 각처에 개척교회 가운데 부흥하는 교회로 소문이 났다.

개척 3년차가 되면서 한 해 동안 50여 명의 새신자가 등록을 하였다. 그해에는 재정결산 1억 원이 넘었다. 참으로 감격스럽고도 감사할 따름이었다. 사임할 때 장로들과 물질로 인하여 다투지 아니하였더니 그 대가로 개척 이후에 넘치도록 채워 주셨다. 교회 재정이 풍성하다는 것은 성도들이 모두 복을 받았다는 증거였다. 하나님의 은혜에 감사하는 내 마음에 성령께서 임하셔서 깨달음을 주셨는데 이는 극히 성경적이었다. 그리고 성경의 사건들이 연이어 뇌리에 떠올랐다.

우리가 잘 아는 사건이지만 아브라함은 좋은 땅을 차지하려고 욕심을 내거나 조카 롯과 다투지 아니하였다. 이삭 역시 유목민으로서 생존권과 직결되어 있는 우물을 빼앗겼지만 다투지 아니하였다. 그 결과 인간의 상상을 초월하는 아름다운 사건들을 체험하는 축복의 주인공들이 되지 않았던가. 그때뿐 아니라 하나님은 어느 시대에나 다투지 않고 양보하는 자들에게 은혜를 베푸심으로 아름다운 축복의 결과를 보게 하셨다. 그 양보의 법칙은 지금 시대에도 마찬가지였다.

시대적으로 보아 교회 개척이 극히 힘들고 어려운 때임에도 교회는 지속적인 성장세를 보였다. 장로들과 배후 세력의 방해가 계속되는 가운데서도 교회는 평안하여 든든히 세워져 갔다. 거기다가 재정의 풍성함까지 체험할 수 있도록 은혜를 베푸셨다. 하나님의 권고하심에 감사할 뿐이었다.

목사가 어려움을 당했을 때 돕는 마음으로 개척에 동참했던 교인들은 과연 하나님께서 어떻게 하셨을까? 주변에서 깜짝 놀랄 정도의 축복으로 보상해 주셨다. 하늘을 여시고 복을 부어 주시니 주변에서 부자의 소리를 들을 정도로 하는 일마다 형통케 되었다. 이로 인해 하나님과 교회를 위한 헌신은 결코 헛되지 않음도 증명해 주셨다.

하나님은 교회 일에 앞장서서 헌신하는 자들을 외면치 않으시는 분이셨다. 반드시 보상하시는데, 인생 여정에서 아름다운 사건들을 경험할 수 있도록 축복의 사건들을 허락해 주셨다. 개척의 협력자들이 그 증인이었다. 저들은 자신들의 복된 모습들을 통하여 교회를 위한 헌신과 주의 종을 위한 섬김이 결코 헛되지 않음을 만방에 증거기도 하였다.

　그 이듬해 가을에는 안수집사 1명과 권사 3명의 임직 행사를 가졌다. 개척교회로서 부흥의 기틀이 마련된 셈이었다. 고난 가운데 처하여 힘들고 어려울 때 눈물과 희생과 순교의 신앙으로 협력해 준 그들의 헌신이 헛되지 아니하였다. 그 보상으로 땅에서는 축복의 주인공이 될 뿐 아니라 존귀한 인생이 되어 그 이름이 자손만대 보석처럼 아름답게 빛나리라 확신한다. 어디 그뿐이겠는가? 이 땅에서의 삶을 마감하고 천국에 이르는 날, 칭찬과 함께 영광스러운 면류관의 주인공이 되리라 확신한다.

　개척 시작부터 비전 있는 교회라고 지역과 교계에 파다하게 소문이 났다. 개척이 되지 않는 시대에 시작부터 주일 예배에 60명이 웃도는 성도들이 모여 축제 분위기를 이루었다. 개척 이후 새벽은 물론이고 기도특공대 7, 8명이 연중무휴 철야기도회를 가졌다. 그것도 권사님을 제외하고는 모두 남편이 있는 40-50대 젊은 집사들이었다.

　날마다 성전에 모이기를 힘쓰던 초대교회가 날마다 부흥한 것처럼 눈에 보이게 예배 분위기가 달라졌다. 하나님께서는 교회 운영에 차질이 없도록 모든 필요를 채워 주셨다. 목사의 생계와 두 자녀의 대학교 교육은 물론 13교회에 선교하는 일을 감당하도록 재정을 넉넉하게 하셨다. 부흥회와 헌신예배를 다녀간 목사님들은 비전이 있는 교회라며 칭찬을 아끼지 아니하였다.

　나의 인생 여정에서 숨결처럼 늘 동행하시며 위기를 축복의 기회가 되도록 은혜를 베푸신 하나님께 감사드릴 뿐이다. 사지로 내몰려 꼼짝없이 죽게 될 상황에 처한 나에게 헌신적인 믿음의 일꾼들을 붙이셔서 해를 선으로 바꾸신 좋으신 하나님께 찬양과 함께 감사를 드릴 뿐이다. 핍박과 방해 가운데서도 교회가 평안하여 든든히 서 가도록 친히 은혜를 베푸신 하나님께 감사와 찬양으로 영광을 돌린다. 할렐루야!

5.
악을 선으로 갚도록 감동을 주신 하나님

개척 이후 지속적인 성장과 함께 안정된 교회로 자리를 잡아 갔다. 그렇지만 마음 한 구석에는 아직 씻을 수 없는 치욕적인 상처가 남아 있었다. 순간순간 장로들에게 당한 모욕적인 일들이 생각날 때면 오열을 토하는 고통을 겪어야만 했다. 당시 사임을 요구할 때, 은혜로운 방법으로 얼마든지 처리할 수 있었건만 왜 야비한 방법을 동원하여 그토록 매몰차게 내몰았는지, 그 일이 생각날 때면 가슴이 미어지는 듯했다. 그 후에도 저들은 개척을 방해하는 일환으로 중상모략과 함께 악평을 일삼아 왔다.

예수님의 교훈을 따라 모든 일들을 잊고서 신사적인 마음으로 살려고 했다가도 염장을 지르는 음해적인 소리가 들릴 때면 악감정이 되살아나 분통이 터질 때가 한두 번이 아니었다. 적반하장의 모습으로 여전히 나를 음해하는 장로들을 생각할수록 괘씸하기도 하였다.

저들에게 당한 참담한 일들과 억울함은 평생 잊을 수 없는 일이었다. 나에게 치욕적인 상처를 안겨준 자들을 마음에서 쉬 떨쳐 버릴 수가 없었다. 사람인지라 꿈에서도 잊을 길이 없었다. 이러한 때에 사탄이 충동질을 하니 마음 한구석에서 '복수를 해야겠다'는 생각이 일기 시작하였다.

그러던 중에 〈크리스챤 신문〉에 공모한 글이 당선이 되어 연재할 수 있는 기회가 주어졌다. 때는 이때라 복수의 방법으로 장로들의 실명과 함께 저들에게 당했던 사연들을 사실 그대로 밝혔다. 당시 나의 심정은 장로들이 글의 내용을 보고서 고소하기를 바랐다. 내가 법정에 서게 되고 형을 받더라도 장로들의 배후에 숨겨진 인물을 온 천하에 드러내 세상에 알리고 싶었다. 저들에게 당했던 것이 너무 분하고 억울했기에 주간지인 〈크리스챤 신문〉에 당했던 사연들을 그대로 소상히 공개하였다.

당시 글의 내용을 본 목사들에게서 전화가 빗발쳤다. "목사님, 상대편에서 명예훼손으로 고발을 하면 어떻게 하려고……." 그때마다 나는 "그렇게 되기를 바란다"면서 나의 본심을 밝혔다.

'내가 법정에 서서 형을 받을지라도 배후 인물인 선배 목사를 온 천하에 알려야 한다'는 각오로 집필을 계속하던 어느 날이었다. 오직 복수에만 혈안이 되어 이성을 잃어버린 나의 마음에 성령님께서 깨달음을 주셨다.

"내가 네 죄를 용서함과 같이 장로들과 그 배후 세력인 선배 목사를 관용하라."

하나님께서는 이 같은 깨달음을 통하여 장로들을 향한 분풀이를 더 이상 하지 못하도록 제동을 거셨다. 나는 주님께 1만 달란트의 빚진 자의 심정으로 성령님의 감동에 순종하였다. 매주 〈크리스챤신문〉에 연재하던 글을 중단하였다. 그리고 성도들에게는 설교 시간을 통하여 "나를 시내로 나와서 개척하게 하신 것은 장로들이 아니고 하나님이시라며, 장로들은 하나의 도구로 쓰임 받았을 뿐이니 미워하지 말자"며 권하였다. 또한 쉼 없이 퍼뜨리는 비난과 유언비어들이나 방해적인 행동들은 우리로 하여금 더욱더 무릎을 꿇게 함으로 부흥과 축복의 사건을 경험케 하려는 하나님의 작전이니 장로들을 용서하자며 깨달은 바를 전하였다.

나는 저들을 용서해 주는 증표로 장로들을 초청하여 식사를 대접하였다. 나는 장로들에게 "초청에 응해 주셔서 감사하다"는 말을 전했는데도 장로들은 말 한마디 없었다. 농촌교회를 떠나온 후에 처음 만남이었는데도 인사나 안부는커녕 여전히 나를 이방인이나 원수같이 대하였다. 장로들 머리에는 아직도 내가 멀리 떠나야 교인들이 다시금 자기들에게 돌아올 수 있다는 생각만 가득 차 있었다.

장로들은 나를 향하여 여전히 도전적인 자세를 갖고 있었다. 장로들은 그 자리에 권사님들이 초청해서 나왔다는 식의 자세로 여전히 내 마음을 상하게 하였다. 장로들의 계속적인 적반하장의 모습들은 분통과 함께 마음을 심히도 번뇌케 했다. 애석하기 그지없는 일이었다. 순간, 성령은 장로들에 대하여 용서의 마음이 변치 않도록 말씀을 통하여 마음과 생각을 다스려 주셨다.

"서로 인자하게 하며 불쌍히 여기며 서로 용서하기를 하나님이 그리스도 안에서 너희를 용서하심과 같이 하라"(엡 4:32).

나는 예수님의 말씀에 순종하는 모습으로 장로들을 용서하였다. 그러나 저들은 뉘우침은커녕 여전히 냉대하며 오만불손한 모습으로 대하였다. 그럴지라도 주님의 말씀을 기억하면서 관용의 마음으로 참고 견디어냈다.

나는 주님께서 명하신 교훈을 따라 평생 잊을 수 없는 상처와 고통을 주었던 원수 같은 자들에게 먼저 손을 내밀었다. 예수님께서 나에게 관용을 베푸심같이 장로들을 초대하여 식사와 함께 선물까지 안겨주었다. 원수 같은 자들에게 먼저 손을 내밀고 그들을 용서하는 일이 상대를 위한 것이 아니라 결국에는 나를 위한 일이기 때문이었다.

악을 선으로 갚도록 감동하실 뿐 아니라 말씀으로 깨닫게 하신 하나님께 감사드릴 뿐이다.

5. 악을 선으로 갚도록 감동을 주신 하나님

6.
갑작스러운 변화에
두려운 마음이 생기다

개척 5년 차가 되면서 고민과 부담이 생겼다. 나는 주변 사람들의 기대에 부응하기 위하여 1년이면 여러 차례 총동원 전도행사를 치르기도 하였다. 때로는 복음가수를 초청하기도 하고 상황에 따라서는 외부의 유명강사를 모시기도 하였다. 농촌교회의 장로들을 의식하면서 교회 부흥에 생명을 걸다시피 하였다. 이곳에서 반드시 성공해야 한다는 의식에 사로잡혀 거의 밤낮을 가리지 않고 밤에는 기도하는 일에, 낮에는 전도하는 일에 주력하였다. 목표를 달성하기 위해서 목사 부부들이 단체로 가는 해외여행이나 수양회조차도 가지 않고 목회에만 전념하였다.

이처럼 최선을 다하여 발버둥을 쳤지만 별다른 성과나 진전이 보이지 않았다. 소도시에서 획기적으로 교회를 일으킬 만한 특별한 은사나 대안이 없었다. 이전에 줄곧 나타났던 신유의 역사나 성령의 나타남을 체험할 수 없었다. 심히도 답답하고 안타깝기만 하였다. 매일 밤 기도회와 연중무휴 철야로 인하여 건강상 한계가 느껴지기 시작하였다.

설상가상으로 누군가로부터 열을 받으면 목에 통증이 오면서 음성부터 달라져 갔다. 많은 세월이 흘렀음에도 성대가 완전치 못하여 설교나 찬송을 부르기가 부담이 되었고 힘이 들었다. 또한 30-40대의 젊은 목사들처럼 열정적으로 사역을 감당하기에는 너무 벅차고 힘이 들었다. 그러할지라도 성장하는 도시교회나 성공한 목사들의 사역을 연구하여 모방하면서 목회사역에 최선을 다하였다. 가까운 곳에 어머니가 생존해 계시는데도 자주 찾아뵙지 못하고 오직 목회에만 전념하였다. 이처럼 성실한 모습으로 최선을 나하였음에도 교회나 목회에 별다른 변화가 없었다.

때로는 밤을 지새우며 당면 문제와 답답한 심정을 아뢰기도 하였다. 육체의 아픔과 고통을 참아내며 전심전력을 다했음에도 별다른 성과를 거두지 못하자 그로 인한 공허감과 허탈감으로 환멸마저 느껴지고 마음은 더욱 애달프기도 하였다. 그래도 참고 견디면서 달려야만 했다.

목회에 대한 환멸과 함께 방황했던 세월을 청산하고 이제 새롭게 출발하려는 마음으로 일어섰다. 그 찰나, 청천벽력과 같은 사건이 벌어졌다. 그동안 앞장서서 충성하던 제직들이 서로 합의라도 한듯 비슷한 시기에 대여섯 가정이 직장과 사업을 따라 연이어 타 지역으로 이사를 갔다. 가까운 거리가 아닌 서울과 광주, 인천, 전주, 대전으로

6. 갑작스러운 변화에 두려운 마음이 생기다

사정없이 떠나가 버렸다. 정말로 꿈같은 일이었다. 인력으로 어떻게 할 수 없는 일이었다.

밤마다 기도하던 모임도 자동적으로 해산되었다. 절망감이 엄습하더니 두려움이 마음에 스며들기 시작하였다. 이제는 힘이 빠지더니 맥까지 풀려 버렸다. 마음의 번뇌와 함께 육체의 고통이 더해갔다. 시간이 흐르면서 목회에 대한 의욕마저 상실되어 가고 있었다. 너무나 뜻밖의 일인지라 망연자실할 수밖에 없는 상황되었다.

이래서는 안 된다는 마음으로 정신을 가다듬었다. 심적인 고통과 신체의 아픔을 이기고 십자가 밑에 나아가 꿇어 엎드렸다. 나 혼자 힘으로 감당할 수 없는 일이기에 하나님께 도움을 구하며 기도만 할 뿐이었다.

그 무렵, 기도원에 관련된 권사로 인하여 몇 가정이 교회를 떠나갔다. 사탄은 '때는 이때라' 교회로서의 사명을 상실시키려는 목적으로 권사를 도구 삼아 교회를 곤경에 빠뜨리고 목회를 어렵게 만들었다. 하루아침에 교회의 분위기가 달라져 버렸다.

당시로부터 3년 전에 등록한 권사가 교회연합회에서 이단으로 규정한 기도원의 핵심간부였다. 등록 이후 일등 일꾼으로 신임을 받을만큼 충성된 모습으로 사명 감당에 최선을 다하였기에 의심할 여지도 없었고, 신임할 수밖에 없을 정도로 헌신적이었다. 나중에서야 밝혀진 일이었는데, 알고 보니 기도원에 관련된 권사는 3년 동안을 목사 몰래 교인들 사이에서 형님, 언니, 동생으로 관계를 맺고 있었다. 인간의 끈끈한 정으로 사귀면서 자기 말이라면 무조건 믿고 따를 정도의 관계를 형성하였다. 그러다가 가정에 자녀들이나 사업에 문제가 생기면 기도원을 소개하였다.

발각된 이후 교회연합회에서 이단기도원으로 규정한 곳이기에 교인들에게 인정할 수 없음을 광고하였다. 개척 멤버로서 경제적으로 도움이 되었던 권사도 이미 포섭되어 기도원에 출입하고 있었다. 개척에 함께 동참했던 권사가 기도원을 인정치 않으면 자기도 떠나겠다며 협박을 가하였다. 모든 성도들을 포섭하여 교회를 통째로 집어삼키려는 마귀적인 음모가 깔려 있었다.

목사가 힘을 잃고 목회 의욕이 상실되어 가는 때를 이용하여 교회를 기도원 소속으로 만들려는 사탄의 무서운 음모가 숨겨져 있었다는 것을 깨달았다. 그들의 행동으로 보아 충분히 그럴 가능성이 있는 상황이었다.

지나고 보니 그 권사야말로 위장간첩과도 같고, 예수님께 거짓 입을 맞춘 가룟 유다와도 같은 자였다. 그는 밤마다 연중무휴로 철야기도하면서 낮에는 앞장서서 목사를 따라 심방도 하였다. 또한 성도들에게 관심을 갖고 섬길 뿐 아니라 봉사하는 일에도 빠지지 않고 참여한 자였다. 일의 결과로 보아 남편을 안수집사로 만든 것도 교회를 통째로 삼키려는 하나의 작전이 아니었을까? 그러한 목적으로 문제가 있는 교인들을 목사 몰래 기도원으로 데리고 간 것이 아니었을까?

강대상에서 기도원을 인정치 않는다는 선포를 하자마자 권사는 이미 포섭된 교인들을 데리고 기도원으로 떠나가고 말았다. 이로써 그리스도의 몸인 교회를 무너뜨리려는 사탄의 작전이 무산되었다.

어느 날 갑자기 주일 예배 인원이 30여 명으로 줄어들었다. 남아 있는 성도들과 새로 개척한다는 마음으로 일어섰다. "큰 말이 나가면 작은 말이 큰 말 노릇을 한다"는 말처럼 그동안 손님처럼 대접만 받던 30대 집사들이 주방에 들어가 설거지도 하고 식사 당번을 맡기도 하였다. 어린아이들을 둘씩이나 대동하고 예배만 참여하는 것도 감사한 일인데 주방에서 봉사까지 하니 대견스럽기도 하고 고맙기도 하였다. 이제는 성숙된 모습과 함께 헌신하려는 모습들이 참으로 아름다웠다.

앞장서서 헌신적으로 협력하던 일꾼들이 떠났을지라도 아주 절망적인 상황은 아니었다. 큰애는 대학교를 졸업한 후 취업을 했고, 작은애는 휴학을 하고 군대에 갔기 때문에 교회를 운영하며 생활에는 별 어려움이 없었다. 단, 3년차 선교를 하던 13군데의 교회를 계속해서 돕기가 벅찼다. 그러나 재정 상태가 아무리 어려울지라도 선교만큼은 계속하려고 노력하였다.

성령님은 지난날 선교를 통하여 축복의 사건을 경험했던 일들을 추억하게 하셨다. 아무리 힘들고 어려워도 선교하는 일만큼은 최선을 다하리라는 다짐을 하기도 하였다. 교회재정이 어려워 선교비가 모자랄 때면 성령님은 여지없이 내 마음을 두드리셨다. 그럴 때는 혼자서라도 감당해 보려고 힘을 쓰기도 하였다. 하나님은 선교하는 일을 차질 없이 잘 감당하도록 모든 필요를 채워 주셨다. 다시금 개척한다는 심정으로 30여 명의 성도들과 함께 일어났다.

CHAPTER 07

농촌목회에 대한 약속을 지키라며 감동을 주신 하나님

1.
농촌목회 약속을 지키라고
또다시 감동을 주신 하나님

　　　　　　시간이 흐르면서 하나님께 대한 죄송스러움과 두려움이 심화되어 갔다. '교인들이 더 줄어들지는 않을까?'라는 염려가 엄습하니 목회에 두려운 마음이 생겼다. 번뇌가 마음을 휘어감으니 사람인지라 목회에 대한 불안과 절망감이 폭풍우처럼 휘몰아쳐 왔다. 설상가상으로 설교를 제대로 할 수 없을 정도로 건강에 이상이 생겼다. 정신적인 고통에 신체의 아픔까지 겹쳐지니 목회에 대한 자신감마저 상실되고 있었다.
　목회에 대한 우수사려와 암담해져 버린 상황을 가슴에 안고 십자가 밑에 꿇어 엎드렸다. 조용한 시간에 마음을 가다듬고 형편과 처지를 아뢰었다. 담임목사로서 책임을 통감하며 고민스러운 마음으로 기도하는 나에게 교회에 대한 비전을 보여주셨다. 교회가 일어서

려면 패기가 넘치는 젊은 목사가 새롭게 해야 된다는 생각이 섬광처럼 스쳤다. 또한 농촌목회를 할 때마다 하나님의 은혜로 부흥의 역사를 체험했던 지난날의 모습을 추억하게 하셨다. 뿐만 아니라 농촌목회를 할 때마다 유용한 도구로 쓰임 받았던 일도 생각이 났다.

어느새 내 마음은 '나는 농촌목회에 사명이 있는 자가 아닌가?'라는 생각에 사로잡혔다. 건강을 위해서라도 농촌교회로 가야 한다는 생각이 마음을 흔들고 있었다. 설교를 할 때에 목소리가 변질된다든지 통증이 생기다 보니 설교사역을 제대로 감당할 수가 없었다. 목회에 있어서 설교가 생명이기도 하고 중요한 역할을 하는데 성대가 약하여 지장이 있으니 목회에 문제가 될 수밖에 없었다.

목회에 대한 고민스러운 마음을 부둥켜안고 십자가 밑에 나아가 며칠을 주야로 씨름하였다. 기도하는 마음에 순간적으로 문득 떠오르는 생각이 있었다. 이는 나를 도구 삼아 자신의 뜻을 이루시려는 성령님께서 주시는 생각으로 깨달아졌다.

'하나님과의 약속인 교회 개척을 이루었으니 다시금 농촌으로 가야 되지 않겠는가?'

몸부림치는 마음에 성령님께서 두 번째 깨달음을 주셨다.
"너는 건강에 한계가 있으니 이곳은 건강하고 패기 있는 목사가 와야 교회가 살 수 있느니라."

순간, 또 다른 생각이 마음 한구석에서 일고 있었다. 다름 아닌 인생을 파멸로 몰고 가는 탐심이 꿈틀거리는 것이었다. 개척 당시에 많은 것들을 투자했기 때문에 쉬 포기할 수 없다는 생각이 압도하

1. 농촌목회 약속을 지키라고 또다시 감동을 주신 하나님

여 왔다. 기도하면 할수록 교회 재산에 대한 애착이 더 불타오르듯 하였다. 욕심만 부리면 현금화 할 수 있는 재산들이었다. 그 누구에게도 교회를 물려줄 수 없다는 생각이 내 중심에 굳게 버티고 있었다. 더군다나 지금의 형편으로도 교회를 운영하면서 목회자의 생활비는 충당할 수 있었다. 때문에 고민을 할 수밖에 없었다.

인간적인 욕심과 육신적인 생각들이 성령님의 감동인 농촌목회에 대한 길을 차단시키고 있었다. 생명도 물질도 주님의 것으로 인정하며 청지기의 삶을 살았던 모습이 육신적인 생각과 욕심 앞에 자취를 감추고 있었다. 또한 모든 것이 주님의 것이라며 고백하던 청지기의 모습을 이제는 자취조차 찾을 수 없었다.

성령의 감동을 외면하고서 사역을 감당하고 있던 어느 날이었다. 지방회에 소속된 ○○교회 집사들이 찾아왔다. 지방회 총무였기에 공적인 일로 찾아왔는데 "지금 목사가 마음에 들지 않으니 목회자를 교체시켜 달라"는 요청이었다. 그러면서 담임목사의 문제점을 낱낱이 기록한 문서와 함께 성도들이 서명 날인한 문서를 내밀었다. 그들이 지적한 문제점은 어느 교회에나 다 볼 수 있는 것들이었다. 좋은 교회에서는 이해하고 은혜로 넘어갈 수 있는 문제들이었다. 그럼에도 ○○교회 집사들은 조금도 이해하지 않았다. 목사를 내보내는 일이 습관화가 되어 이번에도 스스럼없이 일을 꾸미었다.

그들은 하나님도 두려워하지도 않고 그 누구도 의식하지 않고 자기들의 생각대로 일을 처리하는 불신앙적인 자들이었다. 1년 전에도 이런 방법으로 인해서 10개월 만에 목사가 쫓겨나다시피 교회를 떠났다. 그 후에 지금의 목사가 부임을 하였다. 근 1년 동안 아무 소리가 없더니 또 무엇이 못마땅했는지 목회자를 바꾸기 위해서 총무인 내게 찾아온 것이었다.

나는 ○○교회 집사들을 설득도 하고 사정도 해보았다. 그러나 그들은 막무가내로 무조건 목회자 교체만을 요구해 왔다. 자신들의 요구가 관철되지 않을 경우에는 모든 교인들이 합세하여 교회 입구에 다른 교단의 교회를 세우겠다며 엄포를 놓기도 하였다.

40년 역사에 많은 목회자가 거쳐간 교회였다. 교인들의 신앙의 질이나 인간성이 그다지 좋지 않다는 의미였다. 그러기에 그 교회는 자원하는 목회자가 없었다. 상당 기간을 젊은 집사들이 예배를 인도하기도 하고, 어느 때인가는 실력을 갖춘 다른 교회 집사가 파송되어 예배를 인도하였다. 그러한 방법으로 교회로서의 맥을 이어왔다.

참으로 가슴 아픈 것은 목사들이 자원하여 스스로 이동하는 것이 아니라 집사들에게 쫓겨나는 교회였다. 그러다보니 지역과 교단에서 나쁜 교회로 소문이 나지 않을 수 없었다.

지방회 총무로서 교인들과의 공적인 회동을 갖기 전에 먼저 담임목사를 만났다. 그는 지금 당하는 고통을 토하면서 다른 곳으로 가고 싶다는 의사를 밝혔다. 목사는 연말까지만 시무연장을 시켜 달라며 부탁을 하였다. 일 처리가 쉬워졌다는 생각에 편안한 마음으로 돌아왔다.

그 일이 생기기 몇 개월 전이었다. 두 명의 교역자가 교회를 이동시켜 달라며 청탁을 해왔다. 그래서인지 목회자를 이동시켜 주는 일이라면 그리 어렵지 않다는 생각이 들었다. 교회를 옮겨 달라는 후보자가 두 명이나 대기하고 있다는 생각에 마음이 여유로웠다.

1. 농촌목회 약속을 지키라고 또다시 감동을 주신 하나님

문제 수습 차원에서 주무부장이 먼저 예배에 참석하여 설교를 한 적이 있었다. 그 후로부터 두어 주일이 지난 후에 그곳 집사들과 주무부장과 함께 회동을 가졌다. 회의가 시작되면서부터 몰지각한 집사들의 만행으로 정상적인 회의를 진행할 수가 없었다. 40대의 젊은 여자 집사가 일어나더니 주무부장 목사에게 "지난번 그것도 설교라고 했느냐?"며 따져 물었다. 곧장 이어서 담임목사에게 "지금 당장 나가라"고 윽박지르면서 쏘아대기도 하였다. 나중에 알고 보니 자기 오빠도 시골에서 목회를 하고 있는 집사였다. 자기 오빠를 생각한다면 목사에게 허물이 있고 실수를 했더라도 먼저 목사를 옹호하며 목회의 협력자가 되어야 할 처지였다. 그야말로 해결의 가닥이 잡히지 않는 암담한 상황이었다.

집사들의 감정이 악화되면서 상황은 쉽게 수습될 수 없는 극단의 분위기로 치닫고 있었다. 나는 말할 틈을 얻어 ○○교인들에게 내가 책임지고 목사를 이동시켜 줄 것을 약속하였다. 그러자 교인들의 감정이 조금씩 진정되면서 다시금 대화가 시작되었다. 여러 대화가 오가는 중에 집사들의 본심이 드러났다.

"지금 담임목사님은 기도원에 가서 계시고, 그동안은 주일날에만 원로목사님을 모시려고 합니다."

목회자끼리 교환을 원치 않는다는 의미였다. 이제는 담임목사를 아예 모시지 않고 자기들끼리 교회를 해보겠다는 속셈이었다. 그러기 위해서는 지금의 담임목사를 희생시켜야겠다는 생각을 하고 있었다. 참으로 악랄하고도 무서운 사람들이었다. 저들의 행동은 과연 하나님을 믿는 신앙인들인지 의심할 정도로 안하무인이었다.

순간 성령님은 피로 값 주고 사신 하나님의 교회를 이대로 방치해서는 안 된다는 생각을 갖게 하셨다. 나는 집사들의 말을 들은 후에 공인으로서 이런 결론을 내렸다.

"은퇴하신 원로목사님은 교회를 담임할 수 없습니다. 이곳에 올 사람이 없으면 나라도 갈 거니까 기다려 보세요. 제가 좋은 목사님을 꼭 소개하겠습니다."

교인들은 자기들의 요구가 관철되었다는 듯 내 말에 토를 달거나 반론을 제기하는 자들이 없었다. 다행스런 일이었다. 당시, 나에게 교회 이동을 청탁했던 두 명의 목사님들을 믿고 나는 교회 측에 언제까지 해결해 주겠다는 호언장담을 하였다.

"내가 꼭 약속을 지킬 거니까, 그간 목사님께 잘하세요."

담임목사가 사임하는 날까지라도 목회에 협력하는 조건으로 목회자 이동문제를 해결해 주기로 하였다. 이렇게 해서 ○○교회 교역자 이동문제는 일단락을 지었다. ○○교회 목사에게 위로와 함께 "힘을 내어 기도하자"는 말을 남기고 집으로 돌아왔다.

2.
욕심과 애착을 버리도록 강권하신 하나님

시간이 흘러 ○○교회 집사들과 약속한 날이 가까워지고 있던 어느 날이었다. 목회지 이동을 청탁했던 목사들을 불러 ○○교회를 소개하였다. 어찌된 일인가 두 사람 모두 ○○교회는 가지 않겠다면서 일언지하에 거절하였다. 이유를 물으니 두 사람의 대답이 일치했다. "○○교회에 부임하면 자신의 힘으로는 몇 개월 버티지 못할 것 같아서 자신이 없다"며 자신들의 의사를 전하였다. 두 명의 후보가 있기에 ○○교회 집사들에게 호언장담하며 약속했던 나로서는 암담하기만 하였다. 별의별 궁리를 다 해보았지만 저들에게 변명할 말이 없었다.

약속한 날이 이르러 만남을 가졌으나 결정적으로 답을 얻지 못한 집사들은 약속한 대로 목회자 교환을 책임지라면서 자신들의 주장만을 내세웠다. 집사들은 성직자로서 말에 대한 책임을 지라는 주장과 함께 약속을 지키라며 나를 매몰차게 몰아세웠다.

다음 날, 사태를 알아보기 위하여 ○○교회를 방문하였다. 날씨가 추운데도 냉방에서 전기장판에 의존하여 겨울을 지내고 있었다. 사모는 몇 개월째 사례비를 받지 못했다면서 울상을 짓고 있었다. 사명 때문에 냉대를 받으며 고생하는 목회자와 그 가족들을 생각하니 마음이 아팠다. 목사와 그 가족을 위로한 후에 집으로 돌아왔다.

○○교회와 목사를 위해서 기도하지 않을 수 없었다. 습관을 따라 밤 12시가 가까운 시간에 강단에 올라가 십자가를 바라보며 무릎을 꿇었다. ○○교회와 목사를 위한 중보기도가 저절로 나왔다. ○○교회 집사들을 감당할 민힌 자를 보내달라며 간구하였다. 그래야 교역자들을 고통스럽게 하는 일들을 종식시킬 수 있기 때문이었다.

자정 기도를 마치고 새벽기도회를 위해서 잠자리에 누웠으나 잠이 오지 않았다. 몇 분 사이에 지금까지의 목회여정이 한 편의 단막극처럼 회상되었다. 지난날의 일들을 회고해 볼 때 사업할 때나 목회할 때나 나는 하나님의 계획에 의해서 사용되는 하나의 도구에 불과하였다. 나는 언제나 하나님의 필요에 의해서 움직이고 사용되는 도구라는 사실을 다시 한 번 일깨워 주셨다.

성령님은 잠을 이루지 못하는 내 마음을 두드리셨다. 집사들을 향해 내 입에서 내뱉은 말도 우연이 아니었음을 깨닫게 하셨다. 집사들과의 약속도 하나님께서 섭리하셨음을 깨달았다.

청년 시절에 농촌목회를 하겠다던 약속이 뇌리에서 떠나지 않고 계속해서 나를 번뇌케 하였다. 고민스러웠다. 커다란 바위가 마음을 짓누르는 듯하였다. 여러 가지 잡다한 생각을 하다 보니 내 마음은 어느새 인간적인 욕심으로 가득 차 있었다. 육신적인 생각이 마음을 에워싸니 개척 당시 투자하였던 거액의 돈을 쉬 포기할 수가 없었다. 내가 땀 흘려 이룬 재산도 주님의 것이라고 고백했던 청지기의 마음은 변질이 된 지 오래였다. 교회 재산이 성도들의 헌금으로 형성되었음에도 물질에 대한 애착이 성령님의 감동을 차단시키고 있었다. 교회의 재산이 마치 내 것인 것처럼 착각하며 움켜쥐려는 나의 마음은 자신도 모르는 사이에 하나님의 뜻을 거부할 핑곗거리와 합리화로 가득 차 있었다.

내 안에 도사리고 있던 욕심으로 인하여 성령의 감동은 계속하여 외면을 당하고 있었다. 오래전부터 고착된 사업적인 기질이 마음 문을 닫고 귀를 막아 버렸다. 하나님 앞에 서원했던 농촌목회의 사명을 외면하려고 몸부림치는 나의 마음을 성령님은 계속 두드리고 계셨다.

나 한 사람의 순종과 희생이 두 교회를 살리는 길임을 깨닫게 하셨다. 지난날 농촌목회에 순종했을 때 아름답게 사용하셨던 시절도 떠오르게 하셨다. 하나님께 순종했을 때 축복과 기적의 사건들을 체험케 하신 사건들도 모두 생각나게 하셨다. 순간순간 성령님은 내 마음을 어루만지며 "늦게 시작한 목회인데 남은 생애를 통해서 의미 있는 일을 해보지 않겠느냐?"며 감동하셨다.

결국에는 성령의 감동과 집요한 강권하심으로 인하여 육신적인 생각들이 서서히 부서지기 시작하였다. 욕심으로 가득 찬 인간적인 계산들도 시간이 흐름에 따라 깨어지고 있었다. 성령님의 지속적인 도우심으로 인하여 청지기 정신이 차차 회복되어 갔다. 결국은 내게 큰 손해가 따를지라도 하나님과의 서원을 지켜야 한다는 생각으로 결론을 내렸다.

'덤으로 사는 시한부 인생인데 순종하자. 그래야 하나님께서 생명도 건강도 목회도 보장하시리라. 욕심을 버리는 것이 사는 길이다.'

○○교회에 부임하는 일은 고생길이며, 계산적으로 엄청난 손해가 따르는 일이었다. 그렇지만 성령의 감동에 순종하기로 결심을 하였다. 나 한 사람의 결정에 신앙적으로 방황하던 성도들이 환영하였다. 갈 곳이 없어 고민을 하던 목회자에게는 갈 곳이 생기는 일이기에 감사하였다.

3.
모든 자들이 외면하는 교회에 자원하다

목회 시작한 지 14년째 되던 해, 신년을 이틀 앞두고 농촌교회로 향하였다. 이번이 다섯 번째 목회지이며 농촌교회로서는 세 번째였다. 이번에도 하나님과의 약속을 지킨다는 명분 아래 농촌교회로 부임하는 일에 결단을 하였다.

그해는 다른 해보다 유달리 많은 눈이 내렸다. 시루떡을 연상케 할 정도로 지붕마다 눈들이 수북수북 쌓여 있었다. 12월 초부터 하루도 빠지지 않고 거의 눈이 내린 것 같았다. 녹지 않은 상태에서 눈이 쌓이니 도로는 유리알처럼 미끄러웠다.

그런데도 이사를 단행하였다. 누가 쫓는 것도 아니건만 마치 쫓기는 사람처럼 이사를 서둘렀다. 농촌으로 가지 않아도 누가 뭐라고 할 사람이 없었건만 왜 그리 급하게 서둘렀는지 나 자신도 이해할 수 없었다. 더군다나 농촌으로 가는 길은 고난의 길이며 가시밭길인데도, 왜 그리로 가려고 했는지……성령님의 강권하심이 아니고서는 결단할 수 없는 일이었다.

내가 자원한 교회는 환경이 열악한 곳으로 좋은 면이라고는 조금도 찾아볼 수 없는, 전혀 소망이 없는 교회였다. 모든 목사들이 외면하기로 유명한 교회, 교인들의 잘못된 신앙으로 인하여 목회자들이 고통 가운데서 신음하다가 울며 떠나는 교회, 말썽도 많고 문제도 많고 할 일도 많은 교회였다. 나도 어쩌면 전임자들처럼 고통만 당하다가 참담한 모습으로 내쫓김을 당할 수도 있다는 생각에 잠시 고심을 하기도 하였다.

그러나 결과적으로 문제가 많은 교회에 커다란 마음의 짐과 부담감을 안고서 자원을 하게 된 것은 "농촌목회에 대한 서원을 지키라"는 성령님의 강권하심 때문이었다. 그러기에 농촌으로 가는 길이 설령 고생길이며 전임자들처럼 쫓겨나는 한이 있더라도, 하나님과의 서원을 이행하는 길이기에 여러 목사들이 꺼려 하는 ○○교회에 부임을 결심하게 되었던 것이다.

사실, 이삿짐을 꾸리면서도 두 마음이었다. 얼마 전, 사건 수습과정에서 담당목사와 ○○교회를 방문했을 때에 집사들의 오만불손한 모습들이 생각나기도 하였다. 그럴 때면 나도 사람인지라 갈등과 함께 번복하고 싶은 충동이 일기도 하였다. 육신의 생각이 발동하여 농촌목회를 다시 생각해야 되리라는 마음이 생길 때면 성령님은 내게 찾아오사 마음을 어루만지시며 잘못된 것은 깨닫게 하시고 선한 일이나 주님을 위한 일에는 헌신하도록 강권하셨다. 이번에도 성령님은 농촌목회에 대한 서원을 이행하는 일에 마음을 굳히게 하셨다.

3. 모든 자들이 외면하는 교회에 자원하다

이번 농촌교회가 세 번째이다. 나는 매번 주변 사람들의 예상을 뒤엎고 부임했었다. 이번에도 마찬가지였다. 나에게 농촌으로 갈 수 있는 기회가 주어질 때마다 외면치 않고 순종하였다. 이는 하나님과의 서원은 해로울지라도 지켜야 한다는 말씀을 보배처럼 여겨 왔기 때문이었다. 내가 농촌교회로 부임하여 갈 때마다 주변 사람들은 납득하지 못하였다. 도시에서 농촌으로 들어가는 나의 모습은 바보짓이라며 비난을 듣기에 충분하였다. 그렇지만 하나님께서 강권하시니 계산적으로 엄청난 손해가 되고 많은 희생이 따를지라도 순종할 수밖에 없었다.

부임해 가는 교회는 문제가 많은 곳으로 험한 가시밭과 같은 곳이었다. 시련과 고통이 따르는 길로서 전임자들처럼 치욕적인 일들을 겪을 수도 있고, 사지로 내몰릴 수도 있는 곳이었다. 그렇지만 하나님과의 서원을 이행하는 길이기에 해로울지라도 부임하기로 결단한 것이다.

부임해서 보니 엄두가 나지 않을 정도로 암담하였다. 부임해 가는 곳마다 그러했듯이 이곳 역시 심란한 곳이었다. 폭설로 인하여 깨어진 지붕, 수년 동안 새어든 빗물로 인하여 썩은 목조 트러스와 천장, 낡고 부식된 목조 창틀, 비가 오면 한강을 이루는 성전 바닥, 자꾸 무너져 내리는 옹벽, 정말로 문제도 많았지만 할 일도 많은 교회였다.

4.
잘못된 신앙관으로
뭉쳐진 사람들

부임한 지 이틀째 되던 날 12월 31일, 늦은 시간이었다. 송구영신 예배를 준비하고 있었다. 밤 11시가 조금 넘었을까? ○ 집사가 사택 문을 두드렸다. 그는 태연하면서도 당당한 모습으로 입을 열었다.

"목사님, 차량운행 나갈 시간인데요."

어이가 없어 할 말을 잃었다. 시내 교회에 찾아 왔을 때나 이삿짐을 옮길 때 광경이 생각났다. ○ 집사 가족만 하더라도 부인 집사, 아들, 사위 모두 운전을 하는 자들이었다. 그리고 개인택시를 하는 집사도 두 명이나 있었고 운전하는 자들이 여러 명이었다. 그럼에도 차량운행은 목사의 몫인지라 예배시간 때마다 운전을 해야만 했다. 운전할 집사들이 있었음에도 예배 전에 목사에게 운전을 시키는 일은 잘못된 신앙으로 개혁되어야 할 일이었다.

　나는 심란한 표정을 지으며 O 집사를 물끄러미 쳐다보았다. 지금까지 주일날이나 예배시간 전에는 차량운행을 해본 일이 없었던 나는 심란할 수밖에 없었다. 부임한 지 이틀도 지나지 않은데다가 눈이 쌓여 길을 분간할 수 없는 상황이었다. 근방 지리도 잘 알지 못하는 초행길인데다가 도로는 무척 미끄러웠다. 또한 어두컴컴한 밤이었으니 더더욱 걱정스러웠다. O 집사는 두 번째로 나를 향해 입을 열었다.

　"오늘은 처음 길이니 지가 안내할게요."

　O 집사의 인도를 받아 운행에 나섰다. 참으로 막막하고 아찔했다. 운행하면서 더 어처구니없는 일들이 생겼다. O 집사는 차량이 빠질 위험이 있는 골목길까지 안내하였다. 차를 돌려 나가기 힘든 좁은 곳까지도 들어가게 하였다. 젊은 나이인데도 자기 집 문 앞에서 차를 타는 모습을 보는 순간 심사가 뒤틀리면서 울화통이 터지기도 하였다. 얼마든지 마을 회관까지 나와서 차를 탈 수 있는데도 이곳 집사들은 그러지 않았다. 집 앞까지 모시러 가야 했고, 운전할 자가 여럿이 있음에도 차량운행은 목사가 담당해야 할 몫이었다. 이는 시급히 시정되어야 할 잘못된 습관들이었다.

　더욱 놀란 것은 교회 마당에 설치된 사슴 막사가 O 집사 개인 소유였다. 심히 가슴 아픈 일이었다. 교회 터를 자기의 것처럼 아무 거리낌 없이 마음 놓고 사용하는 불신앙적인 그의 행위에 경악을 금치 못하였다.

　교회에 오는 성도들마다 고약한 냄새에 고통스러워했다. 교회 마당은 온통 사슴의 배설물로 늘 지저분하였고, 봄이 되면 파리 떼가

꼬여 위생상 심각한 문제가 될 수밖에 없는 상황이었다. 겨울철에도 냄새가 고약하니 날이 풀리면 그 악취가 오죽하겠는가. 사슴들이 울어대는 소리는 예배에 방해요소가 되었고, 성도들이 기도하는 데 걸림돌이 되기도 하였다. 그래도 누구 하나 사슴 막사에 대하여 거론하는 자가 없었다.

사택과 사슴 막사와 가까이 붙어 있어 제일 많이 피해를 보는 사람은 목사 부부였다. 그렇지만 우선은 참고 견딜 수밖에 없는 상황이었다. 이를 거론했다가는 부임하자마자 문제가 생길 수도 있기 때문이었다. 우선 기도하면서 기회를 찾는 길밖에 없었다.

○ 집사 부부는 하루에 두 차례씩 먹이를 주기 위해 교회를 찾았다. 그들은 입을 열어 허심탄회하게 자신들의 마음을 보여주었다. 참으로 경악을 금치 못할 일이었다.

"목사님! 사슴 때문에 교회가 유익입니다. 우리가 교회에 한 번이라도 더 오게 되니까요."

남편인 ○ 집사의 말이 끝나자, 다음에는 부인 집사가 입을 열어 경악을 금치 못할 말로써 우리 부부를 황당케 하였다.

"목사님! 교인들이나 동네 사람들이 ○○교회가 우리 ○ 집사(남편)의 것이라고 해요."

그들의 말을 듣는 순간 사슴 막사를 치우지 않겠다는 말로 들렸다. 교회에서 주인 행세를 계속하겠다는 의미이기도 했다. 앞으로 이들과 함께 살아갈 것을 생각하니 암담하기만 하였다. 모든 일들을 하나님께 맡기며 기도하는 길밖에…….

그날부터 우리 부부는 밤마다 교회당에서 교회의 상황을 하나님께 아뢰며 도움을 청하였다. 가는 곳마다 사용해 주신 하나님께서

4. 잘못된 신앙관으로 뭉쳐진 사람들

이곳에서도 주님을 위한 도구로서 요긴하게 사용해 달라며 간곡히 아뢰었다. 또한 충성된 일꾼도 붙이시며 필요한 물질도 채워 달라고 간구하였다.

겨울이 지나면서 봄을 재촉하는 비가 내렸다. 교회당 천장 여기저기서 빗물이 떨어졌다. 성전 바닥은 종이배를 띄울 정도로 한강을 이루었다. 그래도 누구 하나 관심을 갖지 않았다. 빗물을 받아내고 닦아내는 것은 목사와 사모 몫이었다. 목사가 손을 대면 마지못해 거드는 사람들이었다. 이는 분명히 잘못된 전통이었고 바로잡아야 할 습관들이었다. 그들에게 '목사는 종, 자기들은 교회 주인'이라는 잘못된 사상이 골수에까지 차 있었다. 그러기에 목사들을 함부로 대하기도 하고 종업원 갈아치우듯 한 것이 아니었을까? 생각할수록 마음은 더 착잡해지고 암담하기만 했다.

이곳에서의 모든 일들을 전능자 하나님께 맡기는 길밖에 없었다. 그래서 우리 부부는 밤마다 십자가 밑에 나아가 꿇어 엎드렸다.

5.
하나님께서 주신 지혜로
위기를 넘기다

부임한 지 열흘 정도나 되었을까? 어느 집사에게서 전화가 걸려왔다. ○ 집사의 집에 모두들 모였으니 나더러 오라는 전갈이었다. 무슨 일인가 싶어 약속시간에 맞추어 찾아갔다. 현관문을 열고 들어서니 열댓 명의 집사들이 모여 있었다. 모두 ○ 집사를 추종하는 자들로 교회의 핵심 멤버들이었다. 언제부터 모였는지 한창 깔깔대며 재미있게 놀고 있었다. 거실에 발을 붙이자마자 숨을 돌릴 틈도 없이 ○ 집사의 오른팔인 여집사가 내게 다가서면서 대뜸 입을 열었다.

"목사님! 우리 서울 총회 좀 올라가려고요."

밑도 끝도 없이 내던져진 어처구니없는 그 말 한 마디에 바로 몸이 굳어지는 듯하였다. 나는 집사들에게 아연실색의 표정을 지으며 즉시 받아쳤다. 뜻밖의 일인지라 나도 모르게 불쾌하면서도 무뚝뚝한 어투로 "총회는 왜 가려고요?"라며 대응하였다.

이번에는 교회에서 일을 꾸밀 때마다 O 집사의 수족처럼 움직이는 집사가 "교회 땅을 좀 빼려고요"라며 입을 벌렸다. 언어도단적인 저들의 행동에 나는 잠시 할 말을 잃어버렸다. 정말 땅을 치며 통곡할 일이었다. 이번에는 O 집사가 태연스럽고도 능청맞은 모습으로 목에 힘을 주며 자신의 뜻을 전하였다. 그의 말이 더 가관이었다.

"교회에 제 사슴 막사가 있으니까 그 땅은 제가 인수하고요, 교회 땅은 다른 곳을 사서 넣어 주려고요."

한 마디로 교회에서 사슴을 계속 키우겠다는 속셈이었다. 어디 그뿐인가? 하나님의 성전인 교회 터를 자신의 소유로 만들겠다는 야심이 가득 차 있었다. O 집사의 이야기를 듣자 하니 전망과 위치가 좋은 교회 땅은 자신이 차지하고 전답인 변두리 땅을 사서 총회에 넣어 주겠다는 것이었다.

무섭고도 어처구니없는 말에 경악을 금치 못하였다. 이들이 담임 목사를 청빙치 않고 주일에만 은퇴하신 목사님을 모시려는 이유가 바로 여기에 있었다. O 집사가 교회 땅을 삼키려는 야심이 확연히 드러난 것이다. 성령님께서 주신 지혜로 마음을 가다듬고 그들에게 되물었다.

"교회 땅을 집사님들의 돈으로 사서 총회에 넣었습니까?"

내 말 한 마디에 유구무언의 모습들로 자기들끼리 서로 얼굴만 쳐다보고 있었다. 나는 또다시 입을 열어 저들에게 확신 있는 모습으로 쐐기를 박았다.

"우리 교회 부지는 처음에 미국 선교부에서 사준 겁니다."

내 말 한 마디에 금세 찬물을 끼얹은 것처럼 조용하였다. 어떤 집사는 오래전에 시무했던 전임자들에게 전화를 걸어 내 말이 사실인지를 확인하기도 하였다. 성령님께서 순간적으로 주신 지혜로써 위기를 넘기게 되었다.

부글부글 끓어 오르는 마음을 진정시키면서 교회로 돌아왔다. 비신앙적이며 몰지각한 집사들의 얼굴이 스쳐갈 때마다 부아가 치밀어 올랐다. 성전의 터를 사유재산으로 만들려는 O 집사를 생각하니 분노가 화염처럼 솟구쳐 올랐다. 이로 인한 심적 고통을 참고 있자니 가슴이 터질 것만 같았다. 앞으로 저들과 함께 일할 것을 생각하니 아찔하기도 하였다. 앞으로의 일을 생각할수록 암담하기만 하였다. 목사로서 울분이 터지는 일이었지만 마찰과 분란을 피하기 위해서는 당분간은 참아야 한다는 결론을 내렸다.

그동안 저들의 잘못된 신앙관과 불신앙적인 행동은 전임자들을 고통스럽게 하였고, 전임자들은 눈물로 세월을 보내기도 하였다. 저들의 언어도단적인 횡포로 인하여 어떤 목사는 눈물로 고통 가운데서 참담한 세월을 보내기도 하였다. 친구 목사는 이곳에서 병을 얻어 강단에서 여러 번 쓰러지는 아픔을 겪기도 하였고, 자주 병원 신세를 지기도 하였다. 그동안 목사 추방운동을 벌일 때마다 저들은 으레 단합된 행동을 보였었다. 집사들의 규합된 행동은 목사들을 눈물로 떠나보내는 강력한 무기가 되기도 하였다.

이러한 교회이기에 설령 오갈 데가 없을지라도 이곳에 오기를 꺼려 하였던 것이다. 또한 목회지가 없어 놀고 있는 목사들일지라도 외면한 것이 아닌가 싶다. 갈수록 농도가 짙어지는 O 집사의 횡포는 나로 하여금 심장을 칼로 도려내는 아픔을 느끼게 하였다.

사슴 막사로 인하여 교회는 늘 지저분하였다. 날이 해동하면 파리가 생기고 여름철에는 모기가 생기는 것은 분명한 사실이었다. 그래도 모든 집사들이 이를 관망만 하고 있을 뿐이었다. 정말로 안타깝고 가슴 아픈 일이 아닐 수 없었다. 교회 안에 설치된 사슴 막사를 바라볼 때마다 철거에 대한 기도가 저절로 나왔다. 진통을 겪을지라도 교회 안에 설치된 사슴 막사를 치워야 한다는 생각이 들었다. 이는 교회를 위한 일로서 성령님께서 주신 생각이었다.

우리 부부는 대립이나 아무런 마찰 없이 은혜로운 방법으로 해결해 달라며 간구하였다. 하나님께서는 기도하는 나의 마음에 문제를 해결할 수 있는 지혜를 주셨다. 어느 날엔가 기도의 응답으로 사슴 막사 문제를 해결할 수 있는 방안을 일러 주셨다. 바로 성전을 건축하는 일이었다. 그날부터 우리 부부는 밤마다 성전 건축을 위해서 기도하였다. 이것만이 교회 마당에 설치된 사슴 막사를 은혜롭게 치울 수 있는 방법이기 때문이었다.

6.
부임 3개월 만에 벌어진
목사 추방운동

　　　　　　부임 3개월이 막 지나면서 두 양상이 보였다. 시간마다 말씀을 통해서 은혜를 받는 집사들이 생기기 시작하였다. 그들 중에는 설교를 길게 해달라는 자들도 있었다. 이는 설교가 짧아서가 아니었다. 말씀에 은혜를 받고 있다는 증거였다. 어떤 집사는 저녁마다 매일같이 예배를 드렸으면 좋겠다는 제의를 하기도 하였다. 그래서 자연스럽게 밤 기도회가 시작되었다.

　집사들이 말씀에 은혜를 받으니 교회 안에 변화의 물결이 서서히 일기 시작하였다. 하나님께서는 시간마다 말씀의 불방망이로 그들의 못된 습성들을 사정없이 깨뜨리셨다. 어느 때는 선지자적인 설교 앞에서도 "아멘" 하며 은혜를 받는 모습들을 보이기도 하였다. 이는 그들의 잘못된 신앙의 체제가 하나님의 말씀과 성령의 능력으로 붕괴되어 가고 있음을 알리는 신호였다. 하나님의 진리의 말씀을 들으면서 깨닫고 회개하는 소리가 내 귓가에까지 들리기도 하였다. 하나님의 말씀에는 역시 능력이 있었다.

"이제는 우리 나쁜 짓 그만 하자. 앞으로 죄짓지 말자."

집사들에게서 미래에 대한 소망과 함께 변화의 가능성이 조금씩 엿보이기 시작하였다. 참으로 은혜로운 모습이며 좋은 현상이었다. 성도들과 교회를 새롭게 하시려는 하나님의 뜻이 서서히 전개되어 가고 있다는 사실 앞에 우리 부부는 두 손을 모아 감사를 드렸다.

반면에 애석하게도 아직 옛 습성을 버리지 못한 자들도 있었다. 자기 마음에 들지 않는다는 이유로 목사를 추방하려는 음모를 꾸미기도 하였다. 참으로 불쌍하기 그지없는 일이 아닐 수가 없었다. 부임해서 보니 O 집사가 교회의 재정권을 비롯하여 모든 일에 결정권을 쥐고 있었다. 그의 결정이 모든 교인들의 결정이라 할 정도로 그의 영향력은 대단하였다.

부임 3개월이 지난 후였다. 그동안 영향력을 행사하던 O 집사가 그 힘을 이용하여 나를 내치려는 음모를 꾸며댔다. 대화 중에 모든 목사님들을 우습게 여기는 O 집사의 언행을 그냥 넘길 수가 없었다. 목사님들을 무시하며 우롱하는 그의 말을 도저히 참을 수가 없었다. 인내하는 데도 한계가 있었다.

참다 참다 한 마디 내뱉은 말이 화근이 되었다. 자신의 잘못된 언행은 조금도 생각지 않고 목사의 말만 트집을 잡고 나섰다. 그것을 문제를 삼아 자기에게 말대꾸를 했다면서 교인들을 선동하기 시작하였다. 참으로 어처구니도 없거니와 분통 터질 일이었다. 그의 불신앙적인 행동에 부아가 치밀었지만 참을 수밖에 없었다.

앞으로 살아갈 일들을 생각하니 답답하고 착잡하기만 하였다. 나 역시도 전임자들과 같은 전철을 밟는 것 같아 마음이 심히도 아팠다. 미래에 대한 염려들이 마음을 에워싸니 환멸과 함께 절망감이 꿈틀거리기 시작하였다. 모든 일들을 하나님께 맡기고 오직 기도할 뿐이었다.

O 집사의 작전은 이미 개시되어 교인들 가운데서 진행되어 가고 있었다. 그 부부는 예전처럼 모든 집사들에게 접근하여 목사 추방운동을 벌였다. 그런데 이게 어찌된 일인가? 목사 추방에 대한 O 집사의 계략이 집사들에게 먹혀들지 않았다. 이번에는 집사들이 그의 선동에 한 사람도 따라주지 않았다. 그동안 O 집사의 주문에 의하여 움직여 주던 집사들이 모두 거절하는 뜻을 밝혔다.

이런 일을 어찌 인력으로 할 수 있었으랴. 이는 하늘에 계신 전능자 하나님께서 개입하신 일이 분명하였다. 시간마다 하늘로부터 공급되는 은혜를 받으니 믿음의 사람들로 변화된 것이 아닐까? 이제는 집사들이 믿음으로 의롭게 살려는 의지를 행동으로 보여주었다. 그동안 O 집사의 말이라면 무조건 따르며 행동대장으로 수족과 같이 움직여주던 집사들이 그 손을 뿌리쳤다.

"O 집사님, 이제부턴 나쁜 짓 그만 할래요. 이번에 오신 목사님은 다른 목사님하고 다르대요. 건들면 큰일 난대요."

하나님께서는 이때를 위하여 O 집사가 수족과 같이 부리는 집사에게 음성을 들려주셨다.

"이번에 너희에게 보낸 종은 내 사랑하는 종이니라.

다이아몬드처럼 존귀하고 강한 자니라."

하나님께서는 ○○교회에서 주기적으로 벌어지는 목사 추방운동이 이제는 종식되기를 원하셨다. 목회의 사명을 감당하는 목사들의 신변을 보호하시려는 일환책으로 ○ 집사의 손발이 되어 교인들을 선동했던 집사에게 음성을 들려주신 것이 아니었을까?

뿐만 아니었다. 그동안 악한 일에 가담했던 자들이 말씀에 은혜 받고 변화되니 이제는 목사 추방운동에 따르는 자가 없었다. ○ 집사는 최종적으로 그동안 오른팔처럼 부려먹던 집사를 찾아 도움을 청하였다. 이번에도 역시 교회를 살려야 한다는 구실을 붙여 설득하였다. ○ 집사는 "교회를 살리려면 목사를 내보내야 한다"며 합세하여 줄 것을 애원하였다. 그 집사 역시 이번에는 ○ 집사가 내미는 손을 단호히 뿌리치며 자신의 소신을 밝혔다.

"이 목사님 같은 분이 싫으면 우리 교회에 조용기 목사님이 오신들 집사님의 마음에 들겠습니까? 이제라도 정신 차립시다. 교회를 살리려면 목사님 내보내는 일은 그만해야 합니다. 나 이제 정신 차렸습니다."

이번에는 ○ 집사의 예상이 완전히 빗나갔다. 종전처럼 모두들 자기의 손발이 되어 움직여 줄 줄 알고서 목사 추방운동을 벌였는데 한 사람도 호흡을 맞춰 주지 않았다. 모든 집사들이 외면하자 목사를 추방하는 일이 무산되고 말았다. 목사 추방운동이 수포로 돌아가자 ○ 집사는 더 이상 교회에서 나쁜 일을 꾸미지 못하였다.

7.
성전 건축을
방해하는 무리들

교회에 도착하면서부터 기도할 때마다 하나님께서 나를 이곳으로 보내신 이유를 깨닫게 되었다. 하지만 어디서부터 어떻게 손을 대야 할지 엄두가 나지 않을 정도로 암담하였다.

성전 건축의 사명자인지라 이곳에서도 성전을 건축하지 않으면 안 될 상황이었다. 그날부터 교회 건축에 대한 소망을 가슴에 안고 기도하기 시작하였다. 그날 이후부터 성전 건축에 대한 우리 부부의 기도는 변함이 없었다. 비가 내려 성전 바닥이 한강을 이룰 때면 성전 건축에 대한 기도는 더더욱 간절하였다.

그러던 어느 날 주일이었다. 성령님의 감동에 따라 성전 건축에 대한 필요성을 밝혔다. 아울러 함께 기도할 것도 당부하였다. 성전 건축이 내 몫에 태인 사명이 아닌가 싶어 우리 부부가 먼저 건축헌금을 약정하였다.

시간이 지나면서 감동된 교인들이 형편에 따라 헌금하기 시작하였다. 성도들 모두 자기들의 경제적인 형편에 맞추어 건축헌금을 약정하였다. 가난하고 형편들이 어려운 극빈자들까지도 최선을 다해 참여하였다. O 집사 부부도 건축헌금을 약정하였는데 총 건축헌금의 거의 30퍼센트에 해당하는 금액이었다. 이는 경제적으로 능력이 있다는 증거였다. 참으로 감사하고 고마운 일이었다. 그런데도 워낙 교세도 열악하고 성도들의 살림도 여의치 못한 까닭에 약정된 건축헌금으로는 어림도 없었다. 하나님께 교회의 형편을 아뢰면서 성전 건축을 위해서 계속 기도만 할 뿐이었다.

시간이 지나면서 건축에 대한 다른 의견이 나왔다. 지금의 약정된 헌금으로는 건축하기가 어려우니 우선 지붕 보수공사와 퇴락한 곳만 부분적으로 보수를 하자는 것이었다. 그러나 집사들 거의가 성전 건축을 원하였다. 집사들은 성전 건축이 소원이었기에 경제적으로 어려운 형편 가운데서도 최선을 다하였다. 성전 건축은 하나님께서 기뻐하시는 일로서 복을 받는 길이기에 집사들은 기쁨과 즐거운 마음으로 참여하였다. 수술비용까지도 성전 건축헌금으로 드린 자들도 있었고, 20여 년간을 소중히 간직해 왔던 결혼 패물까지도 팔아 건축헌금을 드린 자들도 있었다.

성전 건축에 대한 성도들의 불타는 여망은 마침내 이루어졌다. 교인들로서는 최선을 다했으니 부족한 부분은 하나님께서 채워 주실 것으로 믿고 믿음으로 성전 건축을 시작하였다.

참으로 감사한 것은 공사비를 한 푼이라도 아껴 보려는 마음으로

온 교인들까지도 협력하였다. 허리를 수술하고 요양을 해야 할 집사까지도 협력하는 모습을 보이기도 하였다. 성전 건축에 대한 소식이 형제들에게 전해졌다. 양가의 부모님을 비롯한 형제들과 조카들까지도 최선을 다하여 성전 건축에 참여해 주었다. 참으로 감사할 따름이었다.

그러나 성전 건축에 대해 전혀 관심을 보이지 않은 집사들도 있었다. O 집사 부부는 작정한 건축헌금을 드리기는커녕, 성전 건축을 훼방하기도 하였다. 도움이 필요하여 협력을 요청하면 "목사가 돈이 많으니 인력시장에 가서 돈 주고 인부를 데리다 쓰라"면서 마음을 아프게도 하였다. 어처구니없는 모습을 보는 순간 성전 건축에 대한 감격과 기쁨이 순식간에 사라져 버렸다. 언어도단의 모습으로 연장을 지르는 지들로 인하여 환멸과 함께 마음에 우수사려가 생기기 시작하였다. 때로는 심적인 고통에 시달리기도 하고, 때로는 밤잠을 설칠 정도로 마음이 착잡하기도 하였다.

시간이 지나면서 교회 안에 문제가 하나 둘 불거져갔다. 그동안 잠잠했던 사탄은 집사들을 도구 삼아 또다시 교회를 암담한 상황으로 몰아가고 있었다.

성전 건축을 반대했던 O 집사의 구변이 어찌나 좋은지 어불성설과 같은 말들이 교인들에게 먹혀들었다. 다시금 그와 합류하여 건축을 방해하는 일에 가담한 자들도 있었다. 뙤약볕에서 구슬땀을 흘려가며 벽돌을 나르는 집사들에게 시비를 걸기도 하였다. 또 어느 날엔가는 깨끗한 옷차림으로 나타나 식당에 들어가 자기들끼리 국수를 삶아 먹으면서 열심히 봉사하는 자들의 부아를 지르기도 하였다.

7. 성전 건축을 방해하는 무리들

그들과 맞서 싸울 수도 없고 참으로 분통 터지는 일이었다. 그들은 성전 건축을 방해할 뿐 아니라 우리 부부를 힘들게 하려는 목적으로 집사들로 하여금 목사에 대한 원망의 마음을 갖게 하였다. 이런 일들로 인한 진통은 우리 부부를 더욱 참담하게 만들었다.

얼마 동안 잠잠했던 문제의 집사들이 또다시 고개를 들고서 도전적인 행동을 보이기 시작하였다. 그들은 별의별 말을 퍼뜨리면서 우리 부부를 궁지로 내몰고 있었다. 그들의 날조된 거짓말이 먹혀들어 교인들이 또다시 흔들리기 시작하였다. 농촌지역인지라 영향력 있는 ○ 집사의 그늘에서 벗어나지 못하고 다시금 한통속이 되어 가고 있었다. 사람의 힘으로는 감당할 수 없는 일이기에 기도하며 하나님께 맡기는 길밖에 다른 방도가 없었다. 그래서 밤마다 십자가 밑에 나아가 형편과 처지를 아뢰었다.

성전 건축이 거의 마무리되어 갈 무렵, 그동안 방심했던 ○ 집사가 갑자기 건축에 관심을 갖기 시작하였다. 이제라도 건축에 대하여 긍정적인 모습을 보이는 그에게 기대를 걸기도 하였다. ○ 집사는 마치 자기가 공사비를 부담할 것처럼 계약서에 없는 부분을 추가로 진행시키기도 하였다. 뿐만 아니라 목사가 엄두도 내지 못하는 공사와 생각지도 않았던 사택 지붕과 리모델링 공사까지도 감행하였다. ○ 집사가 추가공사를 결정할 때마다 나는 교회재정 상태를 밝히면서 "이것은 집사님이 책임을 져야 합니다"라며 쐐기를 박기도 하였다.

성도들의 헌신과 수고로 성전이 완공되었다. ○ 집사의 관여로 인하여 건축비는 예상외로 많이 추가되었지만 성전은 보는 이들이 흐못해할 정도로 아름답게 마감되었다. 경제적인 형편상 화장실을 비롯한 축대공사는 차후로 미루고 먼저 성전만 완공한 후에 입당하여 감사예배를 드렸다. 하나님의 은혜, 참으로 감사할 따름이었다.

CHAPTER 08

네 몫에 태인 십자가를 지라시며 기회를 주신 하나님

1.
감당할 수 없는 부채를
남겨 두고 떠난 사람들

파란만장, 고군분투, 우여곡절 끝에 우선 본당만 마무리를 하였다. 그리고 새 성전에 입당하여 첫 예배를 드리는 날이었다. 오후 찬양 예배를 마친 후에 경악을 금치 못할 사건이 벌어졌다.

○ 집사 부부가 교인들을 모아 놓고서 다른 교회로 옮겨가겠다며 자신들의 의사를 밝혔다. 다른 집사들은 이미 알고 있었다. '목사와 맺힌 응어리를 풀면 되겠지'라는 생각으로 우리 부부는 여러 차례 심방을 하였다. 그러나 어떠한 설득이나 간청도 통하지 않았다.

○ 집사 부부는 그다음 주일부터 가족들과 함께 다른 교회로 옮겨갔다. 그들의 결단이야말로 경천동지할 사건이 아닐 수 없었다. ○ 집사 부부가 약정한 헌금은 총 건축헌금의 30퍼센트에 해당하는 큰

금액이었다. 만일 그가 약정한 헌금을 이행치 않는다면 교회는 재정적으로 더 곤경에 처할 수밖에 없는 상황이었다.

그들은 여러 업종의 사업을 경영하는 자들로 지역에서 성공한 사람으로 알려진 사업가였다. 또한 근동에서 하나님께 복을 받은 사람으로 알려지기도 하였다. 그의 신앙의 연조가 깊기도 하거니와 하나님께서 주신 복으로 사업을 이루었기에 하나님과의 서원을 이행하리라고 믿었다. 그리고 기대도 했었다. 더군다나 나무를 팔면 단독으로 성전을 건축하겠다는 말을 밥 먹듯이 했기에 믿었다.

그들은 떠날 때나 떠난 후에도 하나님께 약정한 건축헌금이나 책임을 져야 할 부분에 대해서는 유구무언이었다. 그날 이후 그들은 동네에서나 시내 지인들에게 "우리가 ○○교회를 건축하고 나왔다"는 말을 퍼뜨려 우리 부부를 더욱 황딩케 하였다.

○ 집사가 건축헌금을 약속한 일이나 건축과정에서 보인 행동들은 결과적으로 교회를 어렵게 하려는 하나의 수법이었다. 그들의 행동이 목사를 경제적인 곤경에 빠뜨리려는 궤계였음이 확연히 드러났다. 교회재정을 더 어렵게 하려는 목적으로 막바지에 건축에 관여했던 것으로 생각할 수밖에 없었다. 성전 건축을 방해하던 자가 갑자기 나타나 추가공사로 벌인 일들은 보복을 위한 작전이었다. 또한 목사를 궁지에 몰아넣으려는 계획적인 처사였다고 볼 수밖에 없었다.

그렇지만 하나님은 그 작전을 이용하여 성전을 더 아름답게 마감하셨다. 또한 교회에 필요한 모든 시설은 물론 하자가 많았던 사택까지도 보수케 하셨다. 경제적인 압박으로 심적인 고통은 있었지만 성전을 아름답게 마감하였으니 감사할 따름이었다. 교회를 방문한

1. 감당할 수 없는 부채를 남겨 두고 떠난 사람들

목사님들마다 아름답다며 칭찬을 아끼지 아니하였다. 그럴 때마다 나는 수고와 그 공을 교인들에게 돌렸다.

성전이 완공되어 입당은 했지만 아직 미불된 공사비가 있었다. 또한 성구대금을 결제해야 했다. 공사비와 대금을 생각할 때면 마음에 염려가 생기기도 하였다. 재정에 대해서는 교인들에게 더 이상 기대할 수 없는 상황이었다. 목사도 사람인지라 환경의 지배를 받을 수밖에 없었다. 염려로 인한 마음의 불안은 날이 갈수록 더욱 심화되어 갔다. 기도하지 않으면 안 될 상황인지라 염려를 가슴에 안고 하나님께 현재 처한 형편과 상황을 그대로 아뢰었다. 하나님은 나를 외면치 않으시고 간구하는 내 마음에 말씀으로 응답해 주셨다.

"아무것도 염려하지 말고 오직 모든 일에 기도와 간구로, 너희 구할 것을 감사함으로 하나님께 아뢰라 그리하면 모든 지각에 뛰어난 하나님의 평강이 그리스도 예수 안에서 너희 마음과 생각을 지키시리라"(빌 4:6-7).

"나의 하나님이 그리스도 예수 안에서 영광 가운데 그 풍성한 대로 너희 모든 쓸 것을 채우시리라"(빌 4:19).

나에게 응답으로 주어진 하나님의 말씀들은 마음에 위로가 되었고 평안도 누리게 하였다. 하나님의 약속에 대한 확신도 생겼다. 하지만 하나님께서 주신 위로와 평안도 현실 앞에서는 무의미할 때가 있었다. 미불된 공사비를 달라고 찾아온다든지 전화가 걸려오면 당장 해결할 수 없는 상황인지라 염려가 앞을 가렸다. 아무리 궁리를 해보아도 공사대금을 마련할 길이 없었다. 교인들을 둘러보니 그 누구 하나 상의할 자가 없었다. 설령 은행에서 대출을 받는다 해도 생활이 모두 열악했기 때문에 보증을 설 자도 없었다.

목사 혼자서 처리할 수밖에 없는 상황이었다. 참으로 답답하고도 암담할 뿐이었다. 기도할 수밖에 없었다. 우리 부부는 밤마다 십자가 밑에 나아가 공사대금 때문에 하나님의 영광을 가리지 않게 해달라며 간절히 아뢰었다. 그리고 빨리 갚을 수 있도록 은혜를 베풀어 달라며 강청하였다.

하나님은 우리 부부의 기도를 외면치 않으셨다. 이후 하나님의 은혜와 형제들의 보증으로 은행을 통해 공사대금을 차질 없이 집행할 수 있었다. 사탄은 O 집사를 도구 삼아 그리스도의 몸인 교회를 어렵게 하고 목사를 곤경에 빠뜨리려고 하였다. 그렇지만 하나님께서는 피할 길을 내사 위기를 면케 하셨다. 또한 그들의 작전을 이용하여 성전을 더 아름답게 마감하셨다. 하나님의 그 크신 은혜에 감사할 뿐이었다.

1. 감당할 수 없는 부채를 남겨 두고 떠난 사람들

2.
여전히 복음을 외면하며
목사를 냉대하는 주민들

그해, 추수철이 지난 초겨울이었다. 전도 차원에서 선물을 준비하고 음식도 정성스럽게 만들었다. 그리고 주민들을 초대하였다. 마을 이장에게는 직접 찾아가서 정중하게 인사를 드리며 초대장을 전하였다.

행사 전날이었다. 주민들이 마을회관에 모여서 "○○교회 초대에 한 명도 가지 말자"며 합의를 했다는 소문이 들려왔다. 마음이 심히도 서글프고 아팠다. 강퍅하기가 이루 말할 수 없는 사람들이었다. 주민들의 심령 상태는 마치 인력으로는 열 수 없는 굳게 닫힌 여리고 성과도 같았다. 들린 소문대로 초청에 한 명도 응하지 않았다. 참으로 애석한 일이 아닐 수 없었다. 사람인지라 분통과 함께 부아가 치밀어 오르기도 하였다. 앞으로의 일들을 생각하니 참으로 암담하기만 하였다.

연말이 거의 되어갈 무렵이었다. 동네에 사는 집사에게서 전화가 걸려왔다. 마을 총회를 했는데 우리 교회에 대한 결정사항이라며 몇 마디 전해 주었다.

"목사님, 오늘 마을 총회를 했는데요. 큰 도로변, 마을 입구에 세운 교회 간판을 떼랍니다."

언어도단적인 주민들의 통보에 기가 막혀 할 말을 잃었다. 회의에 참석한 집사들이 주민들의 결정을 그대로 수용했다는 사실 앞에 더 화가 치밀어 올랐다. 주민들과 맞서 대립하게 되면 전도하는 데 지장이 될 것 같아 그들의 요구에 응하여 주었다.

그 후에도 주민들은 계속해서 복음을 거부하며 우리 부부를 무시하고 외면하기 일쑤였다. 목사에게 물과 음료수를 받아 마셨을지라도 그다음 날에는 목사를 이방인 취급하며 안면몰수 하는 주민들도 있었는데, 우리 부부가 소리 내어 인사를 해도 지나쳐 버리는 자들도 있었다. 인간적으로 볼 때 자존심이 상하는 일이지만 주민들도 구원받고 천국에 가야 되겠기에 전도 차원에서 인내심을 갖고 섬기는 일을 계속하였다.

이곳 교회가 농촌목회로서는 세 번째이다. 그 어디서도 이런 마을은 없었고, 이런 주민들도 난생처음이었다. 주민들의 완악함은 이루 말할 수 없었다. 지방회(노회) 여전도회 회원들이 이곳에서 전도행사를 가진 일이 있었는데, 전도대원들은 이구동성으로 "전도하기가 무척 힘이 들었다"는 보고를 하였다. 전도대원들 중에 몇 사람이 점

2. 여전히 복음을 외면하며 목사를 냉대하는 주민들

심시간이 훨씬 넘어 돌아왔다. 지친 발걸음에 어깨가 축 늘어진 모습들이었다. 그들 역시 자기들이 당한 일과 함께 강퍅하기로 유명한 지역이고 독특하고도 별난 사람들이라며 이러한 보고를 하였다.

"목사님, 주민들의 마음이 얼마나 강퍅한지 곡괭이로 파도 안 들어가요. 인사를 해도 쳐다보지도 않아요. 수십 군데를 전도하러 다녀 보았지만 이런 마을은 없었던 것 같아요."

전도대회 행사를 마친 여전도회 회원들 모두가 교회와 목회를 걱정하였다. 그리고 "기도해 드리겠습니다. 힘내세요"라는 말로 우리 부부를 위로한 후에 돌아갔다.

주민들이 아무리 강퍅할지라도 변함없는 모습으로 섬기는 일을 계속하였다. 전도 차원에서 농번기에는 논밭으로 다니며 시원한 물과 음료수를 배달하였다. 하절기에는 모정으로, 동절기에는 마을회관으로 찾아가서 주민들과 함께 시간을 보내기도 하였다. 때가 되면 함께 식사를 하기도 하였다. 김장을 하면 따뜻한 쌍화탕을 돌리면서 마음의 문을 두드리기도 하였다.

부임 후 몇 년간은 경제적으로 부담이 되지만 전도의 비전을 갖고서 매년 집집마다 선물을 돌리기도 하였다. 주민들의 애경사는 물론 병원에 입원할 경우에도 꼭 찾아가서 기도하며 위로를 하였다. 입원 사실을 몰랐을 경우에는 집으로 찾아가는 정성을 보이기도 하였다. 차량이 없는 성도들이나 주민들이 퇴원할 시에는 거리와 여건을 초월하여 교회 차량으로 모시기도 하였다. 그러할지라도 주민들은 여전히 복음을 거절하며 예수님을 배척하였다.

동네에 사는 주민이 불치의 병으로 입원하였다는 말을 듣고서 우리 부부가 문병을 갔다. 위로한 후에 건강을 위해서 기도를 해드린다고 했더니 필요 없다면서 등을 돌리셨다. 그러면서 가져간 음료수도 가져가라는 식의 표현을 하였다.

정말로 안타까운 일이었다. 예수님을 구주로 영접하고 천국에 갈 수 있는 기회가 주어졌는데 어리석게도 복음을 외면해 버렸다. 예수님께서 십자가에 달리실 때에 구원의 기회를 놓쳐 버린 좌편 강도와도 같았다. 얼마나 불행하고 불쌍한 인생들인가? 누구나 죽을 지경에 이르면 지푸라기라도 잡으려는 심정으로 하나님을 의지한다는데 이곳 주민들은 좀 달라 보였다.

이런 일도 있었다. 서울에 사는 어느 집사의 요청으로 그 친정집에 전도를 하러 갔다. 천국과 지옥이 분명히 있음을 전하고서 예수를 믿고 천국에 가지며 전도를 하였다. 그랬더니 "나, 예수 안 믿고 지옥에 갈 것이다"면서 불쾌한 모습으로 우리 부부를 문 밖으로 밀어내었다. 참으로 불쌍하기가 그지없는 자들이었다.

생각해 보건대, 그들 가운데는 이미 버젓이 자리 잡고 있는 우상들이 있었다. 예수님은 그 우상으로 인하여 배척을 당하셨고, 복음은 외면을 당했었다. 목사들은 주민들에게 늘 무시를 당하며 지내왔다. 그러나 언젠가는 그들도 구원을 받고 천국에 가야 되겠기에 논밭으로 다니며 물병을 나누어 주고 사랑을 베푸는 일에 최선을 다하였다. 이 일이 내 몫에 태인 십자가이기에 주민을 향하여 달려가 복음을 전하며 예수님의 사랑을 전하리라.

3.
더욱 서글프게 하는 예기치 못한 사연들

교회에 또다시 예기치 못한 사건이 벌어졌다. 그동안 환경과 여건을 초월하여 열심히 충성하던 집사들에게 문제가 생겼다. 어느 날 갑자기 그들에게 안타깝고도 충격적인 일이 벌어졌다. 자기들도 교회를 떠나야겠다며 소식을 전해 왔다. 청천벽력과 같은 일이었다.

이유인즉 교회 부채를 자신들의 힘과 능력으로는 도저히 감당할 수 없다는 내용이었다. 나는 그들에게 찾아가 "교회 부채는 목사가 책임을 지겠으니 걱정 말라"며 설득을 했지만 아무 소용이 없었다. 여러 번 찾아가 권면하며 사정도 해보았지만 이미 마음이 굳어 있어 어떠한 강청이나 애원도 먹혀들지 않았다. 그들은 막무가내로 자기들의 주장만을 내세웠다. 이제는 가까운 교회에서 부담감 없이 편하게 신앙생활을 하겠다는 것이었다.

참으로 마음 아프고 서글픈 일이었다. 그렇게 해서 시내에서 출석하던 교인들도 결국에는 또다시 떠나고 말았다. 내가 이곳에 부임하면서 돌아왔던 집사들이 다시금 시내교회로 옮겨가 버렸다. 교회는 부임하기 전의 상태가 되어 버렸다. 전임자의 경우처럼 고령의 교인들만 남게 되었다.

교회는 또다시 암담한 상황이 되어 버렸다. 인력으로 막을 수 없는 일이기에 십자가 밑에 나아가 기도할 뿐이었다. 교회의 앞날을 생각할 때 참으로 암담하기만 하였다. 사람인지라 전율과 함께 절망감이 엄습하여 왔다. 전임자들의 전철을 밟고 있는 것 같아 마음이 심히도 아팠다. 순간, '이러다가 나도 언젠가는 참담한 모습으로 이곳을 떠나야 되지 않을까?'라는 생각이 섬광처럼 뇌리에 스쳤다.

시간이 지날수록 마음은 더욱 착잡하고 괴로웠다. 강단에 올라가 십자가를 바라보며 암담한 상황을 아뢰었다. 밤이 새도록 오열을 토하는 기도를 한 후에 이곳에서의 목양과 남은 생애를 하나님께 맡기었다.

얼마가 지났을까? 우리 부부의 귓가에 충격적인 소문이 들려왔다. 어처구니가 없는 소리인지라 어안이 벙벙할 뿐이었다. 이곳에서 나간 교인들이 모두 같은 교회에 출석하고 있다는 것이었다.

알고 보니, 맨 처음 나간 ○ 집사가 이곳을 떠나간 후에도 다른 집사들과 계속 접촉하여 유인하고 있었음이 드러났다. 정말 가슴 아픈 일이었고, 우리 부부를 또다시 황당케 하였다. 이곳에서 마지막 예배를 드린 주일에도 ○ 집사가 모든 교인에게 저녁식사를 대접

3. 더욱 서글프게 하는 예기치 못한 사연들

했다는 소리가 들리기도 했었다. 이 일을 당시에는 긍정적으로 좋게 생각했었다. 그러나 벌어지는 일들을 종합적으로 생각해 보았을 때에 그 일 역시 후일에 계략을 꾸미기 위한 하나의 수단이었다고 볼 수밖에 없었다.

그 후 많은 세월이 흘렀다. 그럼에도 저들은 여전히 목사에 대한 중상모략을 일삼고 있었다. 뿐만 아니라 나도 전임자들처럼 고통을 당하다가 떠나게 하려고 경제적으로 숨통을 조이기까지 하였다.
이곳 출신 장로님이 고향 교회가 지속되기를 바라는 심정으로 매월 헌금을 보내왔었다. 교회 재정상태가 열악했기에 장로님의 헌금은 가뭄에 단비와도 같았다. 교회를 운영하는 데 큰 힘이 되었다. 그런데 어느 날부터인가 갑자기 헌금을 보내오지 않아 확인을 하였다. 장로님은 그들의 말만 듣고서 나를 나쁜 사람으로 내몰았다. 이제부터 헌금을 보낼 수 없다며 전화를 끊었다.
마음이 심히 아팠다. 이처럼 목회에 대한 훼방과 공격은 여전히 그칠 줄을 모르고 계속되었다. 남아 있는 교인까지도 모두 넘어뜨려 자기 편으로 삼으면 결국에는 목사가 손을 들고 떠날 것이라는 계산 아래 계속 접근하여 유혹하였다. 나로 하여금 전임자들과 같은 전철을 밟게 하려고 예전처럼 별별 수단을 다 부리기도 하였다. 그들의 입에서 흘러나온 훼방과 비방의 소리나 주민들 사이에서 오가는 소리가 귓가에 들릴 때마다 마음이 아팠다.
"O 집사가 또 교인들을 모두 다 끌어냈다면서……교인들도 없다면서 목사가 어떻게 먹고 살까? 지금의 목사도 머지않아 전에 목사들처럼 결국에는 손들고 나가겠구먼……."

저들은 예전처럼 나를 곤경에 빠뜨려서 결국에는 두 손을 들게 하려는 목적으로 계속해서 계략을 꾸며댔다. 동네를 다니면서 변명하며 맞서 싸울 수도 없는 노릇이었다. 십자가의 고통을 참아내신 예수님을 생각하면서 견딜 수밖에 없었다.

"이 길이 내게 주어진 사명이라면 힘이 들고 어려워도
내 몫에 태인 십자가 지고 찬송하며 가리라.
이 길이 내게 주어진 사명이라면 고통과 핍박 가운데서도
내 몫에 태인 십자가 지고 감사하며 기쁨으로 가리라"

너희 마음에 슬픔이 가득 차도 (새458장 통합513장)

1. 너히 마음에 슬픔이 가득할 때 주기 위로해 주시리라
   아침 해같이 빛나는 마음으로 너 십자가 지고 가라
2. 때를 따라서 주시는 은혜로써 갈한 심령에 힘을 얻고
   주가 언약한 말씀을 기억하고 너 십자가 지고 가라
3. 네가 맡은 일 성실히 행할 때에 주님 앞에서 상 받으리
   주가 베푸신 은혜를 감사하며 너 십자가 지고 가라
(후렴) 참 기쁜 마음으로 십자가 지고 가라
       네가 기쁘게 십자가 지고 가면 슬픈 마음이 위로받네

3. 더욱 서글프게 하는 예기치 못한 사연들

4.
마지막 것까지도
요구하시는 하나님

습관을 따라 야밤에 십자가 밑에 나아가 꿇어 엎드렸다. 먼저 주변에서 벌어지는 모든 일들을 하나님께 아뢰었다. 다음에는 교회 부채에 대한 염려를 하나님께 맡기었다. 그럴 때마다 평소에 즐겨 암송하던 말씀이 먼저 기억났다.

"아무것도 염려하지 말고 오직 모든 일에 기도와 간구로, 너희 구할 것을 감사함으로 하나님께 아뢰라"(빌 4:6).

"너희 염려를 다 주께 맡겨 버리라 이는 저가 너희를 권고하심이니라"
(벧전 5:7).

지금의 상황이 아무리 복잡하고 힘이 들어도 이 말씀만 붙들고 있으면 잠시라도 염려가 사라지고 위로가 되었다. 극한 상황으로 인하여 절망의 사건들이 겹겹이 쌓여 있을지라도 말씀을 묵상하면 하나님께 기대가 되면서 소망이 저절로 생기기도 하였다. 당시 사례비는 두 번째고 우선 교회 운영비조차도 해결하기 어려운 형편인지라 부채를 해결한다는 것은 꿈같은 이야기였다.

나는 약속의 말씀을 기억하면서 지금의 교회 형편과 처지를 아뢰며 은혜를 베풀어 달라고 간구하였다. 밤마다 십자가 밑에 나아가 성도들에게 부담이 되는 건축 부채를 기적적인 방법으로 해결해 주시라며 강청하였다. 그랬더니 하나님께서 나에게 해결하라며 감동하셨다. 성령님은 기도하는 내 마음을 계속 두드리시며 헌신을 촉구하셨다. 교인들과는 그 누구와도 상의할 자가 없었다. 결국에는 목사가 해결해야 할 몫이었다. 더군다나 형제들을 통해서 대출한 돈인지라 어쩔 수 없이 내가 해결하지 않으면 안 될 상황이었다. 하나님께서는 천상의 상급과 지상의 축복을 예비하시고 마지막까지도 나의 헌신을 요구하셨다.

은퇴한 후에 고향으로 가서 살려고 남겨 놓은 한옥이 있었다. 하나님께서는 이것까지도 드리기를 원하셨다.

교인들에게 부담이 되고 있는 교회 부채를 목사가 책임지기로 선언하였다. 이는 교인들에게서 부채에 대한 중압감과 부담감을 없애기 위해서였다. 즉시 동생을 통하여 부동산 사무실에 집을 내놓았다. 매매가 되면 갚는다는 생각에 가족들 이름으로 헌금을 약정한 후, 성도들에게 교회 부채가 없음을 선포하였다.

하나님께서는 이때를 위하여 집을 남겨 놓으신 것 같았다. 하나님은 참으로 자상하신 분으로 우리의 미래의 일까지도 모두 알고 계신 분이라는 것을 재삼 깨달았다. 하나님을 위해서 드릴 수 있는 기회도 주시고 여건을 주신 하나님께 감사할 따름이었다.

부동산에 매매를 의뢰했으니 소문이 날 수밖에 없었다. 얼마의 시일이 흐른 후였다. 헌금에 대한 비난의 소리가 들려왔다. 은퇴가 가까워지고 있는데 집까지도 처분하여 하나님께 드렸다는 말이 전해지자 "인생을 거꾸로 사는 사람"이라는 소리가 들려왔다. 친족 중 어떤 장로는 "교회도 어렵다면서 은퇴 후에 어디서 살려고……사람이 지혜가 있어야지, 나중에 하나님 영광 가리지 말고 그 집이라도 갖고 있어야지"라며 미래에 대한 염려와 함께 하나님께 헌금하는 일을 달갑지 않게 여기기도 하였다.

그 생각이 인간적으로 볼 때에는 타당하고 지혜 있는 처사일 수도 있다. 그러나 하나님은 나의 마지막 것까지도 요구하시는 분이셨다. 아브라함에게 하나뿐인 독자를 요구하시듯, 그리고 사르밧 여인에게는 엘리야를 통하여 마지막 것을 요구하셨듯이 하나님께서는 나에게도 후일에 더 아름답고 더 큰 축복으로 보상해 주시려고 마지막의 것을 요구하신 것이 아니었을까. 이러한 생각과 함께 하나님께 드릴 수 있도록 기회와 능력을 주신 하나님께 감사를 드렸다.

또래의 목사들 중에는 은퇴 후에 거처할 집을 지금부터 준비해 놓은 자들이 많았다. 그 무렵, 예수병원에 심방을 간 일이 있었다. 초임지에서 알고 지내던 장로교회 동갑내기 목사를 만났다. 나이가 같기에 친구처럼 지냈었다. 이야기를 주고받는 중에 친구 목사는 전주에 아파트를 미리 해놓았다며 자랑하였다. 사람인지라 노후를 미리 준비하는 일은 지혜로운 일로서 어쩌면 당연한 일일 수도 있다. 그러나 나는 그 반대로 있는 집도 처분하였으니 "인생을 거꾸로 사는 사람"이라고 비난을 받기에 충분하였다.

사실, 농촌교회에 시무하는 목사들은 은퇴 후에 보장을 받기란 극히 어렵다. 당장 교회 운영도 어렵기 때문에 은퇴적금은 상상도 못하는 일이다. 이러한 현실 앞에 은퇴 후에 거처할 집이 있다는 것이 나에게는 다행스런 일이었다. 또한 감사할 일이었다. 그래서 지금까지는 마음이 든든했었다.

이제는 나도 하나님만을 의존해야 할 형편이 되고 말았다. 내일 일은 내일 염려하라는 예수님의 말씀을 뇌리에 새기면서 모든 것을 주님께 맡기었다. 이 일로 인하여 하나님을 더 의지하는 삶을 살게 되었으니 참으로 감사할 일이었다. 이후 우리 부부는 하나님께서 더 좋은 집을 예비해 주시리라 믿으며 늘 감사하면서 살고 있다. 어떠한 결정에도 기쁨으로 따라준 아내에게 감사할 뿐이다. 지금까지 내가 경험한 바로는 하나님을 위한 헌신은 결코 헛되지 않았다. 반드시 보상하셨다. 우리의 남은 생애와 노후를 하나님께서 반드시 보장하시리라 확신하며 감사함으로 하루하루를 지내고 있다.

아직도 미비된 화장실 공사와 축대 공사와 목회에 필요한 부분을 채워 주실 것을 아뢰었다. 하나님께 교회의 딱한 형편과 처지를 호소하면서 모든 것을 맡기었다. 때로는 하나님께서 교회의 모든 것들을 책임져 주시라고 강청도 하였다. 매일같이 정한 시간에 하나님의 보좌 앞에 나아가 은혜를 사모하며 간구하였다. 성령님은 사도 바울의 고백과 함께 내게 위로를 주시며 소망을 갖고 계속 기도하게 하셨다.

> "내가 비천에 처할 줄도 알고 풍부에 처할 줄도 알아 모든 일에 배부르며 배고픔과 풍부와 궁핍에도 일체의 비결을 배웠노라 내게 능력 주시는 자 안에서 내가 모든 것을 할 수 있느니라"(빌 4:12-13).

나는 사도 바울의 고백이 나의 고백이 되도록 간구하였다. 이 말씀은 내일 당장 먹을 양식이 없어도 마음의 평안을 누리게 했고, 궁핍한 가운데서도 마음의 부유함을 누리게 하였다. 이 말씀을 묵상하면 모든 일들이 해결될 것만 같은 믿음이 생기기도 하였다.

지금까지 나의 모든 필요를 공급해 주셨던 하나님께서 모 교회 안수집사였던 정읍시장을 통해서 교회 입구에 축대 공사를 해주셨다. 비만 오면 무너져 내리는 축대를 보면서 기도했고, 교회를 출입할 때에는 보기가 싫어 축대 공사를 위해 기도했더니 교회 형편과 처지를 다 아시는 하나님께서 시장의 마음을 감동하셔서 바윗돌로 아름답게 만들어 주셨다.

사이사이 꽃나무를 심어 봄이 되면 어찌나 아름다운지 행인들이 지나가다가 내려서 사진을 찍고 가기도 하였다. 교회에 대한 우리의 소망이 모두 성취되는 그날에 하늘에 계신 하나님께 영광을 돌리리라.

나의 마지막 것도 사용하시고 마지막 순간까지도 주님을 위해서 쓰여 질 수 있도록 기회를 주신 하나님께 감사드리면서 내 몫에 태인 십자가 지고 끝까지 달려가리라. 사도 바울처럼 하늘의 상인 의의 면류관을 바라보면서…….

5.
악한 영들이 결박되고 추방되는 날이 반드시 오리라

고요한 시간에 십자가 밑에 나아가 무릎을 꿇었다. 성전을 건축할 당시에 방해했던 자들의 무자비하고도 악랄했던 모습들이 뇌리에 스치었다. 순간, 하나님께서 내 심령에 말씀의 빛으로 조명하시면서 깨달음을 주셨다. 목회를 훼방하는 저들은 이세벨 부부나 가룟 유다처럼 악한 일에 도구로 사용될 뿐 그 배후세력이 사탄임을 다시 한 번 깨닫게 하셨다.

사탄은 그리스도의 몸인 교회를 무너뜨릴 목적으로 그들을 도구 삼아 계속 도전을 감행하였다. 마귀의 앞잡이가 되어 하나님의 교회에 도전하는 그들을 불쌍히 여기는 마음으로 밤마다 기도하였다. 회개하고 돌아와 의의 종이 되어 선한 일에 쓰임 받기를 간구하였다.

교회를 떠나간 지 7년의 세월이 지난 지금에도 그들은 한 곳에 정착하지 못하고 이리저리 옮겨 다닌다는 말이 들리기도 하였다. 교회에서 존귀하게 쓰임을 받아야 할 자들이 한 곳에 정착하지 못하고 이리저리 방황한다는 소식이 들릴 때면 그들을 위한 기도는 더욱 간절해졌다.

"신앙적으로 방황하는 집사들이 돌아와서 아름답고 존귀한 일꾼들로 쓰임 받게 하소서."

이곳에서의 싸움은 사람들과의 싸움이 아니라 영적 전쟁이었다. 그러기에 이곳에 부임하기 전 7년간을 전임지에서 철야하면서 기도로 무장케 하셨다. 이곳에 부임한 후에도 습관을 따라 밤마다 십자가 밑에 나아가 엎드렸다. 앉은 그대로 철야하며 밤을 지새우는 날도 많았다.

하나님께서는 이곳에 주둔하여 교회를 무너뜨리려는 악한 마귀들을 결박하고 승전하기를 원하셨다. 사탄의 훼방으로 다 쓰러져 가는 위기에 처한 교회를 일으키기 위해서 이곳에 부임하면서부터 계속해서 기도를 할 수밖에 없는 상황으로 몰고 가셨다. 영적 진리를 깨달은 나는 최후에 승리를 바라보며 아무리 피곤할지라도 밤마다 십자가 밑에 나아갔다. 설령 감기 기운으로 인하여 몸이 괴로울지라도 밤마다 십자가 밑으로 나아갔다.

하늘보좌를 향한 나의 애절한 부르짖음은 오직 하나였다. 그것은 교회를 무너뜨리며 구원의 역사를 훼방하는 사탄과 목회를 방해하는 악한 영들을 결박하고 제압할 수 있는 권능을 달라는 기도였다. 하늘로부터 임하는 권능을 얻기 위하여 때로는 21일, 40일, 70일 특별 기도회를 갖기도 하였다. 기도만이 악한 영들을 결박하고 승리의 개선가를 부를 수 있는 비결이기 때문이었다. 하나님께서는 강청하는 마음에 성령의 감동으로 승리의 비결을 깨닫게 하셨다.

"그 누구도 미워하지 말라. 용서하고 사랑하라.
어떤 상황에도 원망 불평하지 마라. 감사하라.
어떠한 궁핍에도 염려하지 말라. 주께 맡겨라.
사탄을 두려워 말라. 근신하여 깨어 기도하라."

이어서 사탄과 악한 영들을 결박하고 영적 전쟁에서 승리할 수 있는 말씀도 기억하게 하셨다.

"마귀를 대적하라 그리하면 너희를 피하리라"(약 4:7).

"근신하라 깨어라 너희 대적 마귀가 우는 사자같이 두루 다니며 삼킬 자를 찾나니 너희는 믿음을 굳게 하여 저를 대적하라……모든 은혜의 하나님 곧 그리스도 안에서 너희를 부르사 자기의 영원한 영광에 들어가게 하신 이가 잠깐 고난을 받은 너희를 친히 온전케 하시며 굳게 하시며 강하게 하시며 터를 견고케 하시리라"(벧전 5:8-10).

나는 이 같은 말씀을 되새기면서 예수님의 권세로 악한 영들을 제압하고 반드시 승리의 날을 주시기를 강청하였다. 또한 승리의 그 날을 소망하며 매일처럼 변함없는 모습으로 하늘 보좌를 향하여 부르짖었다. 기도하는 마음에 이런 확신이 생겼다.

'마귀 권세 이기시고 승리하신 예수님께서 우리의 대장이시니 마

귀와의 싸움은 성도들이 이겨놓고서 싸우는 싸움이다.'

이런 확신과 함께 찬송이 저절로 흘러나왔다. 찬송은 마귀와의 싸움에서 승리를 더욱 확신케 하였다.

마귀들과 싸울지라(새348장, 통합388장)

1. 마귀들과 싸울지라 죄악 벗은 형제여
   담대하게 싸울지라 저기 악한 적병과
   심판 날과 멸망의 날 네가 섰는 눈앞에 곧 다가오리라
2. 마귀들과 싸울지라 죄악 벗은 형제여
   고함치는 무리들은 흉한 마귀 아닌가
   무섭고도 더러운 죄 모두 떨쳐 버리고 주 예수 붙들라
3. 마귀들과 싸울지라 죄악 벗은 형제여
   구주 예수 그리스도 크신 팔을 벌리고
   너를 도와주시려고 서서 기다리시니 너 어서 나오라
(후렴) 영광 영광 할렐루야 영광 영광 할렐루야
   영광 영광 할렐루야 곧 승리하리라

예수 그리스도의 권세로서 교회의 훼방자인 악한 영들을 모조리 추방시키고 승리하는 그날에 교회는 지역복음화를 이루어 하나님께 영광 돌리리라 확신한다. 할렐루야!

5. 악한 영들이 결박되고 추방되는 날이 반드시 오리라

6.
내 몫에 태인 십자가를 지고
달려가리라

농촌교회에 부임하여 8년 차가 되던 초여름이었다. 습관을 따라 밤 12시에 성전에 들어가 십자가를 바라보니 감사의 고백이 터져 나왔다. 전임자들이 얼마 버티지 못하고 떠난 교회에서 8년차 목회를 할 수 있었기 때문이었다. 지금까지의 나의 인생은 어린 시절부터 60대가 된 오늘에 이르기까지 모두 하나님의 은혜였다. 그러니 어찌 내 속에서 감사가 터져 나오지 않겠는가?

이곳에 부임한 후, 주민들의 구원을 위해 뙤약볕에서 물병을 들고 논밭으로 뛰어다니며 섬겨왔다. 그 결과 해가 바뀌고 시간이 흐르면서 목사 부부를 좋게 여기며 고마워하는 주민들도 있었다. 하늘도 무심치 않다는 말을 실감하는 순간이었다. 그들의 입에서 "목사님을 봐서라도 언젠가는 교회에 나가야 된다"는 고백도 흘러나왔다. 이 같은 주민들의 긍정적인 반응은 우리 부부에게 큰 위로가 되었다. 또한 구원의 가능성과 함께 교회 부흥에 대한 소망도 생겼다.

이후 간간이 전도의 열매가 맺혔다. 경제력이 없는 고령의 주민들이지만 천하보다도 소중한 영혼이기에 기쁘고 감사할 따름이었다. 하나님께서는 전도의 열매를 통하여 주민들을 향한 섬김이나 전도의 열정이 헛되지 않다는 것을 보여주셨다.

그러나 주민들을 생각할 때에 마음 아픈 것이 있었다. 그 지역에 교회가 있음에도 시내교회로 출석하는 교인들이 많았다. 신앙은 자유이기 때문에 그들이 가까이 있는 교회를 섬기기만을 위해서 기도할 뿐이었다.

그러던 어느 날 묵상하는 마음에 지난날의 일이 뇌리에 스쳤다. 성전 건축을 마치던 날 이러한 고백이 흘러나왔다.

"종에게 성전 건축의 사명을 주시고 잘 감당하도록 도우신 주님, 감사합니다. 다음 교회는 어디입니까? 주님 필요한 곳에 보내사 종을 도구로 사용하소서."

성전 건축 이후, 유수와 같이 흐르는 세월 속에 수년이 흘러 어느덧 60대에 이르게 되었다. 은퇴할 날이 다가오고 있다는 의미였다. 성전에 들어가 십자가를 바라보니 목회를 시작하면서부터 오늘에 이르기까지 목회현장에서 있었던 일들이 파노라마처럼 스쳤다.

순간 많은 대가를 지불하고 시작한 목회를 무의미하게 끝내서는 안 된다는 생각이 들었다. 또한 교회를 부흥시키지 못하고 그만둔다면 하나님 앞에도 죄송스런 일이지만 자신에게도 부끄러운 일이었다. 그 후로부터 우리 부부는 밤마다 십자가 밑에 나아가 불신 주민들의 구원의 때를 앞당겨 주시라며, 목회의 변화와 함께 교회의 부흥을 주시라며 간구하였다. 또한 믿다가 쉬고 있는 자들에게도 은혜를 베푸셔서 구원해 주시라며 아뢰었다. 또한 동네에서 시내교회로 출석하는 주민들까지도 감동하사 돌아오게 하심으로 교회와 목회에 변화를 달라며 강청하였다. 그렇지 않으면 다른 교회로 옮겨주셔서 몇 년 동안이라도 새로운 마음과 자세로 의미 있는 목회를 하다가 은퇴하게 해달라며 간구하였다. 이런 모습으로 목회를 무의미하게 끝낼 수 없다는 생각에 밤마다 성전에 올라가 십자가를 바라보며 똑같은 내용의 기도로 주님께 아뢰었다.

당시로부터 2년 전에도 친구 목사 부부가 똑같은 요청을 했었다. 그때에도 일언지하에 거절하였는데, 거기서 은퇴할 것을 권한 일이 있었다. 그 일이 있은 후로부터 2년쯤 지났을까?

농촌목회 9년 차가 되던 해, 늦은 봄이었지만 초여름 날씨를 방불케 할 정도의 날씨가 무척 더운 5월 중순 무렵이었다. 어느 날 갑자기 그 친구 목사 부부가 찾아왔다. 그들은 교회에 대한 문제가 있을 때나 도움이 필요할 때면 전임자인 나를 꼭 찾았다. 이번에도 친구 목사 부부가 교회의 어려운 형편과 함께 자신들의 솔직한 심정을 토로하였다. 그러면서 개척자인 내가 다시금 와야 한다며 제의를 해왔다. 이유는 목회가 힘이 들고 자신이 없다는 것이었다.

그 이유를 알고 보니, 몇 년 전 교회 부지와 건물을 매입하고 리모델링 하느라고 2억 원(전세금 포함)의 빚을 지고 말았다. 그러나 교인들은 하나같이 채무에 대하여 관심조차도 없었다. 거기에다가 매주

겪는 재정난으로 인하여 버거운 목회를 하고 있다는 것이었다. 남은 목회는 농촌일지라도 편히 살아야겠다는 심정으로 목사님은 갈 곳도 정하지 않고서 교인들에게 사임하겠다는 말을 내뱉어 버렸다. 이제는 꼼짝없이 그곳을 떠나야 하는 상황에 처한 목사 부부는 전임자인 나에게 먼저 사실을 알리면서 상의를 해왔다.

당시 교회의 상황과 자신들의 형편과 주동 역할을 하는 권사님의 결심과 장차 자신들의 계획을 토로하였다. 이어서 개척자인 내가 다시금 와야만 교회도 평안할 뿐 아니라 자신들도 마음을 놓고 떠날 수 있다며 간곡한 말로 나에게 다시 개척했던 교회로 오라고 요청하였다. 친구는 이미 오래전부터 사임을 결심했던 일인지라 그 어떠한 설득도 먹혀들지 않았다. 부부의 입에서는 "그곳에서 빨리 벗어나고 싶다"는 말만 나올 뿐이었다.

대화를 나누는 중에 뇌리에 스치는 일들이 있었다. 성령의 감동과 인도하심으로 210일간을 밤마다 엄동설한 추위에도 하나님께 나아가 십자가를 바라보며 아뢰었다. 얼마 남지 않은 목회를 의미 있게 해보려는 심정으로 새로운 돌파구를 찾기 위한 기도였다. 지내놓고 보니 하나님은 나의 목회를 통해서 미래에 이루어질 일까지도 예견하시고 이런 내용으로 기도를 하도록 감동하셨던 것이 아닌가 싶다.

"주님! 목회를 이대로는 끝낼 수는 없으니 다른 교회로 옮겨 주셔서 몇 년 동안이라도 새롭게 의미 있는 목회를 하다가 은퇴하게 하옵소서. 주님께서 인도하시면 곳이라면 그곳에 할 일이 많더라도 내 몫에 태인 십자가로 알고 가겠으니 주님, 나를 다시 한 번 주님의 도구로 사용하소서. 아멘."

나는 그 부부에게 지난 7월부터 1월까지 210일간을 목회지 이동

문제에 대하여 기도했음을 고하였다. 대화 중에 친구 목사의 요청을 수락하여 내가 시내교회로 부임하는 것이 기도의 응답이라는 사실과 목회지 교환이 하나님의 뜻임을 깨닫게 하셨다. 농촌교회에서 성전 건축 사명이 끝났으니 또다시 일할 곳으로 떠나가는 것이 하나님의 뜻임도 깨우쳐 주셨다. 2억 원의 부채가 부담이 되는 거금이긴 하지만 하나님의 뜻이라면 개척했던 교회로 다시 돌아가겠다는 나의 의지를 확실하게 전하였다. 앞으로 남은 교회 시설이나 부채 해결이 내 힘으로 감당할 수 없는 무겁고도 커다란 짐이긴 하지만 그 일이 내가 져야 할 내 몫에 태인 십자가가 아닌가 싶어 친구 목사의 요청을 수락하였다.

농촌교회에서 성전 건축의 사명이 끝나자 또다시 할 일이 있는 곳으로 보내셨다. 햇수로 10년 만에 다시금 개척했던 교회로 돌아와 보니 감당해야 할 채무도 많았지만 해야 할 시설도 많았다. 연령적으로 은퇴할 때가 가까운데도 다시금 일할 수 있는 기회를 주신 하나님께 감사를 드렸다. 또한 모든 일들을 감당할 수 있는 능력도 주시고 필요한 모든 재원도 조달해 달라며 간구하였다.

밤이 되어 습관을 따라 성전에 들어가 교회의 형편과 상황을 아뢰었다. 내 주변 사방을 둘러보아도 부채에 대한 해결책이 전혀 보이지 않았다. 인간의 힘으로서는 불가능한 일이었다. 아무리 머리를 싸매며 별의별 생각과 궁리를 해보아도 인간의 힘과 능력으로는 해결방안이 없었다. 교회의 부채 문제를 해결할 수 있는 방법은 단 하나, 하나님께서 개입하셔서 해결해 주시는 것이었다. 그러기에 날마다 하나님만 붙들고 매달릴 뿐이었다.

하나님은 평소에 즐기던 말씀을 기억하게 하심으로 지금의 형편에 감사하게 하셨다.

"아무것도 염려하지 말고 오직 모든 일에 기도와 간구로, 너희 구할 것을 감사함으로 하나님께 아뢰라"(빌 4:6).

"너희 염려를 다 주께 맡겨 버리라 이는 저가 너희를 권고하심이니라"(벧전 5:7).

하나님의 말씀을 되새김질을 하는 동안 나의 하나님께서 모든 것을 책임져 주신다는 것을 확신하면서 사도 바울의 고백이 나의 고백이 되도록 아뢰었다.

"내가 비천에 처할 줄도 알고 풍부에 처할 줄도 알아 모든 일에 배부르며 배고픔과 풍부와 궁핍에도 일체의 비결을 배웠노라 내게 능력 주시는 자 안에서 내가 모든 것을 할 수 있느니라"(빌 4:12-13).

"나의 하나님이 그리스도 예수 안에서 영광 가운데 그 풍성한 대로 너희 모든 쓸 것을 채우시리라"(빌 4:19).

하늘이 무너져 내리는 절망적인 상황이나 사방이 가로막혀 버린 암담한 환경 가운데서 몸부림칠 때면 하나님은 외면치 아니하시고 권고하시되 말씀으로 소망을 주시고 의지하게 하셨다. 이곳 교회로 다시금 부임해 올 때에도 교회의 부채가 나의 형편으로는 감당하기

버거운 짐이었지만 기회가 주어질 때마다 늘 그래왔듯이 그 일이 내 몫인가 싶어 희생이 따르고 고생이 될지라도 수락하였다.

나는 하나님을 믿는다. 그분의 능력도 믿고 약속도 믿는다. 때가 이르면 반드시 채무도 모두 다 해결해 주실 뿐 아니라 시설도 아름답게 만들어 주실 것을 믿는다. 하나님은 전능하신 분이신지라 문제 해결이나 필요 공급의 방법이 무궁무진하다. 인간의 머리로 생각할 수 없는 방법이다. 인간의 상상을 초월한 크고 비밀한 방법이 하나님께 있다.

하나님의 손에는 모든 재원도 헤아릴 수도 없이 넘친다. 그 하나님께서 우리 교회의 문제를 해결하시고 필요한 모든 것들을 채우심으로 지난날 사도 바울의 고백이 나의 고백이 되도록 능하신 손으로 친히 우리 교회와 목회를 도우시리라 확신한다.

내 배후에서 교회를 주관하실 뿐 아니라 목회를 도우시며 필요를 공급해 주시는 하나님은 무에서 유를 창출하시는 전능하신 분이시다. 그 하나님은 천지만물을 창조하신 조물주로서 불가능을 가능케 하시는 분이시기에 지금 당장 교회와 목회에 필요한 것들도 공급해 주시되, 쓰고도 남도록 넘치는 은혜를 베푸시리라.

주일이면 청년과 학생들까지 30여 명 정도가 모여 예배를 드린다. 목회가 힘들고 어려울지라도, 부흥이 더디고 앞길에 걸림돌이 있을지라도, 환경적으로 열악하고 경제적으로 빈곤할지라도 오직 주님만을 바라보며 내 몫에 태인 십자가 지고 가리라는 심정으로 맡겨진 사명을 위하여 사도 바울처럼 푯대를 향하여 달려가고 있다.

아침이면 일어나면서 으레 주님께 드리는 기도와 밤마다 모이는 기도회 시간에 부르는 찬송이 있다.

"주님 내 남은 인생길 내 몫에 태인 십자가 지고
기쁨으로 달려가 내게 주신 사명 감당케 하소서.
고난이 겹치며 목회가 힘이 들고 어려울지라도
주님의 자취를 따라 내 몫에 태인 십자가 지고
변함없는 모습으로 나의 갈 길 다 가게 하소서. 아멘"

나는 가리라 (복음성가)
1. 험한 가시밭길 가신 예수님 나의 죄를 짊어지시고
   십자가에 달리셔서 대속의 보혈의 피 흘려 주셨네
   나는 가리라 고난이 닥쳐와도 참아내면서
   나는 가리라 핍박이 몰아쳐도 이겨내면서
   주님 주신 나의 사명을 위해 주의 길을 가리라
2. 채찍 맞아 피 흘리신 예수님 나의 질병 짊어지시고
   십자가에 달리셔서 치료의 보혈의 피 흘려 주셨네
   나는 가리라 환난이 닥쳐와도 참아내면서
   나는 가리라 고통이 몰아쳐도 이겨내면서
   주님 주신 나의 사명을 위해 주의 길을 가리라
3. 창을 맞아 피 흘리신 예수님 나의 허물 짊어지시고
   십자가에 달리셔서 용서의 보혈의 피 흘려 주셨네

나는 가리라 슬픔이 닥쳐와도 참아내면서
나는 가리라 탄식이 몰아쳐도 이겨내면서
주님 주신 나의 사명을 위해 주의 길을 가리라

주의 길을 가리 (복음성가)

1. 비바람이 갈 길을 막아도 나는 가리 주의 길을 가리
   눈보라가 앞길을 가려도 나는 가리 주의 길을 가리
   이 길은 영광의 길 이 길은 승리의 길
   나를 구원하신 주님이 십자가 지고 가신 길
2. 험한 파도 앞길을 막아도 나는 가리 주의 길을 가리
   모진 바람 앞길을 가려도 나는 가리 주의 길을 가리
   이 길은 고난의 길 이 길은 생명의 길
   나를 구원하신 주님이 십자가 지고 가신 길

   (후렴) 나는 가리라 주의 길을 가리라
   주님 발자취 따라 나는 가리라
   나는 가리라 주의 길을 가리라
   주님 발자취 따라 나는 가리라

7.
사건에 개입하사 문제는 해결해 주시고 필요는 공급해 주신 좋으신 나의 하나님

시내 교회로 옮긴 후에도 습관을 따라서 밤마다 성전에 들어가 십자가를 마주 보고 앉아서 교회의 형편을 아뢰었다. 성령의 능력으로 개척 당시에 이루었던 교회 부흥을 회복시켜 달라는 간절한 기도였다. 부흥만이 교회로서의 사명을 감당할 뿐 아니라 은행 부채를 해결할 수 있는 길이기 때문이었다. 그러기에 아무리 힘이 들고 피곤할지라도 교회 부흥을 염원하면서 시간과 환경을 초월하여 부채 해결을 위한 기도를 쉬지 않았다.

당시의 교세나 경제적인 형편으로서는 은행 부채를 해결할 길이 전혀 없기에 안타까운 마음으로 염려하면서 교회 사정을 아뢸 뿐이었다. 사람인지라 부채로 인한 시름 때문에 잠을 이루지 못하고 번뇌하며 묵상하는 나에게 하나님께서는 말씀을 통하여 평안을 주시며 문제 해결에 대한 확신을 갖게 하셨다.

"아무것도 염려하지 말고 다만 모든 일에 기도와 간구로 너희 구할 것을 감사함으로 하나님께 아뢰라"(빌 4:6).

당시에 부채를 해결할 수 있는 방법은 오직 기도뿐이기에 약속의 말씀을 생각하면서 주야로 간구하였다. 때로는 금식을 하면서 마치 어린아이가 엄마에게 떼를 쓰듯 하나님께 매달려 몸부림치며 강청하였는데도 문제 해결의 기미조차 보이지 않았다.

그러던 어느 날, 엎친 데 덮친 격으로 갑자기 교회에 어려움이 닥치는데 인간의 힘으로 해결할 수 없는 일들이 벌어졌다. 개척 멤버로 사업을 경영하면서 헌신하시던 권사님이 갑자기 사업을 자녀들에게 물려주고 서울로 가버리셨다. 연세가 많으신 까닭에 사업을 경영하기 힘들고 버겁다는 이유였다. 이후 불황으로 인하여 생업에 문제가 생기자, 앞장서서 헌신하던 일꾼들이 줄줄이 타 지역으로 이사를 가 버렸다. 그러므로 당시 교회 형편으로는 부채 상환은 꿈같은 이야기였다.

농촌교회에서도 그러했지만 지금 이곳에서도 부채를 해결하는 일은 목사가 혼자서 담당해야 할 몫이었다. 사방이 가로막힌 절망적인 상황에서 내가 할 수 있는 일은 오직 기도뿐이었다. 밤마다 성전에 덩그러니 앉아서 부채 문제를 해결해 달라며 하나님께 애원하였다.

그러던 어느 날이었다. 문제의 해결책이 전혀 보이지 않아 불안과 고민에 휩싸여 애처로운 모습으로 한숨짓고 있는 나에게 하나님께서 교회 부채 해결에 대한 지혜를 주셨다. 즉 지난날 사업할 때 경험했던 일들이 생각나게 하셨다. 내게 엄청난 손해가 따를지라도 성령님의 감동에 순종했을 때, 하나님은 사건에 개입하셔서 문제를 해결해 주셨고 아름다운 결과를 보게 하셨다. 하나님은 나를 떠나지 아니하시고 계속해서 지난날의 사건들을 기억나게 하시며 성령님의 감동에 순종하라고 말씀하셨다. 순간, 머리에 섬광처럼 스치는 생각이 있었다.

'목사가 죽으면 교회가 산다. 교회 부채를 해결할 수 있다면 목사가 희생해야지.' 이후, 기도할 때는 물론 평상시에도 '목사가 죽으면 교회가 산다'는 생각이 떠나지 않았다. 또한 성령님께서는 나에게 교회를 위해서 죽으라는 감동을 주셨다. 이는 교회 처마 밑에 거할지라도, 고생이 될지라도, 현재 살고 있는 사택을 저분하여 부채를 청산하라는 의미로 깨달아졌다.

그날 밤 아내에게 성령님의 감동을 전하면서 주님을 위해 고생 한 번 더 하자고 하였다. 이어서 사택을 처분하여 은행 부채를 상환하고서 교회 처마에 방을 만들어 거기에 기거하자는 제안을 하였다. 고생이 될지라도 이 방법만이 교회 부채를 해결할 수 있는 길이기에 아내와 의논을 하였다. 늘 그래왔듯이 아내는 이번에도 순순히 나의 결정에 따라주었다.

주일 예배시간에 목사가 결심한 바를 집사들에게 전하였다. 그리고 다음 날 부동산 중개업자에게 매매를 의뢰하였다. 며칠 후, 부동산 중개인이 찾아와 건물 상태를 샅샅이 살펴보더니 매매가 어렵겠다면서 사실대로 말해 주었다. 건물이 고가일 뿐 아니라 이층 계단

7. 사건에 개입하사 문제는 해결해 주시고 필요는 공급해 주신 좋으신 나의 하나님

도 내려앉아 위험하고 균열된 곳이 많다는 것이었다. 하수구도 막히고 고쳐야 할 곳이 너무나 많다면서 "누가 이런 집을 사겠냐?"면서 실망만 안겨주었다. 부동산 중개인은 지금 경기가 매우 좋지 않을 뿐 아니라, 교회 사택 건물보다 위치로나 건물 상태가 훨씬 좋은 주택도 매매가 되지 않고 있다는 것이었다. 중개인은 매매가 불가능하다는 말을 남기고 돌아갔다.

하나님께서는 실망과 함께 낙심하고 있는 나에게 절망하지 말고 계속해서 기도하라는 감동을 주셨다. 그날부터 우리 부부는 사택 매매를 위한 50일 기도회를 시작하였다. 교인들은 물론 믿음의 형제들과 서울로 가신 권사님에게까지 사택 매매를 위한 기도를 부탁하였다. 또한 소식지에 광고를 의뢰하기도 하고 부동산에 계속 부탁하였다.

이후 매매 광고를 보고서 간간히 집을 보러 오는 자들이 있었다. 그들은 건물 상태와 시설을 둘러보고서 하나같이 아무 말 없이 돌아갔다. 한 마디로 건물이 가치가 없다는 의미였다. 집을 살펴본 자들 중에는 건물의 약점을 이용하여 헐값으로 매입하려는 자들도 있었다. 그러나 상대편이 원하는 금액에 처분하면 부채 청산을 할 수 없기 때문에 헐값에 매매할 수가 없었다.

사택 매매야말로 교회의 존폐와 목회의 생사가 달려 있는 문제이기에 피곤할지라도 기도하는 일을 게으르지 않았다. 거의 성전을 떠나지 아니하고 피곤하더라도 인내하면서 50일간을 기도하는 일에 전심전력을 다하였다. 그렇지만 아무런 효험도 없이 기도회는 끝나고 말았다. 그리할지라도 낙심하거나 절망치 않았다. 응답을 가슴에 안고서 부채 해결을 위한 50일 기도를 또다시 시작하였다.

하나님께서 개입하시면 세상 조건으로는 매매가 불가능할지라도 매매가 순조롭게 성사될 수 있기에 낮에는 건물을 보수하는 일에 주력하고, 밤에는 문제를 안고 성전에 가서 간구하는 일에 전심전력하였다. 또한 가까운 목사들과 주변 믿음의 사람들에게 염치를 무릅쓰고 재차 기도를 부탁하였다.

2차 기도회를 시작한 지 50일이 거의 되어 가는데도 매매의 기미가 전혀 보이지 않았다. 100일 간을 밤마다 성전에 머물면서 교회의 형편과 사정을 아뢰면서 강청했건만 아무 응답이 없었다.

그동안 기도할 때마다 응답해 주시되 크고 작은 문제들을 모두 해결해 주시며 필요한 것들을 모두 채워주셨던 하나님께서 이번에는 침묵만 하고 계셨다. 부동산 중개업자에게서도 사택 내매에 대한 기미가 전혀 보이지 않았다.

사택 매매에 대한 실마리를 찾지 못한 채로 2차 기도회가 끝났다. 사택 건물이 매매되어야 재정적인 압박에서 벗어날 수 있기에 낙심하거나 포기하지 않았다. 기도는 하늘 보좌를 움직이며 문제를 해결하는 능력이기에 전능자 하나님의 도우심을 바라면서 50일 3차 기도회를 시작하였다. 또한 주변의 기도 협력자들에게는 중보기도를 한 번만 더 해 달라고 요청하였다. 하나님은 불가능이 없으신 분으로 문제 해결을 위한 크고 비밀한 방법과 상상을 초월하는 능력을 갖고 계시기에 밤마다 십자가 밑에 나아가 자정이 넘도록 교회의 사정을 아뢰면서 도우심을 강청하였다.

그러던 중, 매매 상황도 알아볼 겸 중개를 재촉하기 위하여 부동산 사무실을 찾았다. 그동안 여러 가지 이유를 대면서 매매가 불가

7. 사건에 개입하사 문제는 해결해 주시고 필요는 공급해 주신 좋으신 나의 하나님

능하다고만 주장하던 부동산 중개인의 자세가 달라졌다. 건물 매매에 대하여 긍정적인 태도를 보이면서 소식지에 매매 광고를 내보겠다는 약속을 하였다. 이는 기도의 응답으로 하나님께서 부동산 중개인의 마음을 감동하셨음이 분명하였다.

   3차 기도회를 마치고 며칠이 지난 후였다. 부동산 소개로 집을 보려고 왔다며 한 부부가 찾아왔다. 마치 집을 사려는 것처럼 구조와 건물 상태를 면밀히 살피더니 매매 가격만 묻고서 연락을 주겠다는 말을 남기고 돌아갔다. 다음날 부동산 중개인으로부터 전화가 걸려왔다. 내가 제시한 금액보다 조금만 낮추면 매매가 될 것 같다면서 상대편의 요구에 응할 것을 제안하였다. 또한 건물을 처분할 수 있는 절호의 기회라면서 매매할 것을 종용하였다.
   순간 뇌리에 스치는 생각이 있었는데 이번 일은 기도의 응답으로 하나님께서 개입하신 일이며, 또한 하나님께서 주신 기회를 놓쳐서는 안 된다는 생각이었다. 이러한 깨달음과 함께 사택을 처분하겠다는 뜻을 전하였다.
   이러한 과정을 거쳐 사택으로 사용하던 건물이 매각되었다. 교회당 처마에 공간을 만들어 기거할지라도 교회 부채만큼은 상환을 해야 한다는 마음을 보신 하나님께서 은혜를 베푸심으로 문제가 해결되었다.

   불황으로 부동산 거래가 거의 없는 시기에 매매가 이루어진 것은 하나님께서 사건에 친히 개입하셔서 도우셨기에 가능한 일이었다. 위치로나 건물 상태로나 훨씬 더 좋은 건물이 있음에도 교회 사택이 팔린 것은 교회를 위하여 하나님께서 하신 일이었다. 또한 건축년도나 건물 상태에 비하여 좋은 가격에 매매가 되었는데 이 일 역시 하나님께서 은혜를 베푸셨기 때문에 가능한 일이었다. 교회 사택이 매각되었다는 소식을 전해들은 목사님들마다 하나님께서 하신 일이라며 축하해 주었다.

사택이 처분되니 은행 부채가 모두 해결되었다. 이제는 경제적인 압박에서 해방되었으니 이보다 더 기쁘고 감사한 일이 어디에 있겠는가. 또한 교회당 지붕 공사까지도 완벽하게 마쳤다. 그동안 비가 오면 여러 군데에서 빗물이 새었는데 이제는 비가 억수같이 쏟아져도 새는 곳이 없으니 얼마나 감사한 일인가.

또 하나 감사한 일이 서울로 가신 권사님과 그 자녀들을 통해서 교회당 건물 외부를 아름답게 리모델링 하게 되었다. 이제는 상가건물이 아닌 어엿한 교회당 건물로 아름답게 단장되었다. 교회를 방문하는 목사님들이나 근처에 사는 주민들이 교회가 너무나 아름답다며 칭송을 아끼지 아니하였다. 하나님께서는 기도의 응답으로 지난날 사도 바울의 고백을 나의 고백이 되도록 은혜를 베푸셨다.

"나의 하나님이 그리스도 예수 안에서 영광 가운데 그 풍성한 대로 너희 모든 쓸 것을 채우시리라"(빌 4:19).

하나님은 기도 응답을 통하여 교회를 주관하시는 분으로서 목회를 도우시며 필요를 공급하시는 분이심을 증명해 주셨다. 또한 하나님은 불가능을 가능케 하시는 분이기에 교회와 목회에 필요한 것들도 공급해 주시되 쓰고 남도록 넘치는 은혜를 베푸셨다.

7. 사건에 개입하사 문제는 해결해 주시고 필요는 공급해 주신 좋으신 나의 하나님

지금까지 기도할 때마다 한 번도 거절하지 않으시고 모두 응답해 주신 하나님께 감사드릴 뿐이다. 사택이 매매되는 일에도 친히 개입하사 교회의 모든 문제를 해결해 주심으로 기도가 헛되지 않음을 다시 한 번 보여 주셨다. 또한 퇴락된 교회당 건물도 완벽하고 아름답게 단장시켜 주셨으니 기도 응답에 감사, 또 감사, 자다가도 깨어 감사드릴 뿐이다.

지내온 세월을 돌이켜 보건대 인생길에서 절망의 사건으로 인하여 위기에 봉착할 때마다 하나님은 한 번도 외면치 않으셨다. 언제나 사건에 친히 개입하셔서 문제를 해결해 주셨고 살 길을 열어 주셨다. 또한 위기에 처할 때마다 하나님은 피할 길을 내시고 살 길을 열어 결과를 아름답게 하셨다.

하나님께 참으로 감사한 것은 세상에서 가장 부족하고 무능한 종을 불러 필요한 곳에 도구로 사용하시고, 맡겨주신 사명을 감당하라고 필요한 재원을 모두 채워주셨기 때문이다. 특히 젊은 시절부터 시한부 인생으로 신체의 질병과 아픔에 시달리며 살았던 나에게 은혜를 베푸시되 목회의 사명을 감당하도록 33년 동안 생명과 건강을 보장해주셨으니 얼마나 감사한 일인가. 어디 그뿐인가. 청년 시절에 하나님과 약속했던 목회 사명을 70세 정년까지 채우도록 생명과 건강을 보장해 주신 은혜를 나의 하나님께 찬양하며 감사드릴 뿐이다.

내 주님 지신 십자가(찬송 339장)
1. 내 주님 지신 십자가 우리는 안 질까
  뉘게나 있는 십자가 내게도 있도다

2. 내 몫에 태인 십자가 늘 지고 가리다
   그 면류관을 쓰려고 저 천국 가겠네
3. 저 수정 같은 길에서 면류관 벗어서
   주 예수 앞에 바치며 늘 찬송하겠네.

지나온 목회 여정을 돌아보며 생각할 때면 심령 깊은 곳에서 흘러나오는 찬송이 있다. 이 찬송을 부를 때면 상급에 대한 소망이 생길 뿐 아니라 맡겨 주신 사명을 감당할 힘이 생긴다. 또한 하늘나라의 면류관을 바라보며 내 몫에 태인 십자가를 지고 가리라는 마음이 솟구친다. 자신도 모르는 사이에 두 손이 모아진다. 그리고 이렇게 아뢴다.

내 사명 마치기까지 내 몫에 대인 십자가 지고 끝까지 날려가도록 주님께서 나의 힘과 능력이 되어 주소서. 힘이 들고 고통스러워도 면류관 바라보며 사명 감당케 하소서.

이전에 주님을 내가 몰라(찬송 597장)
1. 이전에 주님을 내가 몰라 영광의 주님을 비방했다
   지극한 그 은혜 내게 넘쳐 날 불러 주시니 고마워라
2. 나 맡은 달란트 얼마런가 나 힘써 그것을 남기어서
   갑절로 주님께 바치오면 충성된 종이라 상 주시리
3. 천하고 무능한 나에게도 귀중한 직분을 맡기셨다
   그 은혜 고맙고 고마워라 이 생명 바쳐서 충성하리
4. 나 하는 일들이 하도 적어 큰 열매 눈 앞에 안 뵈어도
   주님께 죽도록 충성하면 생명의 면류관 얻으리라

7. 사건에 개입하사 문제는 해결해 주시고 필요는 공급해 주신 좋으신 나의 하나님

훗날 충성된 종들에게 주시는 면류관을 소망하면서 예수님과 사도 바울의 고백으로 부끄러운 간증을 마무리하려 한다.

"나를 보내신 이가 나와 함께 하시도다. 나는 항상 그가 기뻐하시는 일을 행하므로 나를 혼자 두지 아니하셨느니라"(요 8:29).

"내게 능력 주시는 자 안에서 내가 모든 것을 할 수 있느니라"(빌 4:13).

"나는 선한 싸움을 싸우고 나의 달려갈 길을 마치고 믿음을 지켰으니 이제 후로는 나를 위하여 의의 면류관이 예비되었으므로 주 곧 의로우신 재판장이 그날에 내게 주실 것이며 내게만 아니라 주의 나타나심을 사모하는 모든 자에게도니라"(딤후 4:7-8).

이재영 목사의 목회 이야기
내 몫에 태인 십자가 지고

1판 1쇄 인쇄 _ 2024년 4월 1일
1판 1쇄 발행 _ 2024년 4월 5일

지은이 _ 이재영
펴낸이 _ 이형규
펴낸곳 _ 쿰란출판사

주소 _ 서울특별시 종로구 이화장길 6
편집부 _ 745-1007, 745-1301~2, 747-1212, 743-1300
영업부 _ 747-1004, FAX 745-8490
본사평생전화번호 _ 0502-756-1004
홈페이지 _ http://www.qumran.co.kr
E-mail _ qrbooks@gmail.com / qrbooks@daum.net
한글인터넷주소 _ 쿰란, 쿰란출판사
등록 _ 제1-670호(1988.2.27)
책임교열 _ 이강임·박은아

ⓒ 이재영 2024 ISBN 979-11-6143-933-4 03230

책값은 뒤표지에 있습니다.
이 출판물은 저작권법에 의해 보호를 받는 저작물이므로 무단 복제할 수 없습니다.
파본(破本)은 구입처에서 교환해 드립니다.